国家自然科学基金项目：资源整合视角下科研团队多样性及对创新领导力的影响研究（72372126）（主持人：梅红）

国家自然科学基金青年项目：基于复杂反应系统的校企深度协同对有组织的创新影响机制研究（72304223）（主持人：刘瑞佳）

陕西省软科学一般项目：陕西科技人才评价及支持策略研究（2022KRM195）（主持人：胡文静）

九州文库

创新责任

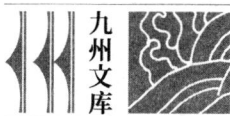

高校拔尖创新人才培养调查

梅红

刘瑞佳

胡文静 — 著

九州出版社

JIUZHOUPRESS

图书在版编目（CIP）数据

创新责任：高校拔尖创新人才培养调查 / 梅红，刘瑞佳，胡文静著 . -- 北京：九州出版社，2023.11

ISBN 978-7-5225-2367-5

Ⅰ.①创… Ⅱ.①梅… ②刘… ③胡… Ⅲ.①高等学校—人才培养—研究—中国 Ⅳ.① G649.2

中国国家版本馆 CIP 数据核字（2023）第 203113 号

创新责任：高校拔尖创新人才培养调查

作　　者	梅　红　刘瑞佳　胡文静　著	
责任编辑	周红斌	
出版发行	九州出版社	
地　　址	北京市西城区阜外大街甲 35 号（100037）	
发行电话	（010）68992190/3/5/6	
网　　址	www.jiuzhoupress.com	
印　　刷	唐山才智印刷有限公司	
开　　本	710 毫米 ×1000 毫米　16 开	
印　　张	17.5	
字　　数	267 千字	
版　　次	2024 年 3 月第 1 版	
印　　次	2024 年 3 月第 1 次印刷	
书　　号	ISBN 978-7-5225-2367-5	
定　　价	98.00 元	

前　言

世界百年未有之大变局正在加速演进。在新一轮科技革命和全球产业变革的浪潮下，创新是掌握未来的关键。党的二十大报告指出，要"坚持创新在我国现代化建设全局中的核心地位"。立足中国式现代化建设的需要，全面提高我国人才自主培养质量，培养拔尖创新人才，将为我国加快实现高水平科技自立自强发挥战略性的人才支撑作用。科技是第一生产力、人才是第一资源、创新是第一动力。高校作为拔尖创新人才培养的主阵地以及重大科技创新突破的策源地，是教育、科技、人才"三位一体"的重要交汇点，其人才培养质量直接影响着我国未来科技创新的发展态势。

人才是创新的根基。高校在新时期"培养什么人、怎样培养人、为谁培养人"，是事关教育根本的重大课题。21世纪以来，有关高校创新人才培养的研究已成为国内外相关学者关注的焦点，聚焦准入式、过程式以及"准入—过程—结果"式创新人才培养思路，形成了三大研究方向。具体而言，有关准入式创新人才培养的研究认为，高等教育需严格把控教育质量，相关研究主要关注科研支持、科研投入、科研学习形式、科技竞赛等凸显精英教育价值的话题。有关过程式创新人才培养的研究强调教育过程投入、成就动机、自我效能感、批判性思维、社会支持等普适性影响因素对人才质量输出的重要作用。而"准入—过程—结果"式创新人才培养的相关研究围绕教育创新议题，强调教育对科技创新、社会繁荣和人类发展的协同推动作用，通过追踪学生的学情状态、学习经历以及研究个体的深度学习、脑科学发展等，力求基于现实情境明晰全面发展的创新人才培养所需，使得人才培养方向能够充分匹配科技进步、经济建设、社会发展以及国家战略的多重要求，培养人才堪当时代重任，成为德智体美劳全面发展的社会主义建设者和接班人。

　　本书将遵循"准入—过程—结果"式的创新人才培养研究方向，面向八所高校展开调查，从学校类型、专业背景、年级三个层面，立足与拔尖创新人才构成的基本要素（如人际支持、学习目标定向、认知需求、师生互动、多样性开放度、普遍性—多样性、多样性开放度、创新意愿、创新自我效能感、个体创新行为、批判性思维倾向、自我意识等），识别能够极大提升学生创新发展的重点要素，探讨拔尖创新人才培养的有效方案。同时，结合当前高校在拔尖创新人才培养中的不足现状，深入挖掘其存在的社会基础与培养堵点，为相关政策实施干预提供科学依据。

　　本书是基于一系列学术研究而形成的调查报告。与以往调查报告不同的是，它是在拔尖创新人才发展影响因素形成基本研究框架之后产生的。如果不能理解有关创新人才培养的基本理论，那么就无法有效认识拔尖创新人才在培养实践中产生的种种问题，继而提出相应的改进建议。换言之，正是前期一系列的创新人才培养研究基础，给予了本书明晰的调查研究指向。这也表明调查研究并非一次性、终结性的的工作，而是开放循环的，需要通过不断地深入调查，实现步步改进。本次调查工作得到美国佛罗里达州立大学教育学院大学生学习成功研究中心和新加坡南洋理工大学国立教育学院同行的学术支持，各测评量表的开发以及问卷收集等工作也获得了课题组各位成员的通力合作，在一些技术问题上得到院校多位专家学者的倾力帮助，在此表达诚挚谢意！

目　录
CONTENTS

第一篇　创新人才篇

第二篇　教育测量篇

第三篇　改革创新与政策发展篇

第一篇 **01**

｜创新人才篇｜

第一章

绪 论

第一节 拔尖创新人才：国家科技创新发展的未来引领者

科技立则民族立，科技强则国家强。科技创新毋庸置疑是提高综合国力的关键支撑，是社会生产生活方式变革进步的强大引领，而瞄准国家需求与世界科技前沿培养才能突出的一流创新人才，是提升我国科技创新实力的关键环节。党的二十大报告提出："必须坚持科技是第一生产力、人才是第一资源、创新是第一动力，深入实施科教兴国战略、人才强国战略、创新驱动发展战略，开辟发展新领域新赛道，不断塑造发展新动能新优势。"那么，作为科技、人才、创新三者重要结合点的高校，如何在世界百年未有之大变局加速演进的当下发挥好蓄能池的巨大助推作用，在当前在风起云涌的国际科技角逐之中为我国的科技腾飞提供坚实的人才支撑，是整个社会亟须重新思考的重要问题。

科技的发展史，也是教育的改革史。纵观人类科技发展史上的几次重大飞跃，包括18世纪以英国为代表的第一次工业革命，19世纪以德国和美国为代表的第二次工业革命，以及20世纪之后美国引领的第三次工业革命，相伴而生的依次有培养实用型专门人才的欧洲中世纪大学、推进基础性科学以支持国家工业化发展的现代大学，以及集人才培养、科学研究和社会服务协同发展的当代创业型大学。那么进入21世纪，以数字信息技术为推进主力的第四次工业革命浪潮之中，全球的大学人才培养又该何去何从？

学习国外大学优秀的人才培养经验，将为我国大学的教育建设提供宝贵的借鉴。2013年，由美国一批杰出教育家，包括前哈佛校长、美国财长 Larry Summers（劳伦斯·萨默斯）、前沃顿校长 Patrick Harker（帕特里克·哈克）等共同创办的密涅瓦大学（Minerva Schools at KGI），在学生培养方面所强调的核心能力指向批判性思维、创造性思考、有效沟通和有效互动[①]。美国于2006至2012年进行的全美通识教育调查（Wabash National Study of Liberal Arts Education）[②]显示（如图1-1所示），排名前三位的美国大学生核心素养分别是道德推理（Moral Reasoning）、批判性思维（Critical Thinking）、社会责任领导力（Socially Responsible Leadership）。这表明国际上对当代人才的培养已经由知识上的理论掌握转向实践中的创造发展。

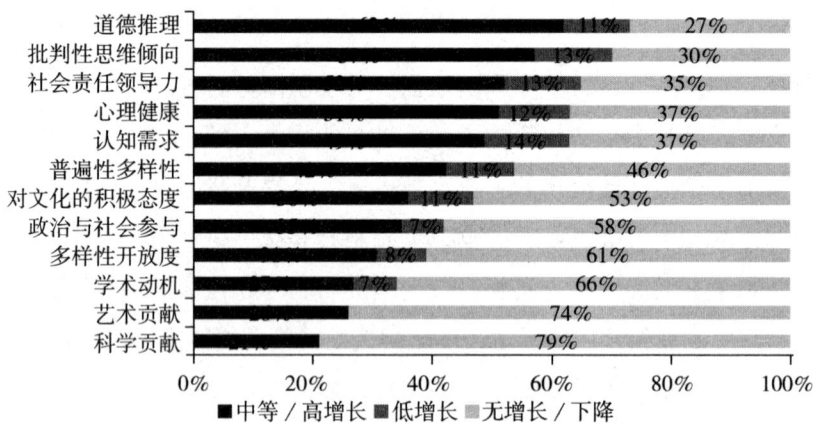

图 1-1 美国创新人才培养的核心素养

然而，这并不代表知识不再重要，而是意味着专门知识的掌握随着社会发展已成为高校人才培养的基础条件。在这之上的培养核心是学生的学习力、创造力和适应力，以帮助其具备能够应对日新月异的科技进步和不断变化的社会需求所有的创新思维、改变世界的主观能动性以及勇于担当的社会责任

[①] （美）斯蒂芬·M.科斯林，（美）本·纳尔逊.一所与众不同的大学：密涅瓦大学与高等教育的未来 [M]. 北京：中国人民大学出版社，2021：3.

[②] Wabash National Study Outcome Measures [EB/OL]. [2018-6-25]. https://centerofinquiry.org/wabash-national-study-instruments-investigate-liberal-arts-education/

感。在新一轮科技革命和产业变革突飞猛进的当今世界，单靠书本上固化、少量的知识在数字信息时代已无法满足人才发展与社会经济建设指数式增长的技术要求。知识不再受限于载体、地域、语言、基础等条件而具有稀缺性。那么授人以渔，指导学生自学深挖，且结合实践运用已知知识不断突破常规和现状，发现或产生新思想、新方法、新事物，才能培养出符合创新突破需要、符合市场转化需要的高素质科技创新人才。

我国的创新人才培养近年来也处于数量稳步上升、质量不断优化的积极态势。据中国科协创新战略研究院于2022年发布的《中国科技人力资源发展研究报告（2020）》显示[①]，截至2020年底，我国科技人力资源总量超过1.1亿人，位居世界首位，且结构不断优化，年轻化特点和趋势明显。然而还应看到，我国的创新竞争力和科技人才的自主创新能力水平与其他发达国家相比仍有差距，人才结构与国家中高端产业需求不甚匹配，创新人才尤其是拔尖创新人才的培养仍旧任重道远。2022年11月，由欧洲工商管理学院（INSEAD）、波图兰研究所和新加坡人力资本领导力研究所联合发布的《2022年全球人才竞争力指数报告》（*The Global Talent Competitiveness Index*, GTCI）显示，我国在133个国家中的人才竞争力指数排名仅为第36位，仍有较大上升空间。（如图1-2所示）

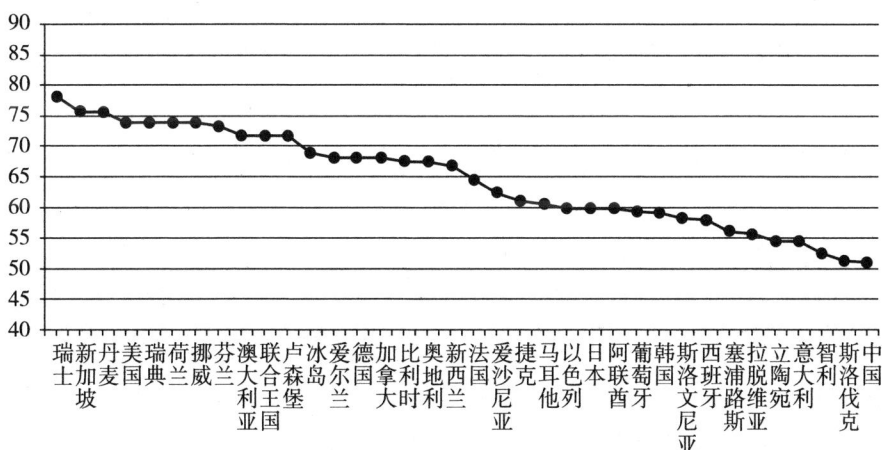

图 1-2 世界部分国家／地区 2022 年人才竞争力指数情况对比

---

① 中国科技人力资源发展研究报告（2020）．中国政府网，2022-06-25.

我国教育改革与拔尖创新人才的新型培养建设正在路上。2015年10月，国务院印发《统筹推进世界一流大学和一流学科建设总体方案》，2017年9月《教育部、财政部、国家发展改革委关于公布世界一流大学和一流学科建设高校及建设学科名单的通知》正式发布，中国高校开始进入"双一流"重点建设时代，研究型大学开始着力培养富有创新精神和实践能力、具有社会责任感与国家使命感的各类创新型、应用型、复合型的优秀人才。各国内顶尖高校也在积极探索适应各自校情的创新人才培养模式，如中国科技大学、西安交通大学等高校针对早慧少年开办的钱学森少年班，北京大学开设的元培实验班，以及复旦大学部署的望道计划等。

教育需要面向未来。站在全球科技创新发展的十字路口，经历国际形势深刻复杂的演变，新时期下我国拔尖创新人才的培养更需要瞄准世界科技前沿，以国家战略需求为导向引领科技的发展方向。主动识变、应变，谋划教育的未来，才能下好科技创新的先手棋。

第二节　新时期拔尖创新人才教育理念

教育是人为化的社会事物，凝结并反映着人的目的、需要和愿望。教育最根本的问题离不开对"为谁培养人，培养怎样的人，怎样培养人"的判断，2021年11月党的十九届六中全会通过的《中共中央关于党的百年奋斗重大成就和历史经验的决议》明确提出，"教育的根本任务是立德树人，培养德智体美劳全面发展的社会主义建设者和接班人。"

这表明新时期教育首先必须坚持为党育人、为国育才，瞄准社会建设的需要。唐初经学家孔颖达在对《左传·襄公二十四年》的疏解中云："立德，谓创制垂法，博施济众，圣德立于上代，惠泽被于无穷。"由古至今，立德均要求放眼长远，追求对于社会价值的贡献。作为国家科技创新发展的未来希望，拔尖创新人才更需要具备使命感、事业心和进取心，为社会之光。

其次，新时期教育也需要尊重个体的多样性，考虑个体自身的发展需要。教育是培养人的实践活动，人是最复杂的主体性存在，有着独立的思想与人格、丰富的情感、独特的个性。"树人"教育的价值宗旨在于使人成其为"人"，即关注个体的完整性，其一培养个体的品格、德行、风骨、气节、尊严，其二关注个体的情感需求与个性发展。拔尖创新人才的培养在这方面需要尤为突出，毕竟创造总是离不开多样与个性化。没有百花齐放，创新便会失去其生长的土壤。

因此，在新时期培养出兼顾社会需求与个体发展的拔尖创新人才，需要落实兼顾"以社会为本"和"以人为本"的全人教育理念。全人教育理念主张关注教育是否能够促进人的全面发展并为之提供适配的环境。以此理念又发展出各类评价理论，分别关注教育过程中涉及的不同主体间的互动与发展，如针对个体与院校互动的学业质量理论、青少年发展理论、学习投入理论等。古贝和林肯提出的以"响应—协商"为核心的第四代教育评价理论，主张对于教育价值的评价应通过响应、协商和共同的心理构建达成个体、家庭、学校、社会等多方利益相关者所公认一致的看法和观点，实现教育价值的多元化。投射于现实情境，全人教育理念契合我国新时期"立德树人"的教育根本任务，匹配当前对于拔尖创新人才培养的"全人"发展要求，破除了长期以来我国教育唯分数论的导向，以及学生处于"被教育者"地位、被动参与教育的消极现状，促进以学生发展为核心的教育培养目标的构建，致力于培养有能力、有行动、有道德、有担当的和谐发展的人。

那么，结合全人教育理念并从学生的视角出发，拔尖创新人才培养所需的关键要素分别是有效的目标、全面的支持以及身心的参与。其一，"以社会为本"的创新人才培养应将学生长期的个体发展与国家社会的发展相结合，引导学生以经济社会建设的创新需要为基设立自我的未来目标，实现自我与社会的同频共振，体现社会主义核心价值观对个体成功、社会进步与国家富强的有机统一，体现我国教育对"为谁培养人"的本质希冀。其二，"以人为本"的拔尖创新人才培养应将德育置于教育的灵魂和统率地位，超越传统智育与德育的二元区分并改变"只教不育"的错误做法，排斥教育的绩效导向与功利性质，鼓励学生全身心地主动参与自我成长过程，基于长期性的自我价值提升导向对创新报以积极的态度与行动意愿，发掘多样化的个体创新潜能。其三，整合"以社会为本"和"以人为本"的教育理念，离不开其间政府、高校、家庭等有形或无形的支持。以科教结合培养并支持学生的技术水平和创新创业意识，以工具支持、精神支持、人际支持培养学生具备达成设立目标所需要的各项能力。同时能够帮助拔尖创新人才以自身的特点服务社会，通过各项支持帮助人才的技术创新成果在市场上进一步放大，为我国的科教强国建设提供技术支撑，即是全人教育在外界支持方面的核心诉求。

上述全人教育理念阐释及拔尖创新人才培养的关键要素分析，为我们深入挖掘新时期下的拔尖创新人才培养问题和改革路径提供了基本方向。基于此，本书将从学生视角出发，收集大量调查数据探究拔尖创新人才的培养现状，并分析不足、总结经验，为下一步高校拔尖创新人才培养模式改革提供模式参考和路径选择。

第三节　本书研究思路设计

探索适应中国新时期教育情境的全新拔尖创新人才培养模式，促进拔尖创新人才数量与质量的双重飞跃，是深化创新驱动发展战略、加快建设创新型国家的要求，也是高等教育改革的迫切希望。

本书将从"环境创设—培养过程—人才输出"这三个人才培养的前、中、后期重要阶段入手，结合"以社会为本"和"以人为本"的教育理念探索拔尖创新人才的有效培养路径（如图1-3所示）。其中，环境创设阶段主要包括高校教育导向以及对于驱动力的创新支持，培养过程环节包括学生的个体动机、多样性特征、社会参与以及师生互动，人才输出环节包括学生个体的创新行为、对于创新自我效能感的培养、创新意愿的提升、批判性思维的倾向以及社会责任领导力的构筑。

基于研究思路框架，本书将在接下来分为两个篇章具体解析。第二篇为教育测量篇，主要将依据研究思路框架设计能够正确反映拔尖创新人才特征与合理培养方式的相关量表，并通过问卷调查法收集相关研究数据，了解拔尖创新人才的培养现状。第三篇为改革创新与政策发展篇，主要将介绍当前国内对于拔尖创新人才培养的过程与机制运行的改革创新情况，尤其关注基础学科拔尖学生培养试验计划改革成效，对比分析拔尖学生和普通学生在人才培养全过程的差异，全面剖析当前高校拔尖创新人才培养中的问题，并由此提出具备可操作性与实践价值的政策启示，为未来拔尖创新人才的下一步培养改革方向提出可行建议。

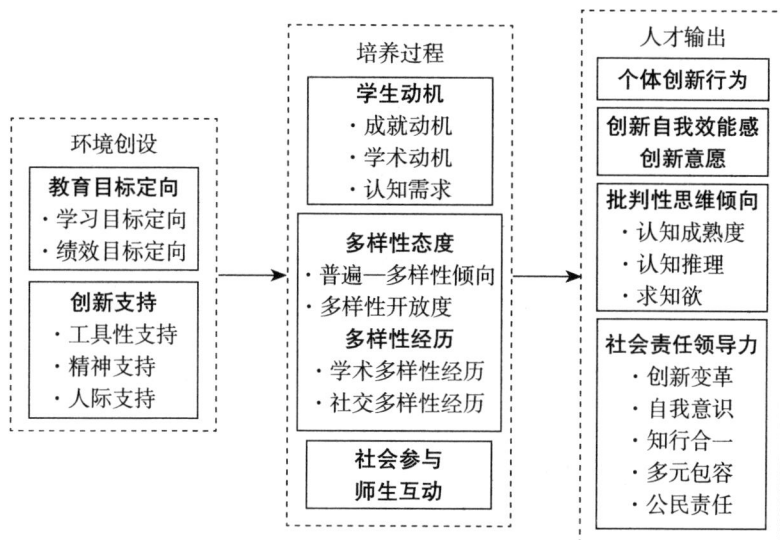

图 1-3　研究思路框架

本书将利用 SPSS 21.0 软件对数据进行分析处理，采用的研究方法主要有：

（1）采用频数统计对样本数据进行描述性分析，包括学校类型、专业背景、年龄、年级等人口统计学基本特征，家庭收入、父母受教育程度、父母教育方式等学生家庭教育情况，以及学校教育方式、学习成绩、学习成绩重要性感知、课外活动参与等学校教育情况。

（2）采用探索性因子分析（Exploratory Factor Analysis, EFA）和验证性因子分析（Confirmatory Factor Analysis, CFA）的方法对量表中相关拔尖创新人才的变量测度进行探索或验证。其中探索性因子分析主要采用主成分分析方法，验证性因子分析主要采用结构方程模型（SEM）对测度模型的结构效度进行检验。

（3）采用方差分析（Analysis of Variance, ANOVA）探讨不同专业背景、不同学校类型、不同年级的学生在诸如认知创造力培养过程中的差异比较，将重点对比拔尖计划学生与普通学生的数据差异，以此分析当前基础学科拔尖学生试验计划的改革成效。

第二章

调查实施

第一节　调查介绍

本次调查主要包括问卷调研与半结构化质性访谈两种方法，调研对象为各类型高校中的在读大学生。调查问卷中，除有关学生年龄、年级、专业背景等基本信息之外，其他主要问卷题项均采用李克特5级量表（5-point Likert scale）进行测量。同时，质性访谈旨在针对抽样问卷调研中一些不能覆盖的信息进行必要补充，以更加全面地了解当前高校学生培养方面存在的问题，从而能够更加深入地挖掘问题解决过程中的痛点，设计科学有效的新型拔尖创新人才培养路径方案。

一、调查地的选择

本次调查重点关注西部地区高校的拔尖创新人才培育现状。综合考虑高校分布、样本均衡性及数据可获得性等因素，研究最终决定在陕西省西安市开展本次调查。具体而言：

其一，西安市高校云集，具备充足且丰富的调查样本。陕西省内的985及211重点高校、普通高校、民办和独立院校等多数集中在西安市内，其中重点高校除西北农林科技大学位于咸阳市杨凌示范区之外，其余均坐落于西安。普通高校中，除延安大学、陕西中医药大学、渭南师范学院、榆林学院、陕西理工学院、咸阳师范学院、宝鸡文理学院、安康学院、商洛学院等9所高校分布于陕西省汉中市、延安市、商洛市、安康市、咸阳市外，其余16所均坐落于西安市。29所民办及独立院校中，除陕西科技大学镐京学院位于咸阳市外，其余28所均坐落于西安。

其二，西安市各类型高校齐全，样本分布具备均衡性。本研究在参考学校性质、专业类型等因素为依据，在陕西省内的7所重点高校中选取实施"基础学科拔尖学生培养试验计划"的西安交通大学和西安电子科技大学为研究对象。同时抽取了普通高校共4所、民办及独立院校各1所进行样本数据的对比分析。此外，结合抽样的便利性原则，本研究在西安市共抽取8所高校进行实地调研。

其三，样本数据的获得具备便利性。西安交通大学是首批进入教育部联合中组部、财政部出台的"基础学科拔尖学生培养试验计划"的11所高校之一，是西部地区调查拔尖计划学生的首选高校。同时，著者均为西安交通大学在校教师，熟悉该校教学情况与学生培养计划。西安交通大学的各相关教育、科研部门也十分重视并支持人才培养改革的研究计划，有利于保障调查质量与问卷回收率。

二、调查内容

本次调查内容涉及高校学生的个人基本情况、家庭教育与学校教育情况，以及上述的研究主要变量内容，包括人才培养的目标驱动、培养过程及人才输出结果等。主要调查内容如表2-1所示。

表2-1　调查内容

项目类别	具体调查内容
个人基本信息	学生年级、学生年龄、专业背景等
家庭教育情况	受教育程度、家庭收入、教育方式等
学校教育情况	学校类型、课外活动参与、教育方式、培养理念、政策制定等
教育目标驱动	教育目标定向、创新支持、创新支持
人才培养过程	多样性态度、多样性经历、社会参与、师生互动、个体创新行为
人才输出结果	创新自我效能感、创新意愿、批判性思维倾向、社会责任领导力

三、调查过程与数据质量控制

本研究使用的调查数据主要来源于西安交通大学公共政策与管理学院大学生认知与创造力发展课题组于2015年7月至2016年12月期间，在陕西省西安交通大学、西安电子科技大学、外事学院等8所陕西高校开展调查的"中国大学生认知与创造力发展测评问卷"。

本研究采用配额抽样和整群抽样相结合的方法，从西安交通大学等7所985与211重点高校中抽取西安交通大学和西安电子科技大学进行问卷调查；从西安建筑科技大学、西安工程大学、西安理工大学等26所普通高校中选取西安建筑科技大学、陕西科技大学、西安邮电大学、西安理工大学进行调查；从西北大学现代学院、西安建筑科技大学华清学院等12所独立高校中选取华清学院进行调查；从欧亚学院、西安外事学院等17所民办高校中选取西安外事学院进行调查。课题组以不同类型高校的在校大学生作为调研对象，调查的每个阶段都严格实行质量控制程序，具体过程如下。

1. **问卷设计与专家质询**。基于文献研究从国内外高质量期刊论文中获得相关研究量表，通过对外文问卷量表进行两轮中英文双向互译确保题项的准确性，并对同一核心变量的多种问卷测量表述进行对比，结合国内高校现状选择适合本研究的量表，同时邀请该领域内的相关专家和学者对初始问卷进行多次质询讨论与改进，以确保问卷设计与内容编制的科学性和严谨性。

2. **预调研**。课题组于2015年7月至2015年9月面向西安交通大学50位在读大学生进行预调研工作。在调查开始之前，首先对参与调查的课题组成员进行培训，了解本次调查的目标、问卷结构和问卷题项的具体含义，以保证每位调查员熟悉问卷，从而在问卷收集过程中确保问卷的内容效度。预调研阶段最终收集有效样本48份，有效率为96%。再次邀请专家对收集的预调研数据进行分析研讨，并据此对部分问卷题项进行修改与调适，以使得问卷表述与测量能够有效反映课题组期望研究的内容。

3. **正式调研**。总跨度为2015年10月至2016年12月，共分两个阶段。第一阶段于2015年10月至2016年3月面向重点高校和普通高校发放正式问卷830份，回收问卷并进行数据清洗之后，共得到有效问卷819份，问卷有效率为98.67%。六所调研高校的样本情况如表2-2所示。

表2-2　第一阶段样本分布情况

学校类型	学校名称	性别		合计（人）
		男	女	
985重点高校	西安交通大学	195	50	245
211重点高校	西安电子科技大学	8	19	27
普通高校	陕西科技大学	65	92	157
普通高校	西安邮电大学	98	33	131
普通高校	西安建筑科技大学	131	42	173
普通高校	西安理工大学	58	28	86
合计（人）		555	264	819
占总样本百分比（%）		66.77	32.23	100

第二阶段于2016年3月至2016年12月面向民办和独立院校发放问卷260份，回收问卷并过滤无效问卷之后，共得到有效问卷241份，问卷有效率为92.69%。两所院校的样本情况如表2-3所示。

表2-3　第二阶段样本分布情况

学校类型	学校名称	性别		合计（人）
		男	女	
独立院校	西安建筑科技大学华清学院	98	46	144
民办院校	西安外事学院	16	81	97
合计（人）		114	127	241
占总样本百分比（%）		47.30	52.70	100

总体而言，正式调研阶段共发放问卷1090份，实际回收1060份，问卷回收率97.25%。调研样本中男性共计669人，女性共计391人，分别占比63.11%和36.89%。样本数据基本覆盖西安市分布的各高校类型且抽样样本量较大，所收集数据具备一定的代表性。

4.问卷审核与复审。调查结束后，每位课题组成员随机抽取3份自己负责收集完成的问卷进行审核，若发现错填或漏填现象即联系被访者进行复审确认，若无法联系则视为无效问卷加以作废，从而保证收集数据的质量。

5. 质性访谈。同时，为更加直观、深入地了解在校大学生在环境感知、学习参与方面的实际状况，课题组综合考虑调研对象的年级分布、专业背景和学校类型等信息，最终选定问卷调查中的20人作为半结构化质性访谈的调研对象，进一步展开个体深度访谈。其中男生8人，女生12人，其所在高校分布情况如表2-4所示。访谈过程中，每位课题组成员与被访者进行30分钟以上的深入交流，并详细进行访谈记录。另外，课题组也结合上述20位调研对象的质性访谈结果对其调查问卷进行了复审工作，以检验问卷调查的信度。

表2-4　个体质性访谈对象所在学校及性别分布

学校名称	男生	女生	合计（人）
西安交通大学	2	3	5
西安电子科技大学	1	1	2
陕西科技大学	1	2	3
西安邮电大学	2	2	4
西安建筑科技大学	1	1	2
西安理工大学	1	1	2
西安建筑科技大学华清学院	0	1	1
西安外事学院	0	1	1
合计（人）	8	12	20

6. 数据录入控制。使用 EpiData 软件录入所收集数据，建立样本录入数据库。在正式录入之前，课题组首先进行试录工作，对回收问卷中的漏填、前后逻辑矛盾、跳转等问题进行审核，并依据实际情况处理问题问卷。此后开展正式问卷录入工作，各课题组成员分工完成各自回收的调查问卷录入，并进行录入自查。之后再组织课题组成员两两进行双工，按照5%等距抽样的方式核对对方所录入问卷的正确性，双工录入的一致率高于96%。录入完毕后，数据被统一导出为STATA 12.0数据。

7. 数据清洗。分为数值检验和逻辑检验。首先检查导出的 STATA 12.0 数据有无重复编码的情况，之后对录入的数据进行数值检验，即检验各题目的数值是否超过所要求的范围。最后，对录入的数据库进行逻辑检验，即检验题项前后是否出现明显逻辑矛盾的情况。若出现不一致情况，则需根据问卷编码重新核对原始纸质问卷。数据清洗完成后，将有效样本数据转为 .sav 格式以方便课题组后续的实证研究工作。

总体而言，课题组在调查实施的事前、现场、事后过程中，全程关注对于数据收集的质量把控，以尽可能地降低所收集数据与现实情况的误差，保证调查数据的真实性与有效性。调查与质量评价过程如图 2-1 所示。

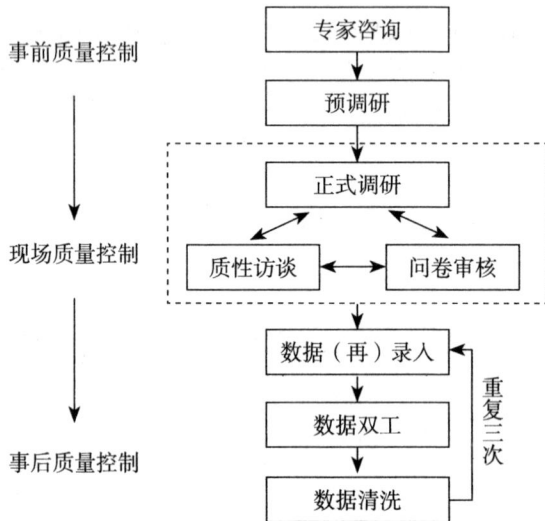

图 2-1 调查与质量控制过程

第二节　样本描述性统计分析

本次调查的所得样本的描述性统计信息主要涉及个体基本信息、家庭教育情况和学校教育情况三个方面。

一、个体基本信息

包括样本学生就读的专业背景、所在年级及年龄情况。

1. **专业背景**。样本学生中工学和理学的学生人数较多，占总样本的83.87%，如图2-2所示。

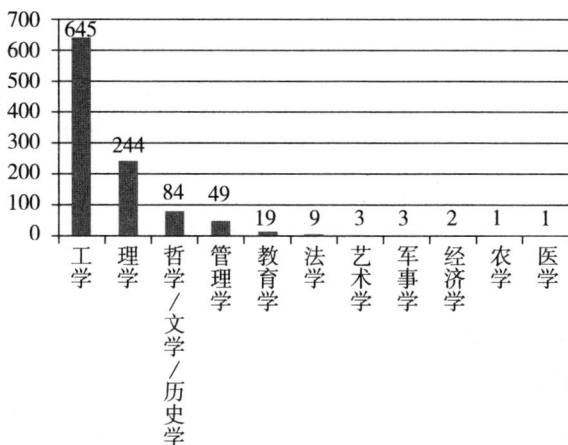

图 2-2　样本学生的就读专业背景分布情况

2. **年级**。样本学生中处于大三、大四学年的高年级本科生人数占比最多，研究生占比最少，如图2-3所示。

3. **年龄**。样本学生中年龄段为21至25岁学生占比最多，如图2-4所示。表明当前高校学生学龄较为集中，推测升学轨迹可能较为一致。

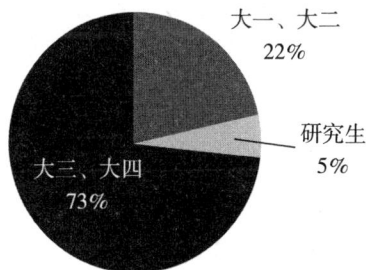

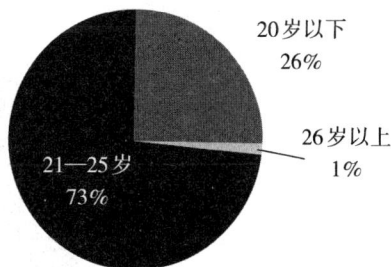

图 2-3　样本学生的所在年级分布情况　　图 2-4　样本学生的年龄分布情况

二、家庭教育情况

包括样本学生的家庭所在地、家庭收入、是否独生子女、父母受教育程度、父母教育方式，以及父母对学习成绩的关注情况等。

1. **家庭所在地**。主要关注样本学生是否居住于城镇，如图2-5所示。其中居住于农村或乡镇的样本学生与居住于县级以上城镇的样本学生占比分别为50%，可见调查样本的分布较为均衡。

2. **家庭收入**。样本学生中中等收入家庭占比最高，总计为44%，两端的低收入与高收入家庭占比均较低，分别为17%和2%，如图2-6所示。初步说明调查样本的家庭收入基本符合正态分布。

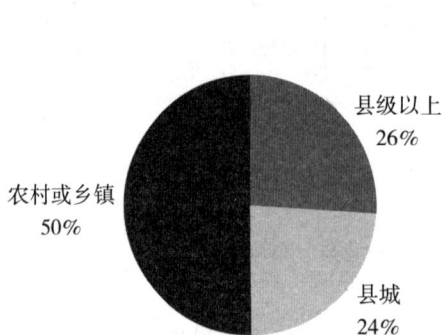

图2-5 样本学生的家庭所在地分布情况

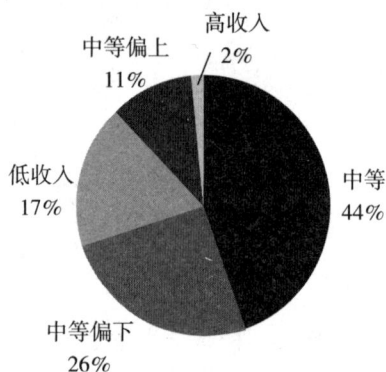

图2-6 样本学生的家庭收入分布情况

3. **是否为独生子女**。样本学生中有617人为非独生子女，占比稍多，443人为独生子女，如图2-7所示。总体而言独生与非独生子女分布也较为均衡。

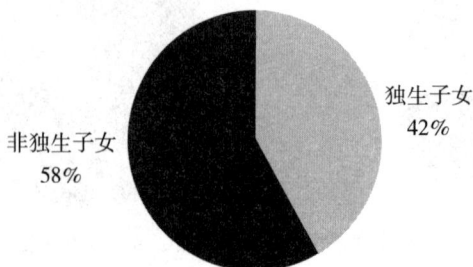

图2-7 样本学生是否为独生子女的分布情况

4. 父母的受教育程度。 样本学生中父母受教育程度为初中及以下的均占比最多，分别为41%和51%，表明接近半数的学生样本中父母的受教育程度不高，如图2-8与图2-9所示。对比样本中父亲与母亲双方的受教育程度，可以看出大学及以上、高中及中专两类较高水平的受教育档类中，父亲的占比均高于母亲，一定程度上表明在过去的一定时期内，男性的受教育程度普遍高于女性。

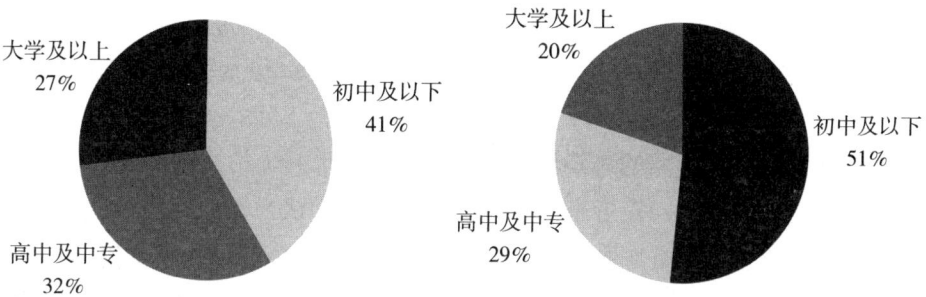

图 2-8　样本学生的父亲受教育程度情况　　图 2-9　样本学生的母亲受教育程度情况

5. 父母的教育方式。 以专制型、民主型、放任型、关爱型四种类型调查样本学生父母的教育方式，如图2-10和图2-11所示。其中，无论是父亲还是母亲，采用民主型教育方式的样本均占比最高，父亲为46%，母亲为38%，即在家庭活动与交流中，父母会听取彼此及孩子的意见。然而不同的是，认为父亲采用的是民主型教育方式的样本占总样本的压倒性数量，相对而言对母亲的教育方式评定类型数量较为均衡，尤其是民主型、放任型、关爱型三类占比较为接近。同时，对父亲教育方式的评定中占比第二的为放任型，占比28%；母亲的教育方式中占比第二的却为关爱型，占比29%。而两相对比，认为父亲为关爱型教育方式的样本占比仅为16%，一定程度上表明在当前的家庭教育中，母亲对于孩子的关注程度要高于父亲。

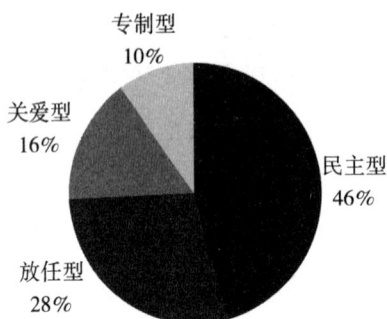

图 2-10 样本学生的父亲教育方式情况   图 2-11 样本学生的母亲教育方式情况

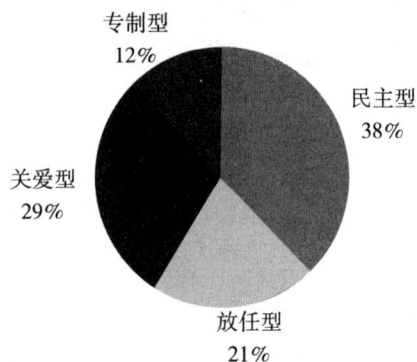

6. 父母对学习成绩的关注度。样本学生中占比49%的人认为父母仅"偶尔"关注其学习成绩，接近半数，如图2-12所示。认为父母"经常"过问成绩的学生占比22%，而其他"很少""从不""不确定"的样本总体仅占29%，说明样本学生中大部分父母会持续关注孩子的成绩，不过大部分关注成绩的父母也仅偶尔询问，与孩子保持适当的距离，同时也给予孩子适当的学习压力，初步判定关系较为健康。

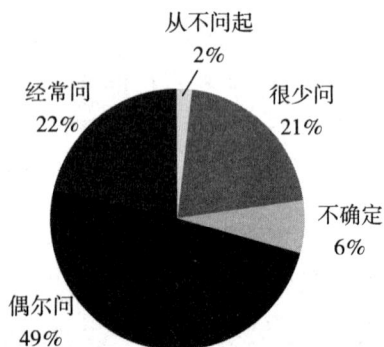

图 2-12 样本学生父母对学习成绩的关注情况

三、学校教育情况

包括样本学生所在的大学教育方式、课外活动参与情况、自身的学习成绩、对学习重要性的认识程度等。

1. **大学教育方式**。以开启型、放任型、抑制型、民主型四种类型调查样本学生所在的大学教育方式，如图2-13所示。其中占比最多的为放任型，达总样本的37%，即学生认为学校对自己的校园生活、课堂学习、社会实践等活动漠不关心。紧随其后的是占比达34%的抑制型，即认为学校管束、限制自身参与各项活动，在学校的生活也处处感觉受限。而认为所在学校的教育方式是积极外放的开启型与较为温和的民主型仅分别占10%与19%。放任型与抑制型几乎处于教育方式的两个极端却占比接近，一定程度上显示了当前国内高校的管理无序，以及由此带来的学生学习与发展方向的迷茫。并且，学生对当前学校教育的诉求多为引导、鼓励、帮助规划、意见倾听，而非单向且强制的约束与管控措施。

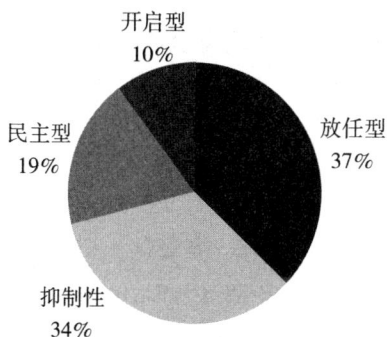

图 2-13 样本学生的大学教育方式情况　图 2-14 样本学生的课外活动参与情况

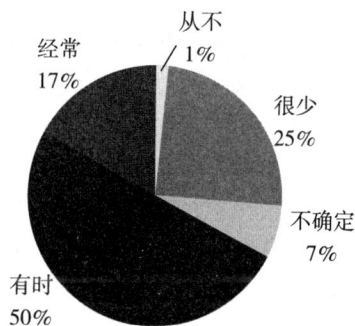

2. **课外活动参与**。具体关注学生的日常社团、社会实践等课外活动参与情况，如图2-14所示。有半数样本学生表示"有时"会参加课外活动，25%的学生"很少"参加，而还有1%的学生"从不"参加。与之相对的，"经常"参加课外活动的学生仅占总体的17%，一定程度上也代表着我国高校学生重学习、轻实践的现阶段特点。

3. **学习成绩**。样本学生中共有84%的学生成绩处于中等及以上水平，包括中等偏上、中等、中等偏下三类接近水平，如图2-15所示。仅有8%的学生认为自己的学习成绩欠佳，12%的学生处于专业前几名的水平，这也是由于本次调查对象大多数为一本院校的学生，甚至来自重点高校，因此对自己的学习成绩较为重视且同样自信。

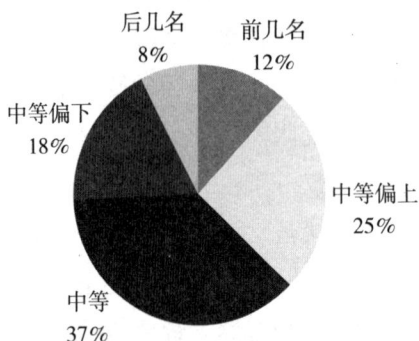

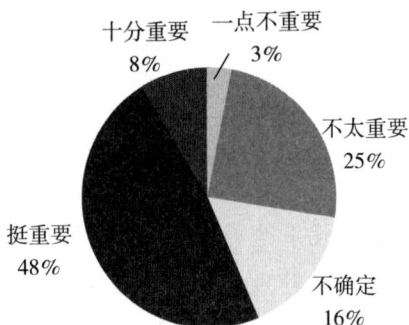

图 2-15　样本学生的学习成绩情况

图 2-16　样本学生对对学习重要性的认识情况

4. 对学习重要性的认识程度。48% 的样本学生认为学习"挺重要"，接近半数；紧随其后的是 25% 认为学习"不太重要"。两个端点"十分重要"与"一点也不重要"的样本学生占比分别为 8% 与 3%，属极少数，如图 2-16 所示。虽然认为学习成绩重要或不重要两方观点的个体分别基本占据总体的"半壁江山"，但总体而言仍然是认为重要的学生占据多数。多数学生对学习的重视程度仍然较高。

对比并整合图 2-13 至图 2-16 获得的数据与信息后发现：

其一，自由的学校环境与不够活跃的实践现状并存。在图 2-13 大学的教育方式情况调查中，37% 的学生认为所在大学是放任型的教育方式，而图 2-14 却显示有半数的学生仅偶尔参加课外活动。这在一定程度上表明大学生从高中成绩为主且约束强、压力大的学习环境无缓冲地进入大学的自由、宽松的学习环境，突兀且无法适应。一方面，大学的自由、宽松相比高中的约束、紧张，使得学生产生"被放任自流"的消极感受，觉得无人管理且无人在意自己的学习、生活情况。另一方面，学生在高中阶段的生活中，由于升学的压力而大多仅专注于成绩的提升。然而进入大学阶段，面对丰富多彩的课余文化生活与社会实践活动，学生或者仍困于高中思维觉得"浪费学习时间"，或者因为缺少锻炼经历而胆怯害怕、不敢参加活动，又或者觉得"麻烦"而懒惰懈怠，从而产生一边觉得"学校不管自己"，另一边又不积极参与学校活动的矛盾心理。

其二，消极的学校教育认知与积极的学习态度并存。即便有37%的样本学生认为所在学校的教育方式为放任型，34%认为是抑制型，存在消极学校教育认知的学生占大多数（如图2-13所示）；然而仍有总计仍有56%的样本学生认为学习"重要"（如图2-16所示）且成绩中等的占比绝大多数（如图2-15所示）。这表明即便学生认为学校的教育方式存在各种问题，仍旧以积极的方式加强自身学习，对自己负责。同时，认为学习"挺重要"（如图2-16所示）和"有时"参加课外活动（如图2-14所示）的样本学生均约半数，表明有很大一部分大学生正在努力平衡学习与活动参与，对于大学生活与自身未来发展具有一定的规划且态度积极。

第三节　问卷信效度情况

了解样本学生的基本描述性统计情况之后，课题组对所收集到的、反映拔尖创新人才培养现状与培养方式的关键变量样本数据首先进行信度与效度分析，以确保数据的可用性，为后续的实证检验与深入探讨奠定数据基础。结果显示，所有量表的整体信效度较好，除个体创新行为中个别变量的Cronbach's α值略低之外，其他变量的Cronbach's α值均高于0.7，表明各变量具有较好的可靠性和内部一致性，如表2-5所示。各变量的KMO值均接近于1，Bartlett球形检验的显著性也均小于0.05，适合进行因子分析。并且，各所测变量题项因子的因子载荷路径值指标值也均高于0.5，表明问卷数据结构效度较好。

表2-5 变量的信度与效度分析结果

概念	具体变量	Cronbach's α 值	KMO 值
创新支持	工具性支持	0.840	0.950
	精神支持	0.914	
	人际支持	0.918	
目标定向	学习目标定向	0.877	0.911
	绩效目标定向	0.731	
学生动机	成就动机	0.892	0.927
	学术动机	0.832	0.850
	认知需求	0.742	0.879
社会参与	—	0.870	0.891
师生互动	与授课教师的互动	0.846	0.922
	与辅导员的互动	0.906	
个体创新行为	识别创新机会	0.625	0.937
	创新想法产生	0.547	
	创新想法评估	0.676	
	创新想法推进	0.720	
	创新想法应用	0.703	
多样性经历	学术多样性经历	0.826	0.844
	社交多样性经历	0.718	
多样性态度	普遍—多样性倾向	0.776	0.898
	多样性开放度	0.929	0.909
批判性思维倾向	认知成熟度	0.795	0.938
	认知推理	0.851	
	求知欲	0.794	
社会责任领导力	创新变革	0.907	0.976
	自我意识	0.824	
	知行合一	0.901	
	协同合作	0.858	
	多元包容	0.905	
	公民责任	0.787	

另外，在运用探索性因子分析方法对"多样性经历"的量表数据进行分析时发现：原题项5"喜欢阅读课外书籍"、题项9"我喜欢尝试艺术创作"、题项10"我比较关注时政热点"、题项11"参与课外实习、实践、调研"的因子归属不明，见第93页。删除上述题项后，多样性经历量表剩余11题，通过信效度检验。

存在同样情况的还有"批判性思维倾向"量表：其中题项3"我兴趣广泛"、题项7"我乐于挑战有难度的问题"、题项9"我相信我能找出合理的答案"等共计8个题项存在因子荷载小于0.400或因子归属不明的情况。删除上述8个题项后，大学生批判性思维倾向量表剩余18题，通过信效度检验。

第二篇

02

| 教育测量篇 |

第三章

创新支持

着力培养拔尖创新人才，首先需要夯实能够全力支持人才成长的育苗"土壤"。高校作为人才培养的重要基地，要充分发挥"土壤"的支撑与供养作用，给予学生全面的创新支持，才能给予学生成长为拔尖创新人才的初始动能。

在党的二十大报告关于深入实施科教兴国战略、人才强国战略、创新驱动发展战略的国家指引下，结合当前全球新一轮科技革命与产业变革的加速推进，创新人才培养活动已经受到从国家层面到学校层面的高度重视，通过创新环境营建、加大教育投入、改进教育教学方法等途径培养学生的创新意识、提升学生创新创造力的做法已经逐渐成为高等教育工作者的普遍共识。近年来，为进一步提升创新人才的培养质量，各教育相关部门及各高校在创新人才培养机制方面不断探索，启动实施了"基础学科拔尖学生培养试验计划""高等学校创新能力提升计划""卓越工程师教育培养计划"等。同时，各学校也积极尝试开展教育改革、探索创新人才培养的新途径，如中国科技大学、西安交通大学等重点高校针对早慧少年开办的少年班，北京大学开设的元培实验班，复旦大学的望道计划等。上述新计划、新途径、新方式均为我国的创新人才培养积累了有益经验，并取得了显著成效。

然而我们也必须看到，人才培养的创新支持力度不足仍然是我国高等教育的突出问题，创新人才培养仍在路上。高校作为学生创新发展的第一参与主体，对于学生的创新培养仍旧存在重设施建设而轻创新氛围塑造、重硬性数据呈现而轻人才实际质量的问题。并且，当前对于高校在学生创新培养方面的无形的环境、精神支持程度如何尚待进一步探明，也缺少对于此类创新支持效果的衡量数据。

基于此，本书使用"创新支持"概念探索高校对于学生创造力的培养情况。结合当前研究与现实问题，本书定义"创新支持"为：大学生对有利于学校创新发展、营造学校创新环境而采取的各种措施和做法的主观认知及体验[①]。对于创新支持的研究来自20世纪90年代西方管理学、心理学研究者对于组织氛围影响个体发展情况的关注。随着创新在当代社会中地位的凸显，组织的创新氛围逐渐成为更受关注的概念。Siegel 等研究者围绕创新氛围研究提出了创新支持量表（Siegel Scale of Support for Innovation）[②]，通过"对创新的支持、对个人创新的支持、上层的支持力度"等题项来刻画组织的创新氛围。至2004年，以蒂尔尼（Tierney）和法默（Farmer）为代表的一批研究者从创新氛围研究中剥离出创新支持（Support for Innovation）的概念并编制了创新支持的行为量表（Creativity Supportive Behavior Scale）[③]，探索了企业组织中管理者行为对员工创造力的影响关系。然而聚焦于在校大学生这一创造力发展的关键群体，当前的相关研究与量表仍旧匮乏。

结合组织支持理论与自我决定理论中隐含的大学生基本心理需求，本书将创新支持概念进一步划分为工具性支持（Instrumental Support）、精神支持（Emotional Support）和人际支持（Relationship Support）三个维度。艾森伯格（Eisenberger）等研究者提出的组织支持理论（Organizational Support Theory）[④]认为，个体感受到更多的组织支持，就会对组织产生更多的依恋，从而更加认同组织文化，继而做出更多符合组织导向的行为。组织支持理论弥补了以往侧重个体对组织承诺而忽略组织对个体承诺的缺失，更加突出了外部环境、软硬件支持、上级鼓励等因素的作用，在实践中得到了广泛的应用。麦克米

①　梅红,任之光,冯国娟，等.创新支持是否改变了在校大学生的创新行为 [J].复旦教育论坛,2015,13(06):26-32.

②　SIEGEL S M, KAEMMERER W F. Measuring the perceived support for innovation in organizations [J]. *Journal of Applied Psychology*, 1978, 63(05): 553.

③　TIERNEY P, FARMER S M. The Pygmalion process and employee creativity[J]. *Journal of management*, 2004, 30(03): 413-432.

④　EISENBERGER R, HUNTINGTON R, HUTCHISON S, et al. Perceived organizational support[J]. *Journal of Applied Psychology*, 1986,71:500-507.

兰（McMillian）等研究者在此基础上进一步指出，组织的支持还包含其他多种类型，如工具性支持、行为支持、情感支持和信息支持等[①]。而自我决定理论从滋养个体自我整合活动的环境特征出发，提出胜任、自主与关系三大心理需要的满足是促进个体的人格及认知结构成长与完善的条件。这三种心理需要是普适性的、与生俱来的，所有个体都为了满足这些需要而努力，且趋向于投入满足这些需要的环境。综合上述两种理论及相关研究，本书编制符合我国高校情境的创新支持量表，如表3-1所示。

表3-1　创新支持量表

维度划分	题号	题　项
工具性支持	1	学校试图为学生提供必要的学习设施
	2	学校努力确保学生从事创造性工作所需资源
	3	我认为学校充满了创造力
	4	学校对创新工作给予值得的回报
精神支持	5	学校公开的认可学生的创新努力
	6	学校鼓励学生制定创新目标
	7	学校赞扬学生的创新工作
	8	学校支持学生的创造与革新
	9	学校赞扬学生的创新努力，甚至是在结果不太成功时
	10	学校以学生的学业努力和学业成就为荣
人际支持	11	学校让学生更加坚信自己有创新潜能
	12	学校鼓励学生与他人合作
	13	学校强调与他人分享知识的重要性
	14	学校积极寻求与外部成员的相互交流
	15	学校努力获取促进学生发展的相关信息
	16	学校鼓励学生广泛地与其他系所、院校的学生沟通

---

① MCMILLAN R C. *Customer satisfaction and organizational support for service providers* [M]. Florida: University of Florida, 1997.

第一节 工具性支持

工具性支持是指大学生对于学校所提供的各类能够支持创造性工作或进行创造力培养的学习设施与资源的主观认知及体验。能力与知识无法凭空产生，学生的创新能力需要通过有效获得、迁移周边资源才能得到成长。学生感知到的工具性支持越强烈，表明高校为学生培养创新精神、提升创造力所投入的资源越丰富，所设立的系统性支持政策与教学培养体系越完善，从而为拔尖创新人才的培养提供基础条件。

一、总体情况

表3-2所示为本次调研所得的高校的工具性支持总体情况。结果显示，在李克特5级量表中，学生总体感知到的学校工具性支持较弱，均值只有3.37。相对当前国家投入的教育经费而言，学生的整体感知偏低。自2009年实施"拔尖计划"以来，至"十三五"规划的重要节点2017年，我国高等教育经费投入的绝对值已经由2010年的6460亿元提高至11109亿元，增长了0.72倍[①]。至2021年，全国高等教育在学总规模达到4655万，普通高等学校按在校学生人数平均的一般公共预算教育经费为22586.42元，同口径比上年增长1.65%，然而，在生均教育经费逐年增加的情况下，学生感知到的工具性支持并没有随之走高。这其中虽然存在资源有限条件下个体对于支持的感知可能永远"不足"的主观因素，却也在一定程度上反映出高校的工具性支持仍需加强的现实。另外，当前学生对于工具性支持较低的感知，也反映出学生创新发展的意识仍旧不强，对于创新资源的挖掘、创新设施的利用不足的现状。

---

① 方芳，钟秉林．"双循环"新发展格局下高等教育高质量发展的理论逻辑与现实思考 [J]. 中国高教研究，2022(01):21—27.

表3-2 工具性支持样本的总体情况

变量及维度	题项均值	标准差
工具性支持	3.37	0.81
1.学校试图为学生提供必要的学习设施	3.56	1.06
2.学校努力确保学生从事创造性工作所需资源	3.42	1.01
3.我认为学校充满了创造力	3.13	1.03
4.学校对创新工作给予值得的回报	3.39	0.95

注：本次调研采用李克特5级量表（5-point Likert scale）。其中最大值为5，表示"非常同意"；最小值为1，表示"非常不同意"。

二、分组比较

观察总体情况之后，我们再将样本数据基于学校类型差异、专业背景差异以及年级差异细分，以进一步分析比较。

（一）学校类型差异

图3-1所示为重点院校、普通院校、独立及民办院校之间关于学生工具性支持感知的对比，发现差异显著。其中，重点院校的工具性支持最高，均值为3.50。这与我们的一般认知相符。我国大学按职能划分可分为研究型大学和应用型大学，通常重点院校即为研究型大学，承担着大量的国家级、省部级等各级各类科研与创新工作，瞄准国家创新发展需求。而相应地，国家在对重点院校的教育经费投入等方面则比普通院校等应用型大学更多。二者定位不同，创新支持程度自然不同。

但值得注意的是，独立及民办院校学生的工具性支持均值居然显著高于普通院校，仅略低重点院校，为3.43。当前我国在对于独立及民办院校的教育投入与建设方面严重不足，而在这样的条件下，学生的工具性支持感知仍然相对积极，主要可能有以下三方面原因。

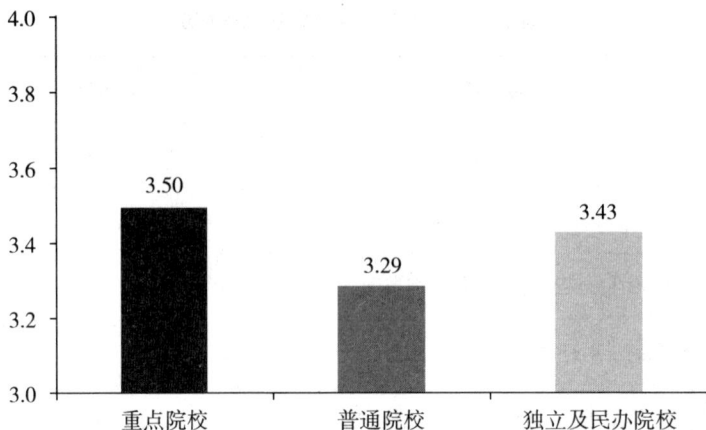

图3-1　不同学校类型的工具性支持感知差异

其一，为求生存，积极建设校园环境。当前社会中对于独立及民办院校的学历歧视仍然严重，家长对于将孩子送往民办院校完成学业的学习质量及之后的就业质量较为担心，学校招生不易。加之独立及民办院校的招生批次通常在公办院校之后，致使其所招生源质量相对较低，学校培养不易。这带来了民办院校学历歧视与人才培养之间的恶性循环。结合当前的就业难、留学热等问题，导致民办院校的生源进一步锐减，而大部分民办院校却是通过学费来积累办学资金，生源的锐减直接导致了学校的生存危机。基于此，民办院校相比公办院校更有动力建设校园，完善校园设施，提供资源支持，给予学生更好的学习体验，以吸引更多学生就读。

其二，面向实操的办学导向，使得学生感受"新鲜"。独立及民办院校创办之初的办学导向便是培养社会需要的实用型人才。因此民办院校大多还会开设很多实操类课程，贴合市场需要培养一线技术人员，给予学生在实践中创造的环境。基于这样的办学导向，独立及民办院校相比普通院校需要投入更多支持学生学习与工作的设施及资源，例如汽车学院的维修设备、民航学院的飞机模型，以及各类实操与体验机会。民办院校的学生也因能够更多地在实践中增长见识而感到"新鲜"，对于本专业的职业发展方向有更为清晰的认知，因此相比端坐教室更多学习书本知识的普通院校学生，对于学校工具性支持的感受更为积极。

其三，愈发规范的办学现象，使得学生感受"积极"。当前的独立及民办院校也进入了转型升级的关键时期，而其生存的第一要务就是进一步规范办学。当前民办教育的各类管理政策愈发完善、清晰，各级各类政府对民办学校的规范要求也越来越高。相比普通院校的稳定发展，民办院校的快速成长对比之前的办学乱象变化明显，因而也会让学生极大地感受到学校的积极变化，感受到学校对于学生培养的愈发支持和重视。

（二）专业背景差异

图3-2所示为工学、理学和人文社科等不同学科之间关于学生工具性支持感知的对比。其中，理学的学生对于学校工具性支持的感知均值为3.49，相对最高，较其他学科差异相对显著。而工学和人文社科的学生对于学校工具性支持感知均值分别为3.34和3.35，几乎没有差异。

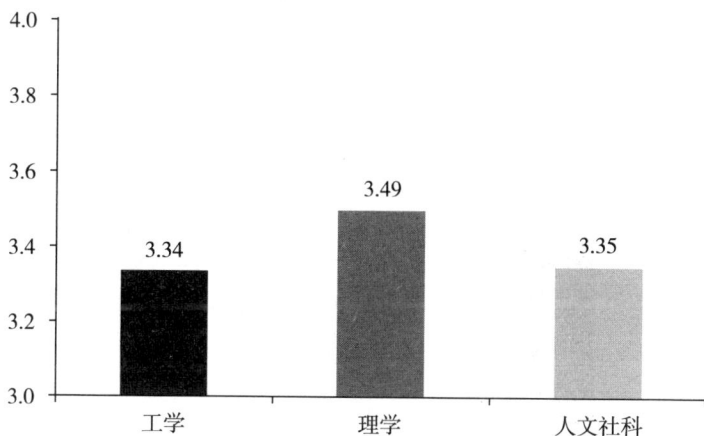

图3-2 不同专业背景的工具性支持感知差异

这一对比突出了不同学科之间专业性质的差异。对于人文社科而言，一方面，基于国家科技强国与创新驱动发展战略的目标指引，高校对于理学与工学的发展建设与重视程度均相对优先于人文社科；另一方面，人文社科的学习与发展创新更多集中于思想的引领，相对理工科而言并不需要太多的物质投入，由此可能导致学生感知到的学习资源和设施支持相对不强。

而对比理学和工学两类学科，其中理学更侧重基础研究，其针对性投入更偏向于建立实验室以及其他器物性资源投入；而工学相对更重视实际应用，除理论学习之外更要求所创所得贴合实际，更需要产学研平台的协同育人。然而相比硬件投入，当前高校在实践育人方面仍需进一步加强，产学研协同仍面临诸多困难：一方面，这种"看不见"的资源投入相对"看得见摸得着"的实验室投入更不易被学生感知；另一方面，学生实践不顺、无法真正了解产业堵点，更会对本专业的创新方向感到迷茫，对学校的支持产生怀疑和消极情绪。

（三）年级差异

图3-3所示为低年级、高年级本科生与研究生等不同年级学生之间关于工具性支持感知的对比，发现差异呈U型趋势。其中，低年级本科生感知到的工具性支持最高，均值为3.53。随着年级升高，高年级本科生感知到的工具性支持最低，均值仅为3.32。而之后进入研究生阶段，这一感知再次回升，升至均值3.45。

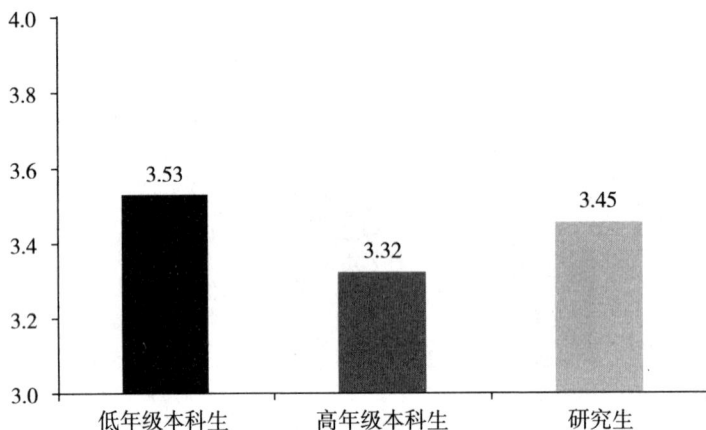

图3-3　不同年级的工具性支持感知差异

这在一定程度上说明学生对于学校支持的感知也会受年级阶段的影响，学生越依赖学校的教育资源，对于学校的工具性支持感受便会相对积极。具体而言，高年级本科生面临走出校园、步入社会的现实就业、深造问题，相对其他年级而言不再强烈地依赖学校支持、投入学校活动，对于自身创造力提升的渴望与需求在考研备考、工作面试等现实的压力与明确的目标之下也被暂时搁置，因此对于学校工具性支持的感受也最低。而进入研究生阶段之后，强创新导向的科研工作使得学生追求纯粹知识的精神需求回归，再次重视对于自身创新能力的提升，同时相比本科阶段多数时间对于理论知识的书本学习，研究生阶段参与的科学研究工作需要大量利用学校的各类设施与资源，使得学生对于学校工具性支持的感受更为明显。

第二节　精神支持

精神支持是指学校对于学生的创新精神和创造性努力所提供的支持、鼓励以及情绪上的抚慰和理解。通常而言，大学生感知到的学校精神支持越高，学习动力便越发强劲，进而将越多样的尝试创新行为、产出创新成果。

一、总体情况

表3-3所示为本次调研所得的高校精神支持的总体情况。结果显示，在李克特5级量表中，学生总体感知到的学校精神支持均值为3.59，相对工具性支持稍高。在科技发展日新月异、创新引领空前重要的今天，培养拔尖创新人才已然成为高校勇担国家使命、推动国家科技创新发展的重要目标。因此近年来，高校在人才培养的各个环节非常重视对于学生创新使命与创新发展意识的潜移默化，包括创新思维课程增设、创新创业大赛支持、海外教师人才引进、师生国际交换学习资助等各类活动的开展与宣传。同时，高校在创新方面的精神支持也为传统的高等教育理念和方式注入了活力，激发了学生投入创新的积极性与主动性，显著提升了学生的创新意识和创新能力。

表3-3　精神支持样本的总体情况

变量及维度	均值	标准差
精神支持	3.59	0.79
5. 学校公开的认可学生的创新努力	3.55	1.02
6. 学校鼓励学生制定创新目标	3.61	0.98

续 表

变量及维度	均值	标准差
7.学校赞扬学生的创新工作	3.66	0.98
8.学校支持学生的创造与革新	3.70	0.99
9.学校赞扬学生的创新努力，甚至是在结果不太成功时	3.30	1.03
10.学校以学生的学业努力和学业成就为荣	3.76	1.00

注：本次调研采用李克特5级量表（5-point Likert scale）。其中最大值为5，表示"非常同意"；最小值为1，表示"非常不同意"。

二、分组比较

观察总体情况之后，我们再将样本数据基于学校类型差异、专业背景差异以及年级差异细分，以进一步分析比较。

（一）学校类型差异

图3-4所示为重点院校、普通院校、独立及民办院校之间关于学生精神支持感知的对比，发现重点院校相比其他学校类型而言差异显著且为最高值，均值为3.73。与之相比，普通院校和民办院校的均值同为3.55。这说明重点院校在创新氛围的塑造上具有明显优势，在学生创新精神的鼓励与培养方面投入更大。当然，这也与重点院校多为研究型高校有关。相比其他类型院校，

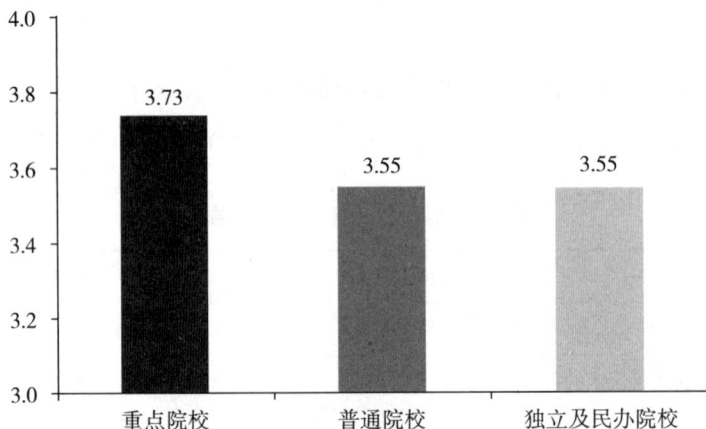

图3-4 不同学校类型的精神支持感知差异

研究型高校本身即更多地承担起服务国家重大战略需求的任务与使命，聚集着更多地科技创新人才，拥有更多地创新资源，需要集中力量解决关键领域的核心科技问题，因此在高校日常的管理、教学和科研活动中，均更多地关注创新、宣传创新、支持创新。

（二）专业背景差异

图3-5所示为工学、理学和人文社科等不同学科之间关于学生精神支持感知的对比。其中，理学专业背景的学生感知到的学校精神支持最高，均值为3.67；人文社科背景的学生与之相差不大，均值为3.61；感知最低的为工学背景的学生，均值为3.56。但总体而言，不同专业背景的学生感知到的精神支持差异不大。

这说明理学和人文社科学生精神支持的感知不存在明显差异，可以被学生个体特殊性解释。相对而言工学类学生感知到的精神支持较弱，如上所言可能与工学需要更多产学研结合的学习模式有关。相比其他专业类型，工学学生有更多产业实践学习的要求与需求。而在离开校园投入应用实习的过程中，一方面学生对于外界新环境的适应过程必然导致工科学生需要面对相比理科和人文社科学生更多的心理压力，产生更多情感需求；另一方面，学生此时远离学校，对于学校的支持和鼓励因为距离而感知减弱。因此对于工学专业背景的学生，各学校要注意在精神支持方面给予更多偏斜。

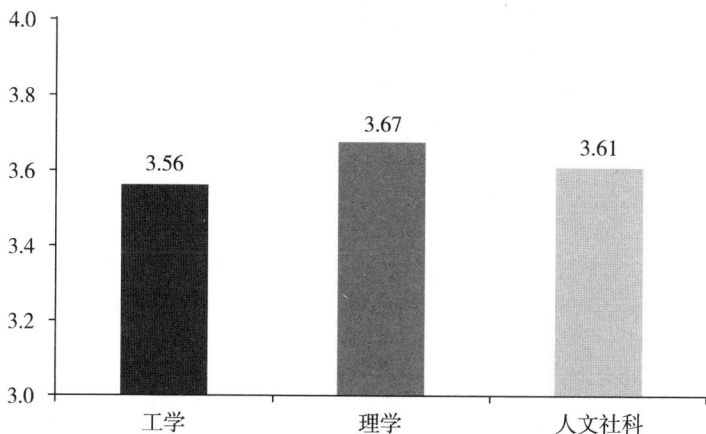

图3-5 不同专业背景的精神支持感知差异

（三）年级差异

图3-6所示为低年级、高年级本科生与研究生等不同年级学生之间关于精神支持感知的对比，发现差异同工具性支持类似，仍呈 U 型趋势。其中，低年级本科生感知到的精神支持最高，均值达3.82。而随着年级升高，高年级本科生感知到的学校精神支持降至最低，均值为3.53。之后的研究生阶段，对于精神支持的感知又回升至3.64。这也在一定程度上反映了个体对于环境的感知会随着年级阶段的变化而有所不同。低年级本科生刚刚从略显枯燥的高中生活来到丰富多彩的大学校园，对于学校开放、包容、活力的创新氛围感受差异尤为明显，而随着年级的升高，这种感受逐渐趋于平淡。及至升为研究生阶段，学习模式、学习环境的转变使得学生重新拾得新鲜感，对于以创新为导向的科学研究工作也更能感知到学校对于创新的精神支持。

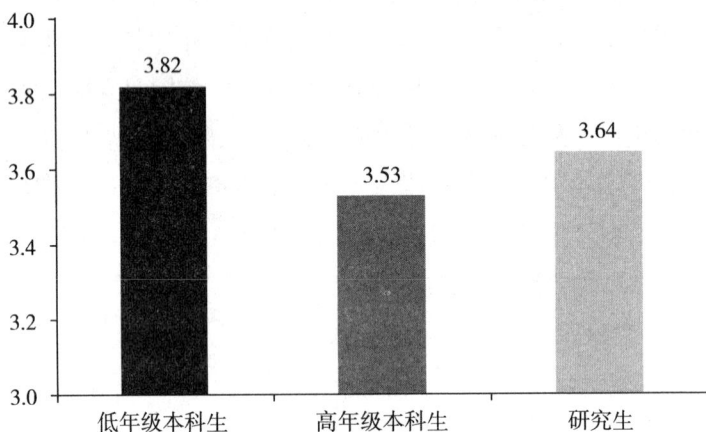

图 3-6 不同年级的精神支持感知差异

第三节 人际支持

人际支持是指大学生对学校提供的校内外创新交流机会、合作关系支持的主观认知及体验。通常而言，学校能够提供的校内外沟通交流渠道越多、促进信息共享的措施越多，越能够帮助学生从人际沟通交往中获得创新思维的碰撞、获取到更多有形或无形的创新资源，从而激发学生创新潜能。

一、总体情况

表3-4所示为本次调研所得的高校人际支持总体情况。结果显示，在李克特5级量表中，学生总体感知到的学校人际支持均值为3.60，相比工具性支持（均值3.37）和精神支持（均值3.59）相对最强。在国家的创新引领、资金支持和政策鼓励之下，当前各高校纷纷在设施建设、文化宣传、平台搭建等方面做出了极大努力。校外，例如陕西省政府推动搭建的科技创新成果转化平台"秦创原"，以"科学家＋工程师"的模式助力校企对接；校内，各高校也努力发展校内学院间甚至校际的交流，鼓励跨学科创新合作、学生交换学习、承办企业云集的招聘活动等。这些努力相比学习设施、回报奖励等工具性支持而言，对于学生是更为直接的支持和助力。不过，在未来我们仍需要继续深入调查，探究调查结果对学校拔尖创新人才培育发展现状反映的真实性，剖析高校创新投入与学生创新产生之间的影响机制，为高校更有效地进行创新资源的投入配置提供可行建议。

表3-4　人际支持样本的总体情况

变量及维度	均值	标准差
人际支持	3.60	0.80
11. 学校让学生更加坚信自己有创新潜能	3.39	1.02
12. 学校鼓励学生与他人合作	3.75	0.93
13. 学校强调与他人分享知识的重要性	3.65	0.99
14. 学校积极寻求与外部成员的相互交流	3.64	1.02
15. 学校努力获取促进学生发展的相关信息	3.62	1.01
16. 学校鼓励学生广泛地与其他系所、院校的学生沟通	3.53	1.08

注：本次调研采用李克特5级量表（5-point Likert scale）。其中最大值为5，表示"非常同意"；最小值为1，表示"非常不同意"。

二、分组比较

观察总体情况之后，我们再将样本数据基于学校类型差异、专业背景差异以及年级差异细分，以进一步分析比较。

（一）学校类型差异

图3-7所示为重点院校、普通院校、独立及民办院校之间关于学生人际支持感知的对比，发现重点院校相比其他学校类型而言差异显著且为最高值，均值为3.69。与之相比，普通院校和民办院校的均值几乎相同，分别为3.56和3.57。同上述所言一致，重点院校具有科技创新追求、承担科技创新任务、拥有丰富的创新资源，自然重视学生的创新发展并支持创新交流。同时，也因为重点院校优越的科创能力与优势，使其能够相对容易且频繁地产生与产业、政府、国内外其他高校的合作交流。合作交流带来的知识创造、认知碰撞和思维互补能够全方位激发学生的创新活力，是培养拔尖创新人才的关键保障。

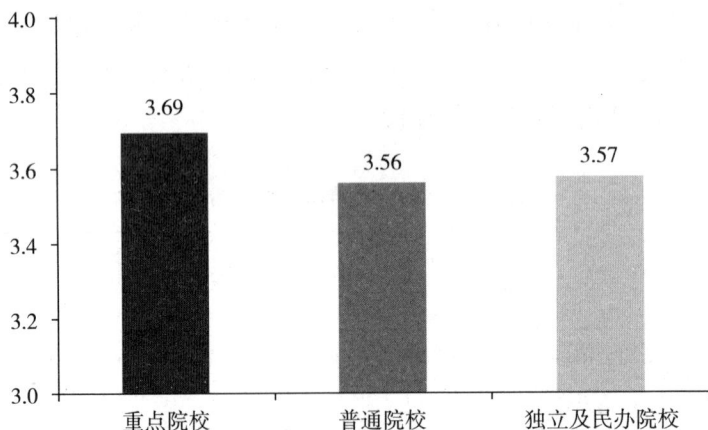

图 3-7 不同学校类型的人际支持感知差异

（二）专业背景差异

图3-8所示为工学、理学和人文社科等不同学科之间关于学生人际支持感知的对比。其中，理学专业的学生人际支持感知相对最高，均值为3.67；人文社科专业的学生感知与理学相差不大，均值为3.63；而工学专业的学生

人际支持感知相对最低，均值为3.56。这可能是由于理学与人文社科专业更需要同行间的学术交流、专家的讲授指导，对于高校而言提供如此的人际支持相对容易，高校同行间也有强烈的互动需求。而工学专业除理论交流之外，还需要学校为学生提供更接近产业实践的交流互动机会，如产业实习，或邀请高级技术人员、企业高管等一线专家人才来校交流，为学生搭建更为紧密的产学研合作平台。然而高校在这一方面的建设仍需加强，这可能导致工学专业的学生对学校的人际支持感知不够积极。

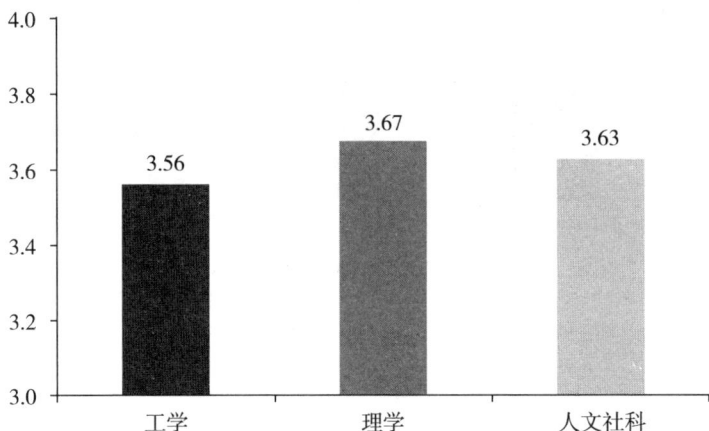

图3-8　不同专业背景的人际支持感知差异

（三）年级差异

图3-9所示为低年级、高年级本科生与研究生等不同年级学生之间关于人际支持感知的对比，发现低年级本科生的感知程度明显高于其他阶段，均值为3.80。高年级本科生与研究生的人际支持感知接近，均值分别为3.54和3.56。学校的人际支持需要学生的参与和互动才能产生更好的效果，也才能使得学生获得更为深切的感知。低年级本科生由于新鲜感和好奇心，相对更有意愿且能够更为主动地参与各类学校活动，感受到更多的人际支持。并且，低年级本科生在学习与交流过程中，对比高年级本科生与研究生而言目的不明确，相对更为纯粹，更多是基于提升能力、获得见识的目的。而高年级本科生出于现实的求职、学业压力，研究生出于科研目的，其学习方向均更为

清晰、交流范围更加精确，同时也相对更为焦虑，从每一次交流中期望获得资源的需求更高，而往往获得感无法满足这一期望，导致他们在交流中的人际支持感知相对低年级本科生更低。

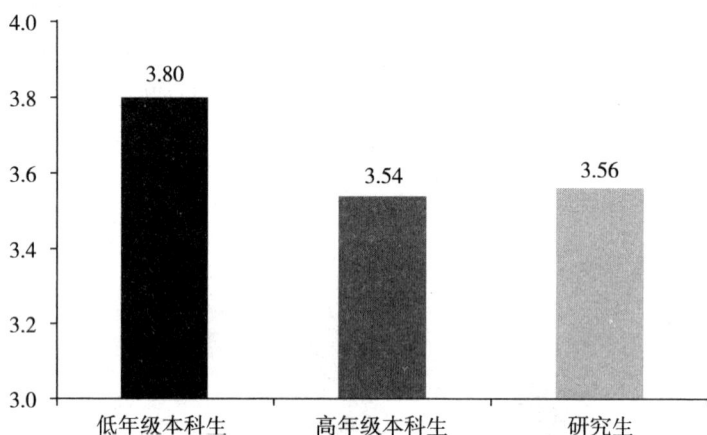

图3-9 不同年级的人际支持感知差异

第四节 本章小结

综合陕西省八所院校大学生创新支持调查结果看，大学生感知到的人际支持最明显，精神支持基本相当，而工具性支持最弱。值得注意的是，这一调查结果与现实认知却是相左的。我国的高等教育经费逐年增加，高校对于学生创新能力培养的资源投入也在不断增强，但在调查中学生感知到的学校工具性支持却相对最低。相反，较高的人际支持和精神支持说明高校中已经形成了一定的创新氛围，能够鼓励学生更多地释放创新活力。而现实却是社会对高校拔尖创新人才培养的评价仍旧不高，人才原创能力不足仍是制约我国创新发展的重要问题。换言之，当前高校中不低的创新氛围仍无法有效地培养出具备极大原创能力的拔尖人才。同时，极大的教育经费投入似乎并没有在创新培养方面带来显著的教育进步。那么，是否高校的创新氛围仍不够强烈？国家的教育投入究竟需要关注哪些方面才能更加精准地匹配社会的拔尖创新人才需求？高校需要如何进一步改善创新支持措施，才能够推动人才创新能力的极大提升？这些问题有待研究进一步探讨。

结合分类来看，在学校类型差异方面，基于不同类型院校的差异化教育目标任务，重点院校的各类创新支持无疑最强。而出乎意料的是，独立及民办院校学生的各类创新支持感知居然强于普通院校。这可能是由于独立及民办院校出于吸引生源的生存目的、面向实操的办学导向，以及当前各级各类政府对于独立及民办院校愈发严格且规范的办学要求，使得学生对于学校创新支持的感受更为积极。而与之相对的，普通院校享有相比独立及民办院校更多的国家教育资源投入，其效果却不甚理想，处于不上不下的尴尬境地。那么在未来不同类型的学校是否需要更为细致、清晰、准确的教育目标定位，普通院校在创新人才培养方面需要做出怎样的改变，有待我们重新思考。

在专业背景差异方面，理学专业学生感知到的各类创新支持相对最强，工学专业却相对最弱。这一调查结果提示，当前高校在产学研合作与实践育人方面仍在路上。工学专业需要更多接触产业实际、了解实践问题，帮助学生通过产教融合明确创新方向，尤其是针对工科学生探索更为多样、有效的实践育人方式，是高校需要进一步重视的问题。

在年级差异方面，低年级本科生对于各类创新支持的感知尤为突出。这启示我们学生对于学校创新支持的感知可能会随着学习阶段与学习任务的改变而发生主观变化。后续研究需要考虑这一影响，避免其导致研究结论存在偏性，并在制定相应的创新政策措施时考虑不同阶段学生的差异化需求。

第四章

教育目标定向

　　教育的发展，需要紧跟国家与时代的需求。在工业化飞速发展的时代，追求效率的社会需求在一定程度上造成了教育对于学生量化考核的关注。通过成绩筛选人才，似乎是一种降本增效的迅捷手段，无论是对于学校的培养投入，还是对于产业中的用人选择。然而，如此形成的教育模式也带来了一定的弊端。以成绩的一维指标定成败的思路直接导致学生过度追求考试结果，忽视学习的过程体验与认知提升。而当高等教育的考试升学模式成了学生们心中难于登天又不得不过的"独木桥"时，很多学生无法承受考试失利带来的失败打击，可能造成许多社会问题。进入以易变性、不确定性、复杂性、模糊性为特征的"乌卡（VUCA）"时代，社会目标从赶超先进变成了探索前沿，对于人才的能力需求也相应亟变。以创新为核心竞争力的当代国家发展与产业变革逻辑中，拔尖创新人才的培养与投入已成为决胜的关键。

　　然而，在当代社会发展与原有教育模式之间的供需失衡之下，是社会与学生两端的迷茫。一方面，是社会各界纷纷指责大学生"高智低能"、心理脆弱，似乎大学生成了除开考试什么都不会的"温室花朵"；另一方面，是学生们在现有成绩为主的绩效框架中挣扎。学校仍然过度关注成绩单、毕业率、签约率、考研率，似乎学习成绩优异才能有更多机会、才能被评判为"成功"。而书本学习势必也会耗费学生大量的可支配时间，导致其没有心力发展其他多样化能力，更遑论创新。

　　为解决这一问题，面向国家战略建设的需要出台了一系列有关拔尖创新人才培养的政策措施。2015年10月，国务院印发《统筹推进世界一流大学和一流学科建设总体方案》，明确提出要通过具体落实"培养拔尖创新人才"等重点任务，实现"加快建成一批世界一流大学和一流学科"。2017年教育部部长陈宝生在全国教育工作会议上进一步指出："要建立以学习者为中心的人才培养模式，通过多样化的学习，因材施教，促进学习者释放潜能，让拔尖创新人才脱颖而出。"至2019年，教育部等六部门开始实施"拔尖计划2.0"。大学，在新时期下需要通过提升学生的创新能力来实现社会、学校、个人三方的可持续发展。而在培养创新能力方面，增强学生自主学习与提升能力的主动认知，无疑是创新人才成长最为强大的内驱力。行动的主动性与积极的目标预期才能激发学生的创新意愿，从而将创新学习、创意挖掘、创新行动和创新成果作为新型求学目标[①]。换言之，教育目标的转变需要学校和学生个体的共同努力。外变目标导向，内变目标定向。

学者 Glaser 于1972年提出目标定向（Goal Orientation）概念用以概括有关态度和行为等方面的认知和选择，并指出目标定向就是个体为实现一定的目标所做的工作[②]。德威克（Dweck）等人对目标定向进行了大量的研究，并将其分为学习目标定向（Learning Goal Orientation）和绩效目标定向（Performance Goal Orientation）。对应两种教育的目标含义，学习目标定向的个体会寻求方法增强自身的能力和竞争力，有较高的工作价值和正向情感；绩效目标定向的个体则期望获取关于其能力的良好评价，同时避免消极评价[③]。随后，组织行为领域的研究者进一步发现，目标定向能促使个体在面临"创造"困难时保持自我效能[④]，是帮助个体取得创造突破和成功的关键因素。

那么，结合上述现实发展与理论依据，在拔尖创新人才培养政策实施的过去十年间，我国大学生当前的目标定向情况如何，有待我们通过数据进一步分析。本书借鉴国外学者Button[⑤]、国内学者徐方忠[⑥]、梅红[⑦]三位学者的研

---

① 于海琴.大学生的创新行为模型及其价值——基于对本科高创新性拔尖人才的扎根理论研究 [J].高等教育研究 ,2019,40(09):68—77.

② GLASER R. Individuals and learning: The new aptitudes[J]. *Educational Researcher*, 1972, 1(06): 5–13.

③ DWECK C S. Motivational processes affecting learning[J]. *American psychologist*, 1986, 41(10): 1040.

④ VANDEWALLE D, CRON W L, JR S J. The Role of Goal Orientation Following Performance Feedback[J]. *Journal of Applied Psychology*, 2001, 86(04):629–40.

⑤ BUTTON S B, MATHIEU J E, ZAJAC D M. Goal orientation in organizational research: A conceptual and empirical foundation [J]. *Organizational Behavior & Human Decision Processes*, 1996, 67(01):26–48.

⑥ 徐方忠 , 朱祖祥 , 林芝 . 目标倾向测量及其与绩效的关系 [J]. 心理发展与教育 , 2000, 16(02):2—7.

⑦ 梅红 , 任之光 , 王静静 , 等 . 目标定向、多样性经历对个体创新行为的影响——基于陕西省8所高校的实证研究 [J]. 复旦教育论坛 , 2017, 15(04):62—68.

究，结合当前我国高等教育的现实情境制定了目标定向量表，如表4-1所示。为在一定程度上避免题项内容的偏向性和指向性，本书将学习目标定向与绩效目标定向两个维度的题目进行了混编。

表4-1 目标定向量表

维度划分	题号	题 目
绩效目标定向	1	我更愿意做有把握、能做好的事情
学习目标定向	2	有机会承担具有挑战性的任务很重要
绩效目标定向	3	我乐意承担不会出差错的任务
学习目标定向	4	有难度的任务更能激起我的斗志
绩效目标定向	5	我最喜爱的事就是我能做的最好的事
学习目标定向	6	我更乐意做能学到新知识的任务
绩效目标定向	7	他人关于我能否做好某事的评价很重要
学习目标定向	8	学习新东西的机会对我来说很重要
绩效目标定向	9	如果我做事不出任何差错，我会觉得自己聪明
学习目标定向	10	面临有难度的任务，我会尽力去做
绩效目标定向	11	我希望在某事前就有足够的信心做好它
学习目标定向	12	在以前经验的基础上，我会尽可能提高自己
绩效目标定向	13	我喜欢做那些我以前做得好的事
学习目标定向	14	拓展能力的机会很重要
绩效目标定向	15	如果在某些事上比大多数人做得更好，我会觉得自己聪明
学习目标定向	16	我喜欢尝试不同的方法解决困难

第一节 学习目标定向

学习目标定向的个体将能力视为可变的。他们关注自身的努力程度并审视问题，在面临困难和挑战时重点关注对问题的理解和把握，关注是否学习到新的技能并提高了能力水平，而非绝对的成绩等绩效提升。

一、总体情况

表4-2所示为本次调研所得的大学生学习目标定向的总体情况。结果显示，在李克特5级量表中，大学生的学习目标定向总体较高，均值为3.95。这说明当代大学生已经在一定程度上努力将提升综合素质与创新能力作为学业中的重要追求。学习目标定向指向个体对于科学素养、全球视野、健全人格、社会责任感等的高阶认知。当前科技发展的日新月异使得人们面临越来越多复杂任务的挑战，而由此带来的社会生存压力与创新人才需求，正在引导学生内在的价值倾向与自我认同导向逐渐朝着学习目标定向转变。

表4-2 大学生学习目标定向的总体情况

变量及维度	均值	标准差
学习目标定向	3.95	0.69
2. 有机会承担具有挑战性的任务很重要	3.93	0.98
4. 有难度的任务更能激起我的斗志	3.76	0.96
6. 我更乐意做能学到新知识的任务	4.02	0.95
8. 学习新东西的机会对我来说很重要	4.00	0.94
10. 面临有难度的任务，我会尽力去做	3.98	0.91
12. 在以前经验的基础上，我会尽可能提高自己	4.07	0.93
14. 拓展能力的机会很重要	4.13	0.94
16. 我喜欢尝试不同的方法解决困难	3.68	0.98

注：本次调研采用李克特5级量表（5-point Likert scale）。其中最大值为5，表示"非常同意"；最小值为1，表示"非常不同意"。

二、分组比较

观察总体情况之后，我们再将样本数据基于学校类型差异、专业背景差异以及年级差异细分做进一步分析比较。

（一）学校类型差异

图4-1所示为重点院校、普通院校、独立及民办院校之间关于学生学习目标定向的倾向对比，发现重点和普通院校相比独立及民办院校差异显著。其中，重点院校学生的学习目标定向最高，均值为4.07；普通院校与之相接近，均值为4.01；而独立及民办院校均值仅为3.71。这说明重点院校和普通院校的学生相对更注重学习过程对自身综合能力提升的重要作用。

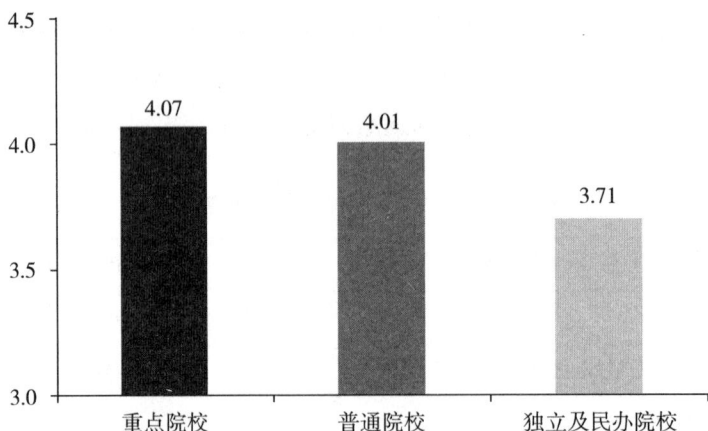

图 4-1　不同学校类型的学习目标定向差异比较

这可能源自以下两方面原因：其一，学校定位不同。重点院校大多以建设一流大学、一流学科为办学目标，以科创领军为人才培养目标，而这样高瞻远瞩的宏大目标必然要求学生的多方位发展而非仅局限于成绩。同时，社会与政府相关部门对学校的双一流建设评价也坚决要求破除"五唯"的顽瘴痼疾，强调评价视角的多元与评价内容的多维。因此，重点院校自然更倾向于引导学生提升多方面能力，并为学生提供鼓励创新的多样化教育资源与展示平台。普通院校接近重点院校，同样强调学科建设与创新人才培养，因此对于学生的能力提升要求也较为接近。而独立及民办院校多定位为面向产业实操，强调"专"和"精"，因此学生的学习目标定向较低。

其二，学生的内驱力程度不同。不同的学校由于办学质量、招收批次等的不同，其接收到的生源质量也不尽相同。而好的学生生源一定程度上也代表着学生本身的学习积极性与能力提升的动力十足，并不需要很大的外界推动便会自行向上"攀登"。对于独立及民办院校而言，其生源质量当前明显弱于重点和普通院校，这可能导致院校间的"马太效应"，强者愈强，弱者愈弱。重点院校优秀学生的巨大内驱力促使其不断努力提升自我，而学生们走出校门之后将自身能力有效应用于实践，同时也为母校带来了品牌效应，进一步推动学校的办学发展，从而吸引更多优质生源。

（二）专业背景差异

图4-2所示为工学、理学和人文社科等不同学科之间关于学生学习目标定向的倾向对比，发现差异不大。其中，相对最高的为理学专业的学生，其学习目标定向的均值为4.00，工学与人文社科专业的均值分别为3.93与3.92。由此可见，学生对于学习目标定向的倾向程度与其专业背景关联不大。当前我们倡导跨学科的复合式人才，因此无论是怎样的学科背景，均同样强调对于复杂任务的要求、综合能力的培养、创新精神的激发。不过，依据布鲁姆的教育目标分类研究，理学专业更关注学生的创造能力，工学专业倾向分析和应用能力，人文社科专业更倾向理解能力，这能够在一定程度解释为何理学专业的学生其学习目标定向相对稍高。

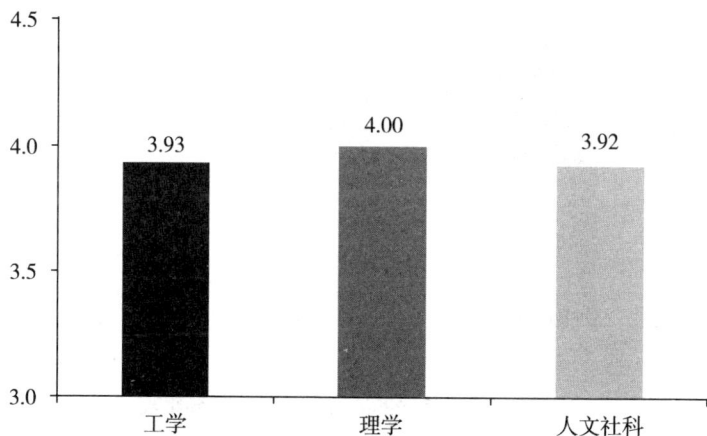

图4-2 不同专业背景的学习目标定向差异比较

（三）年级差异

图4-3所示为低年级、高年级本科生与研究生等不同年级学生之间关于学习目标定向的倾向对比，发现差异显著，但随着年级阶段的增长而不断减弱。其中，低年级本科生的学习目标定向最强，均值为4.11；高年级本科生次之，均值为3.90；研究生的学习目标定向最弱，均值为3.86。

这可能源于两方面原因：其一，随着年龄的增长，学生对事物的好奇心会降低，不在由于刚刚升入大学而对学校的各类活动充满兴趣，对困难、复杂的问题充满跃跃欲试的信心。其二，随着年级的升高，学生就业目标逐渐明确，因而逐渐专注于能够直接通往预期目标的显性道路，而不再耗费更多的精力和时间去"尝试"或没有短期目的的"学习"。并且，第二条原因的存在，也可能是影响第一条原因的关键前驱，即就业或升学的各方压力，使得学生不再有充足的时间和资本进行"试错"。尝试既定路线之外的未知道路，意味着对于当前既定路线前进的精力分散，且未知道路存在极高的不确定性。这导致高年级学生在挑战与困难面前往往有所顾虑，从而表现为"似乎好奇心降低"。

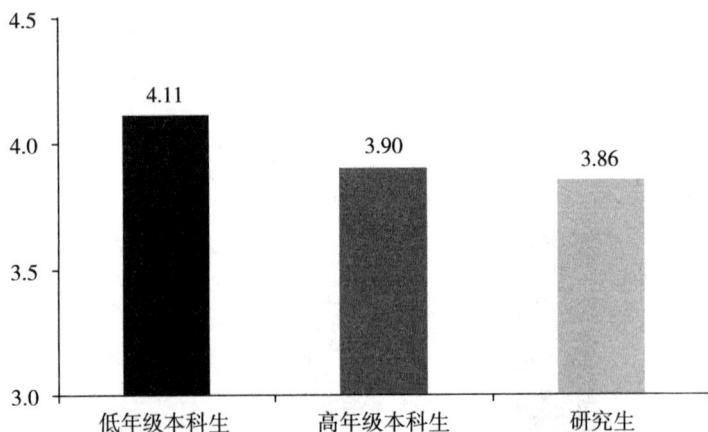

图4-3 不同年级的学习目标定向差异比较

第二节　绩效目标定向

绩效目标定向的个体倾向于将个体的能力视为稳定不变的。其关注自身的能力与他人能力的对比，期望获得积极评价并努力避免消极评价。当自身能力较强时，绩效目标定向的个体倾向于认为自己的能力是适应性的，用以应对所遇到的问题和挑战。当个体对自己的能力不自信时，则更倾向于选择较为简单的目标，同时将成功归结为运气，而将失败归结为任务难度。

一、总体情况

表4-3所示为本次调研所得的大学生绩效目标定向的总体情况。结果显示，在李克特5级量表中，大学生的绩效目标定向均值为3.62，相比学习目标定向较低。这在一定程度上说明当前高等教育对学生的综合能力以及勇敢挑战、勇于创新的精神培养初见成效。然而，这也并非表示绩效目标定向的存在便一无是处。锚定成绩以及与他人的能力对比结果，能够使得学生有清晰的目标标的，从而有针对性地提升自身能力。这一思路对于个体短期目标而言更为高效，具有绩效目标定向的学生通常也具有相对较强的学习能力，能够快速掌握提升绩效所需的特定知识和技能。不过，过度的绩效目标定向并不适用对于拔尖创新人才的培养，也不利于当前飞速的科技发展和产业变革对于人才的核心需求。

表4-3　大学生绩效目标定向的总体情况

变量及维度	均值	标准差
绩效目标定向	3.62	0.70
1. 我更愿意做有把握、能做好的事情	3.95	1.129
3. 我乐意承担不会出差错的任务	3.68	1.042

续　表

变量及维度	均值	标准差
5. 我最喜爱的事就是我能做的最好的事	3.58	1.112
7. 他人关于我能否做好某事的评价很重要	3.33	1.077
9. 如果做事不出任何差错，我会觉得自己聪明	3.37	1.102
11. 我希望在某事前就有足够的信心做好它	3.97	0.984
13. 我喜欢做那些我以前做得好的事	3.55	1.030
15. 如果在某些事上比大多数人做得更好，我会觉得自己聪明	3.54	1.053

注：本次调研采用李克特5级量表（5-point Likert scale）。其中最大值为5，表示"非常同意"；最小值为1，表示"非常不同意"。

二、分组比较

观察总体情况之后，我们再将样本数据基于学校类型差异、专业背景差异以及年级差异细分，以进一步分析比较。

（一）学校类型差异

图4-4所示为重点院校、普通院校、独立及民办院校之间关于学生绩效目标定向的倾向对比，发现同学习目标定向的分布类似，重点和普通院校学生的绩效目标定向相比独立及民办院校稍高。然而学习目标定向在重点/普通院校和独立及民办院校之间差异显著，相较而言绩效目标定向在重点/普通院校和独立及民办院校之间有差异，但相差不大。其中，重点院校和普通院校学生的绩效目标定向均值分别为3.67和3.64，数据接近，而独立及民办院校学生的绩效目标定向均值为3.54。

同上所言，重点院校、普通院校、独立及民办院校之间的生源质量由于当前录取批次、办学质量、就业预期等差异而通常呈递减趋势。在现行成绩选拔的高考制度下，重点院校录取的生源为成绩相对最好的批次，本身即具备较强的绩效目标定向，同时也较易管理。为强绩效目标定向的学生设定较为清晰的成绩、获奖、考试标准，其便有较强的内驱动力朝向目标前进，培养路径明确。而如此明确的绩效目标和管理规则又会进一步加固学生的绩效目标定向，形成交互循环。

另一边，独立及民办院校的生源质量本身较弱于重点院校及普通院校，学生或由于自主能力差而无心学习，或由于高考失利的挫败感而产生厌学情绪。加之当前一些独立及民办院校的管理能力仍需加强，对于学生的职业生涯规划仍缺乏明确、合理的引导，导致学生难以锚定清晰的绩效目标，进而进一步降低了自身的绩效目标定向倾向。

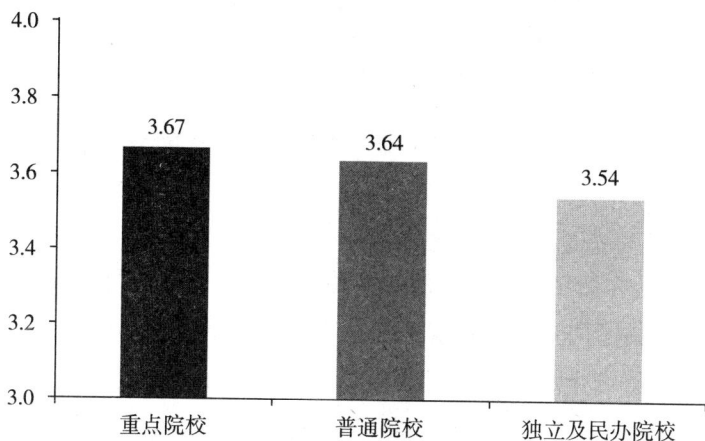

图 4-4　不同学校类型的绩效目标定向差异比较

（二）专业背景差异

图4-5所示为工学、理学和人文社科等不同学科之间关于学生绩效目标定向的倾向对比，发现同学习目标定向类似，仍然差异不大。其中，相对最高的为人文社科专业的学生，其均值为3.63；工学专业次之，均值为3.62；理学专业相对最低，均值为3.61。这同样说明学生对于绩效目标定向的倾向程度与其专业背景关联不大。无论是何种专业的学生，在现行的学校教育中，成绩、奖项等量化指标仍然是评判个体的重要标准。基于对未来就业、升学发展的考量，学生们有天然的动力去完成或参加能够明确带来一定绩效收益的活动。

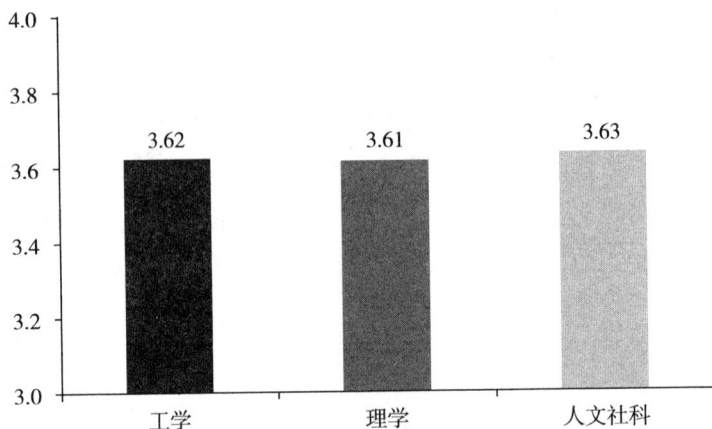

图 4-5 不同专业背景的绩效目标定向差异比较

（三）年级差异

图 4-6 所示为低年级、高年级本科生与研究生等不同年级学生之间关于绩效目标定向的倾向对比，发现低年级本科生的均值最高，为 3.71，且与高年级本科生和研究生相比差异显著。高年级本科生和研究生之间相差不大，分别为 3.60 与 3.61。这可能是由于低年级本科生作为入学新生，刚刚从高中生转变身份，对课堂学习与考试的态度最为端正，且课业负担最重，因此绩效目标定向相对较强。而高年级本科生的学业压力相对较小，研究生的科研

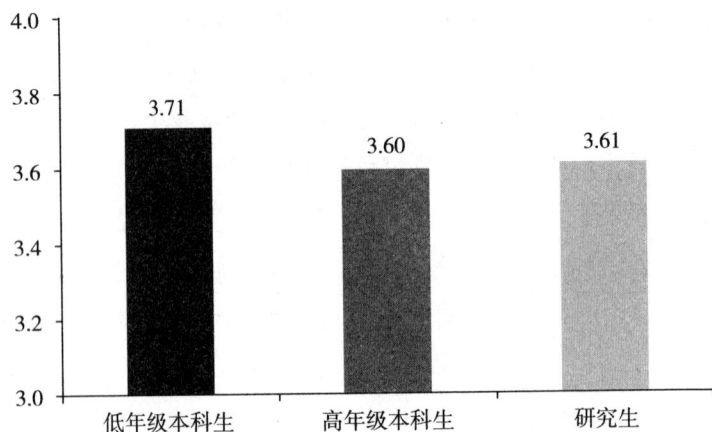

图 4-6 不同年级的绩效目标定向差异比较

工作又需要其相对发散的思维、较为长期的目标导向、更为强韧的抵抗挫败的心理承受能力，因此无论是高年级本科生还是研究生，其绩效目标定向均相对弱于低年级本科生。

第三节　本章小结

目标定向是一种有计划的认知过程，它是对目标任务的表征，体现了个体对工作、学业成就和成功意义的内在知觉[①]。其中，学习目标定向与绩效目标定向各有特点。持有学习目标定向的个体更易适应相对新颖的任务和动态的外部环境，富有挑战性的任务情境能更好地激发其创造力，促进创新行为的产生；而持有绩效目标定向的个体更加关注影响学习成绩的学术类活动，清晰的绩效标的更能激发个体的学习动力，同时也更具学习效率。无论倾向于哪种目标定向，个体均能够据此更为积极地与外界情境产生互动，并在互动中定位自身能力水平，进而提升综合能力。

但是，在强调拔尖创新人才培养的当前社会发展情境中，学习目标定向无疑是高校更需要培养的定向类型。创新本身是一个高度复杂且不确定的突破性过程，只有通过学习目标定向不断尝试新事物、勇于突破自身局限，才可能厚积薄发，以不断积累且不定向的新知识、新技能促使创新想法和成果的涌现。过分功利的考核标准和想要迫切收到回报的短期心态多会损伤个体的创造力。当前高校和社会在人才评估与取人用人方面仍大多表现为绩效目标定向的倾向，主要依据学生在校期间的单一成绩量化指标评判个体优劣并做出筛选决策，从而成为当前我国拔尖创新人才培养成效不足的一大重要原因。如何制定更加倾向于学习目标定向的高校管理与人才评价体系，如何引导学生更为坚定地追求学习目标定向，成为新时期下我国教育评价改革的一个重要课题。

---

① 梅红，任之光，王静静，等．目标定向、多样性经历对个体创新行为的影响——基于陕西省8所高校的实证研究 [J]. 复旦教育论坛，2017, 15(04):62—68.

结合分类来看，在学校类型差异方面，重点和普通院校学生的两种目标定向倾向相比独立及民办院校均显著高。一方面，这可能是由于不同类型学校的定位不同所造成的人才培养倾向不同。重点与普通院校学生更为注重自身的创造性能力发展，且能够接触到更为多样的创造性活动。另一方面，生源质量差异表现为重点和普通院校的学生内驱力、自控力相对更强，无论是参与活动还是考试学习均有更加积极的心态与更为清晰的规划。另外，综合来看重点和普通院校学生的两种目标定向双高，充分说明学习目标定向与成绩目标定向并不是此消彼长的关系。两种定向能够在个体认知中同时存在且相互作用，更有利于个体效率与效果并重地权衡自身行为，从而极大地提升拔尖创新人才培养成效。

在专业背景差异方面，工学、理学和人文社科等不同学科两种目标定向均差异不大，说明无论是怎样的学科背景，学生均有对于创造力培养与综合能力的提升需求，也均存在囿于成绩量化考核目标的现实状况。

在年级差异方面，低年级本科生的两种目标定向倾向均显著高于高年级本科生与研究生。这可能是由于新入学学生的高中学习模式惯性、低年级课业负担较重、转换新环境的好奇心驱使等积极影响。随着年级阶段的升高，对于职业规划的逐渐清晰、工作目标的逐渐明确，以及试错成本、时间成本的上升使得学生逐渐降低了学习目标定向的倾向。而同时高年级的成绩压力降低、研究生的科研工作对于发散思维和创造力的要求回升，并且随着年龄的渐长学生抵抗挫败的心理承受能力增强，对于自身认知的逐渐清晰完善使其不再一味锚定"别人"的已有成果，而是更为关注自身的内在成长，因此绩效目标定向也较低年级阶段降低。不过，考虑到高年级本科生及研究生在就业等方面的现实压力对其创新精神与创新能力的磋磨，未来在拔尖创新人才培养的管理改革中需进一步重视学生的实际困难，更具针对性地给予创新支持。

第五章

学生动机与需求

教育最终落脚于学生的成长发展，需要从学生的动机与需求出发，充分关注学生的成长内驱动力所在。具备内驱动力的个体更具学习、活动的主动性，因而能够极大地激发个体的创造性，促进个体面对未知、提出问题，并解决问题的能力，这是拔尖创新人才应具备的最重要的动机特征。这也是阿马布勒（Amabile）等人提出的创新内在动机理论所强调的，即创新人才的产生至少需要相关的领域技能、创造力以及工作动机三个基本组成部分[①]。面对新情况、新形势和新问题，拔尖创新人才的突出特点在于极为丰沛的求知精神与积极的行动力。那么，学校作为在拔尖创新人才培养中发挥关键作用的主阵地，在实施教育的过程中需要充分关注学生的内部动机，并贯彻党的教育方针，全面落实立德树人根本任务，将国家创新战略需求与学生的动机与需求相结合。如此，才能在培养出国家需要的新时代人才的同时，也能够帮助个体满足自身动机需求，达成个体需求与社会需求的双重实现。

借鉴阿马布勒等的创新内在动机理论，本书将从目标、知识、认知三个维度探讨学生的创新动机与需求，并对应发展为成就动机、学术动机、认知需求三个动机变量。

第一节　成就动机

成就动机（Achievement Motivation）是个体为达成自身认为"重要且有价

---

① AMABILE T M. *Creativity and innovation in organizations* [M] Boston: Harvard Business School. 1996, 239–396.

值"的任务目标而努力，使之达成完美状态的内部动力因素，具有一定的目标指向性[①]。成就动机是个体追求目标的一种心理倾向表现。高成就动机的个体通常具有高自我效能感与积极的归因和行为模式，能够表现出极大地韧性和毅力，拥有克服困难的坚强意志与高度的学习意愿。而这些都是拔尖创新人才所需要具备的突出品质。

阿特金森（J.W. Atkinson）认为每一个体心理之中均有两种相互冲突的动机趋向，即追求成功的动机（Motive to Approach Success）和规避失败的动机（Motive to Avoid Success），个体的行为倾向可由其成就需要、对行为成功的主观期望概率和取得成就的诱因值三者成绩的函数表示[②]。阿特金森的理论整合了行为动机的情感和认知两方面，能够较为清晰地阐释高校学生成就动机下的行为选择与表现。基于此，本书依据阿特金森的维度划分，同样将成就动机划分为追求成功和规避失败两个维度，并借鉴杰斯米（T.Gjesme）和奈戈德（R.Nyard）[③]，叶仁敏[④]等学者的研究，结合当前我国高等教育的现实情境制定了成就动机量表，如表5-1所示。其中，"追求成功"变量测量个体对于获得成功的动机，涉及对于正向评价情景与结果的预期；"避免失败"变量测量个体与防止失败相联系的动机，涉及对于负向评价情景与结果的预期。为在一定程度上避免题项内容的偏向性和指向性，本书将追求成功与规避失败两个维度的题目进行了混编。

表5-1　大学生成就动机量表

维度划分	题号	题　目
追求成功	1	我喜欢新奇的、有困难的任务甚至不惜冒风险
规避失败	2	我讨厌在不能确定是否会失败的情境中工作
追求成功	3	我在完成困难的任务时感到快乐

① NICHOLLS J G, BURTON J T. Motivation and Equality [J]. *Elementary School Journal*, 1982, 82(04):367–378.

② 曹阳. 新时代大学生思想政治教育价值期待研究 [D]. 武汉：中国地质大学,2020.

③ ROALD N, TORGRIM G. Assessment of Achievement Motives: Comments and Suggestions[J]. *Scandinavian Journal of Educational Research*, 1973, 17(01):39–46.

④ 叶仁敏，等. 成就动机的测量与分析 [J]. 心理发展与教育 , 1992, 8(02):14—16.

续　表

维度划分	题号	题　目
规避失败	4	在结果不明的情况下，我会担心失败
追求成功	5	我会被那些能了解自己才智的工作所吸引
规避失败	6	在完成困难的任务时，我担心失败
追求成功	7	我喜欢需要尽最大的努力完成的工作
规避失败	8	一想到要去做那些新奇的、有难度的工作，我就感到不安
追求成功	9	我喜欢在我没有把握解决的问题上坚持不懈地努力
规避失败	10	我不喜欢检验我能力的场面
追求成功	11	对于困难的任务，即使没意义，我也很容易投入
规避失败	12	我对那些没有把握能胜任的工作感到忧虑
追求成功	13	面对能检验我能力的机会，我觉得是鞭策和挑战
规避失败	14	我不喜欢做我不知道能否完成的事
追求成功	15	我会被困难的任务吸引
规避失败	16	在那些检验我能力的情景中，我感到不安
追求成功	17	那些不确定是否能成功的工作最吸引我
规避失败	18	当面临有特点机会才能解决的问题时，我会害怕失败
追求成功	19	即使时间还很充裕，我也会立即开始完成任务
规避失败	20	我做那些看起来相当困难的事时，都很担心
追求成功	21	能够检验我能力的机会，对我是有吸引力的
规避失败	22	我不喜欢在陌生的环境下工作
追求成功	23	面临我没有把握克服的难题时，我会非常兴奋、快乐
规避失败	24	我不希望分配给我有困难的工作
追求成功	25	如果有些事不能立刻理解，我会很快对它产生兴趣
规避失败	26	我不希望做那些要发挥我能力的工作
追求成功	27	我认为做有挑战的事情更重要，即使无人知道也无所谓

维度划分	题号	题 目
规避失败	28	我不喜欢做那些不确定能否胜任的事
追求成功	29	我希望分配到有困难的工作
规避失败	30	当我遇到不能立即弄懂的问题，我会焦虑不安

一、追求成功

具有追求成功这一成就动机的个体关注能够获得成功的一切方法与路径，倾向于自我降低关于失败的可能性预测，且并不会由于失败而过度沮丧，表现出一定的风险偏好属性。

（一）总体情况

表5-2所示为本次调研所得的大学生追求成功这一成就动机的总体情况。结果显示，在李克特5级量表中，大学生的追求成功倾向较弱，均值仅为2.51。这说明较之对成功的向往，当前我国大学生对失败的恐惧心理占据上风，在选择前进目标时趋于保守，因而可能由于消极的心理倾向而相对减少对于学习的投入程度。这也初步表明当前很多大学生尚未做好迎接挑战性学业任务的心理准备，这将直接影响创新人才的培育成效。

表5-2　大学生追求成功的成就动机总体情况

变量及维度	均值	标准差
追求成功	2.51	0.42
1. 我喜欢新奇的、有困难的任务，甚至不惜冒风险	2.05	0.98
3. 我在完成困难的任务时感到快乐	3.88	0.96
5. 我会被那些能了解自己才智的工作所吸引	3.82	0.91
7. 我喜欢需要尽最大努力完成的工作	3.76	0.90
9. 我喜欢在我没有把握解决的问题上坚持不懈地努力	3.43	0.96
11. 对于困难的任务，即使没意义，我也很容易投入	3.22	1.06

变量及维度	均值	标准差
13. 面对能检验我能力的机会，我觉得是鞭策和挑战	3.59	0.95
15. 我会被困难的任务吸引	3.29	0.94
17. 那些不能确定是否能成功的工作最吸引我	3.15	0.95
19. 即使时间还很充裕，我也会立即开始完成任务	3.26	1.07
21. 能够检验我能力的机会，对我是有吸引力的	3.45	0.92
23. 面临我没有把握克服的难题时，我会非常兴奋、快乐	3.12	0.99
25. 如果有些事不能立刻理解，我会很快对它产生兴趣	3.30	0.92
27. 我认为做有挑战的事情更重要，即使无人知道也无所谓	3.42	0.99
29. 我希望分配到有困难的工作	3.16	0.96

注：本次调研采用李克特5级量表（5-point Likert scale）。其中最大值为5，表示"非常同意"；最小值为1，表示"非常不同意"。

（二）分组比较

观察总体情况之后，我们再将样本数据基于学校类型差异、专业背景差异以及年级差异细分，以进一步分析比较。

1. 学校类型差异

图5-1所示为重点院校、普通院校、独立及民办院校之间关于学生追求成功的成就动机倾向对比，发现各类型院校之间的差异并不明显。其中，普通院校学生追求成功的倾向相对最高，均值为3.34；重点院校相对最低，均值为3.31。

各类院校的学生均对追求成功的倾向均不高。然而分析原因，这可能并不仅仅是学生个体的畏难心理。具体而言：

其一，"报复性放松"的反弹行为。离开紧张备考的高中阶段，进入学习环境相对自由、父母管束相对较少的大学阶段，部分学生出现"报复性放松"，无视上课与各类校园活动，而专注于电子游戏等追求短时、浅层刺激的娱乐活动，放松甚至放弃了对个人能力的提升。

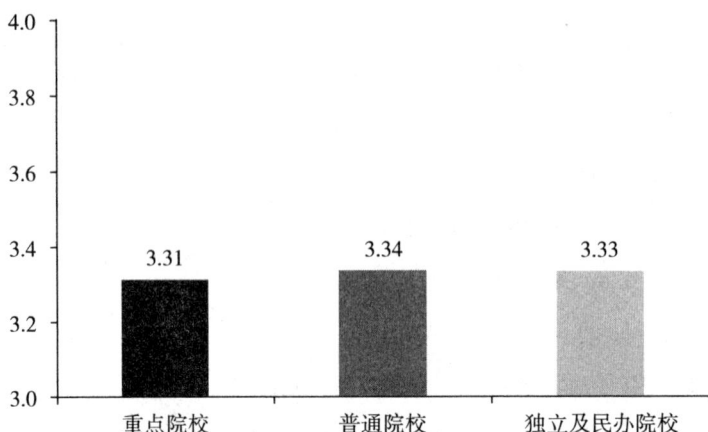

图 5-1 不同院校类型追求成功的差异比较

其二，仍认为"学习高于一切"。大学教育与之前更偏应试的中学教育方式迥异，不再以成绩为主要的个人评价标准。然而部分学生或是对离开之前的应试学习轨迹心存畏惧，或是学习思维仍未转变，未认识到除书本学习之外的其他挑战性活动与任务对个人综合能力提升的重要作用，仅认为"只要搞好成绩就行"，从而多关注学习成绩的提升，并不乐于挑战除学习之外的困难任务。

其三，有升学、工作的后顾之忧。专注能力提升的过程体验以及风险偏好的心理倾向在一定程度上需要学生"不在意事情的结果好坏"，而事实是当前包括学业、工作等成就评价仍倾向于结果导向。这导致学生为了获得更具优势的评价结果，以期在升学、找工作时脱颖而出，不得不选择能够稳定提升评价的直接路径，而非不顾失败后果的寻求更多挑战。

2. 专业类型差异

图 5-2 所示为工学、理学和人文社科等不同学科之间关于学生追求成功的成就动机的倾向对比，发现存在一定差异，但相差不大。其中，相对最高的为理学专业的学生，其追求成功的倾向均值为 3.37；工学与其差异较小，均值为 3.33。与两者差异相对较大的是人文社科专业的学生均值，为 3.28，相对最低。由此可见，理学和工学专业的学生对于追求成功的倾向程度相比人文社科专业的学生较强。

这可能是学科特点的差异所致。理学和工学专业在学习过程中注重要求学生对于结果的明确和改进方案探索，而人文社科更注重要求学生对于现象规律的把握以及在此过程中的思考体悟。基于此，理学和工学专业的学生相对更关注完成困难任务所获得的成就感，乐于面对挑战；而人文社科专业的学生相对不在意追求普世意义的"成功"，即获得了怎样突破性的结果，而更加关注个人能力、思维等在完成任务过程中的综合进步。这能够在一定程度解释为何人文社科专业的学生，其追求成功的成就动机倾向相对稍低。

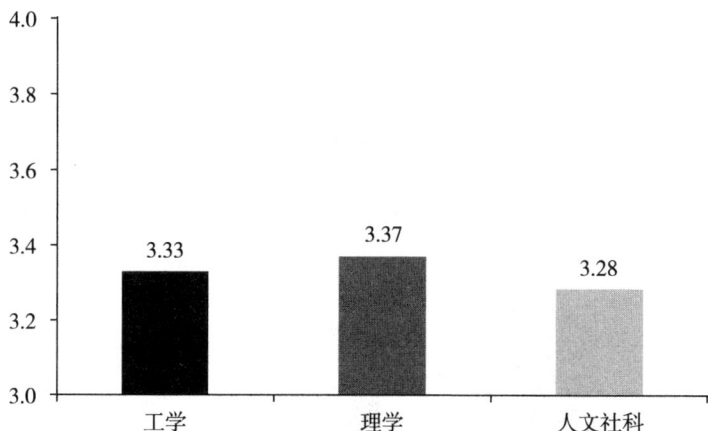

图5-2 不同专业类型追求成功的差异比较

3. 年级差异

图5-3所示为低年级、高年级本科生与研究生等不同年级学生之间关于追求成功的成就动机倾向对比，发现各阶段均值成阶梯式递减差异。其中，低年级本科生的追求成功倾向最强，均值为3.36；高年级本科生次之，均值为3.33；研究生追求成功的倾向最弱，均值为3.22。不过从数据来看，各阶段学生的追求成功倾向均不高。

这可能源于两方面原因：其一，是学习阶段的差异。低年级本科生由于刚刚升入大学阶段，对于迥异高中的大学生活充满未知，因此好奇心、挑战欲均较强，更倾向于尝试如社团、比赛、科学研究等丰富的活动类型，认为自己遇到困难、解决困难的机会也更多。其二，是学习目标的差异。本科阶段的学习以成绩优劣为评价的重要标准之一，而研究生阶段的学习方式更注重问题探索。对于研究生而言，科学研究本身即为挑战性的、困难的任务。研究生时刻处于"面对困难"的环境之中，因此也就相对并不存在是否倾向于挑战困难的"选择"。换言之，研究生可能通常会认为挑战困难任务是学习的常态，而并非是源于自身"追求成功"的心理倾向，因此相对本科学生这一成就动机得分较低。而这一分析也反映出以"解决困难任务"为主要标准可能无法全面判断个体是否具有追求成功的倾向，从而给未来研究与调研以一定的改进启示。

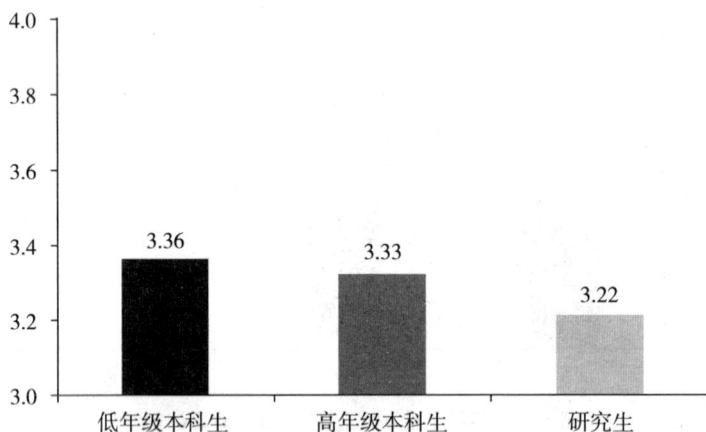

图 5-3　不同年级类型追求成功的差异比较

二、规避失败

具有规避失败这一成就动机的个体关注如何避免失败的方法与路径，倾向于自我抬高关于失败的可能性预测，且可能会由于失败而过度沮丧，表现出一定的风险规避属性。

（一）总体情况

表 5-3 所示为本次调研所得的大学生规避失败这一成就动机的总体情况。结果显示，在李克特 5 级量表中，大学生的规避失败倾向较弱，均值为 2.35，与追求成功的倾向均值 2.51 相比更低。这说明虽然当前我国大学生面对困难

的心理仍趋保守和规避，但并非完全消极。学生在一定程度上具有追求卓越、迎接挑战的积极心理意识，但可能由于自身同时存在的畏惧心理而无法外显出来。同时，来自家庭、学校、社会等各方面对于学生失败后的支持与保障措施仍不到位，如失败后家长的责备、学校的单一维度成败评价、社会的生存与竞争压力，可能都是导致学生总体倾向于规避所谓失败的直接原因。为解决这一问题，需要各方齐心协力，一方面深化培养学生无畏困难、敢于挑战的精神，另一方面也要加大各方的外部支持力度，帮助学生"更有底气"地追求成功。

表5-3 大学生规避失败的成就动机总体情况

变量及维度	均值	标准差
规避失败	2.35	0.49
2. 我讨厌在不能确定是否会失败的情境中工作	3.19	1.01
4. 在结果不明的情况下，我担心失败	3.59	0.96
6. 在完成困难的任务时，我担心失败	3.56	0.98
8. 一想到要去做那些新奇的、有困难的工作，我就感到不安	3.09	1.08
10. 我不喜欢检验我能力的场面	3.12	1.09
12. 我对那些没有把握能胜任的工作感到忧虑	3.41	0.99
14. 我不喜欢做我不知道能否完成的事	3.15	0.97
16. 在那些检验我能力的情境中，我感到不安	3.24	0.97
18. 当面临有特定机会才能解决的问题时，我会害怕失败	3.32	0.95
20. 我做那些看起来相当困难的事时，都很担心	3.30	0.98
22. 我不喜欢在陌生的环境下工作	3.23	1.06
24. 我不希望分配给我有困难的工作	3.03	1.00
26. 我不希望做那些要发挥我能力的工作	2.75	1.12
28. 我不喜欢做那些不确定能否胜任的事	3.15	0.99
30. 当我遇到不能立即弄懂的问题，我会焦虑不安	3.31	1.03

注：本次调研采用李克特5级量表（5-point Likert scale）。其中最大值为5，表示"非常同意"；最小值为1，表示"非常不同意"。

（二）分组比较

观察总体情况之后，我们再将样本数据基于学校类型差异、专业背景差异以及年级差异细分，以进一步分析比较。

1. 学校类型差异

图5-4所示为重点院校、普通院校、独立及民办院校之间关于学生规避失败的成就动机倾向对比，发现各类型院校之间的差异显著。其中，独立及民办院校学生规避失败的倾向相对最高，均值为3.36；重点院校相对最低，均值为3.07；普通院校居中，均值为3.24。

造成这一差异的原因可能是学生的经历及学校教育目标的差异。一方面，当前各类型院校录取学生为分级提档，这导致进入独立及民办院校的学生大多成绩并不理想。而在当前仍注重成绩结果评价的社会舆论导向及家庭教育情境中，不理想的成绩可能造成学生在家庭、学校和社会教育中无法获得足够的进步鼓励及失败兜底支持，自信心不足，学习动力较低。因此，独立及民办院校的学生有时候并非不愿，而是不敢迈出面对困难的脚步。倾向于保守选择能够使学生获得安全感。另一方面，独立及民办院校的办学目标多立足培养专门技能型人才，而这类人才的培养特点突出严谨、专注。例如对精密机床、元件器械的使用、制造、创造，差之毫厘即可能造成严重事故。基于此，教育学生作风谨慎是独立及民办院校在教学培养过程中所着力培养的品质，因而可能带来学生规避失败的心理倾向。

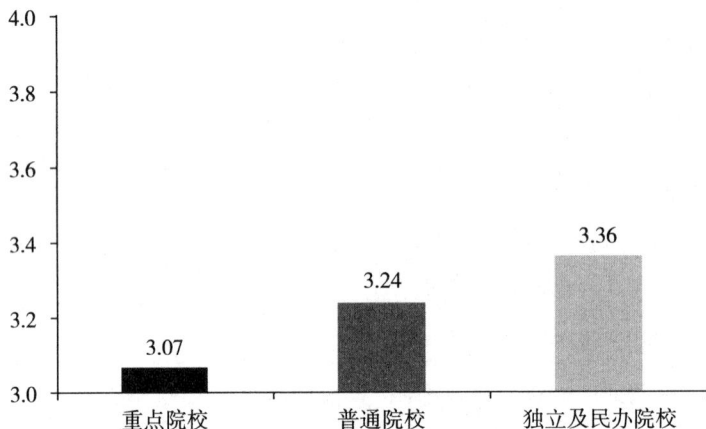

图5-4 不同院校类型规避失败的差异比较

2. 专业背景差异

图5–5所示为工学、理学和人文社科等不同学科之间关于学生规避失败的成就动机的倾向对比，发现存在一定差异。其中，得分最低的为理学专业的学生，其规避失败的倾向均值为3.13；工学与人文社科专业无差异，均值均为3.26，高于理学专业的学生。

理学专业学生的规避失败倾向相对最低，可能在于其应用性与研究性兼备。相比于工学专业更偏应用性，以及人文社科专业更偏研究性，理学专业的学生在学习科学知识的同时看到知识投入应用的可能场景，这种可预见的正向反馈能够更为积极地促进学生追求挑战、战胜困难。

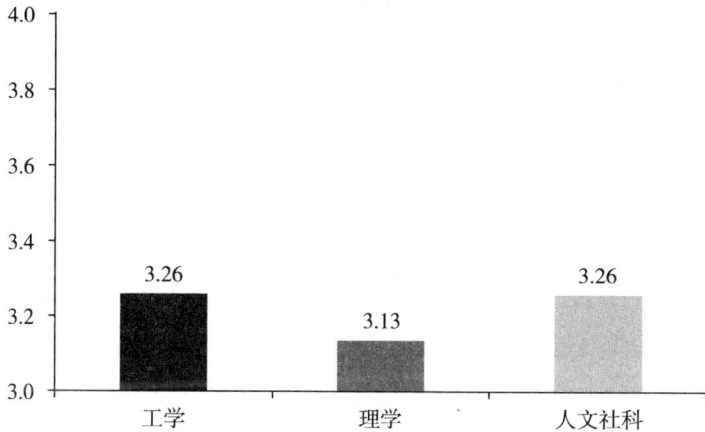

图 5–5　不同专业类型规避失败的差异比较

3. 年级差异

图5–6所示为低年级、高年级本科生与研究生等不同年级学生之间关于规避失败的成就动机倾向对比，发现各阶段存在一定差异，且差异呈倒 U 型趋势。其中，高年级本科生规避失败的倾向最强，均值为3.27；研究生次之，均值为3.23；低年级本科生规避失败的倾向最弱，均值为3.10。对于这一现象的解释可从前述找到原因，即高年级本科生面对更大的工作、升学现实压力，低年级本科生刚刚转换入大学阶段的好奇心与挑战欲等。

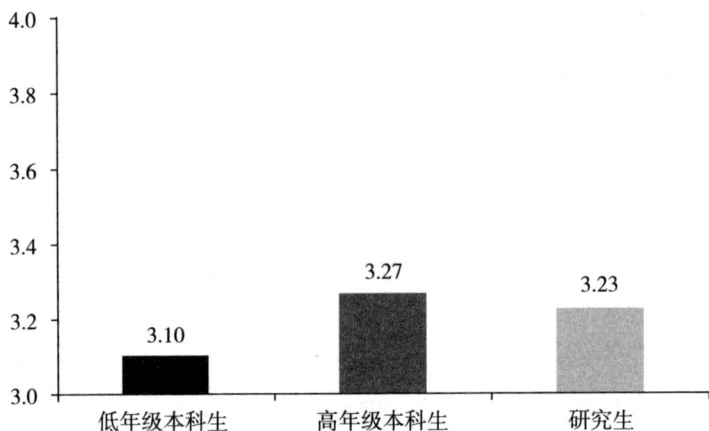

图5-6 不同年级类型规避失败的差异比较

三、总体比较

追求成功和规避失败是成就动机量表（AMS）的两个分量表组成部分，是学生成就动机的两个维度。在分别分析高校学生的追求成功倾向和规避失败倾向之后，本书再综合分析高校学生的整体成就动机情况。整合追求成功和规避失败的两维度题项为成就动机的总体李克特5级量表，对各项分别进行等级赋分，并分别计算追求成功和规避失败的动机赋值，最后根据阿特金森的研究方法计算成就动机的最终赋值，计算公式为：成就动机 MF= 追求成功的动机－规避失败的动机。

（一）总体情况

表5-4所示为本次调研所得的大学生成就动机的总体情况。结果显示，在总体样本中约有59%的大学生无成就动机，仅有3.4%的大学生具有较高水平的成就动机，37.6%的学生仅有中低水平的成就动机。总体而言高校大学生的成就动机水平仍然较低，学生的学习内驱力以及面对困难任务的信心不足，学校需联合家庭、社会，进一步协同培养学生成就自我的积极性以及综合能力。

表5-4　大学生成就动机总体情况

成就动机分布	人数（人）	比例
高成就动机（MF ≥ 25）	36	3.4%
中低成就动机（0<MF ≤ 24）	399	37.6%
无成就动机（≤ 0）	625	59.0%
合计	1060	100%

（二）分组比较

观察总体情况之后，我们再将样本数据基于学校类型差异、专业背景差异以及年级差异细分，以进一步分析比较。

1. 学校类型差异

表5-5所示为重点院校、普通院校、独立及民办院校之间关于学生成就动机的水平对比。结果发现，在高成就动机水平中，重点院校的学生占比相对最高，为6.62%；独立及民办院校的学生占比相对最低，仅为1.10%。中等水平的成就动机分布相同，同样为重点院校的学生占比最高（44.12%），独立（此处缺字）及民办院校的学生占比最低（29.63%）。

表5-5　不同类型院校大学生成就动机水平差异对比情况

学校类型	成就动机分布	人数（人）	比例
重点院校	高成就动机（MF ≥ 25）	18	6.62%
	中低成就动机（0<MF ≤ 24）	120	44.12%
	无成就动机（≤ 0）	134	49.26%
	合计	272	100%
普通院校	高成就动机（MF ≥ 25）	15	2.89%
	中低成就动机（0<MF ≤ 24）	199	38.42%
	无成就动机（≤ 0）	304	58.69%
	合计	518	100%

学校类型	成就动机分布	人数（人）	比例
	高成就动机（MF ≥ 25）	3	1.11%
独立及民办院校	中低成就动机（0<MF ≤ 24）	80	29.63%
	无成就动机（≤0）	187	69.26%
	合计	270	100%

重点院校的经费支持、生源质量等均远高于其他类型大学，然而就表中结果来看，其学生的成就动机水平与其院校建设与资源支持程度仍不匹配，高成就动机的学生占比远远不能满足我国拔尖创新人才的培养要求。在增强自主创新能力、提升我国科技创新水平的国家战略指引下，作为拔尖创新人才培养的最重要培育基地，重点院校的学生应是最具成就动机的群体之一。那么找出其中的问题堵点，培养学生进一步关注社会建设、勇于创新发展，是未来研究的一个重要主题。同时，在当前社会舆论评价中，独立及民办院校的学生大多并无成就动机，似乎是非常符合直觉与社会认知的结果。然而，独立及民办院校本应与重点院校、普通院校并立，承担专门技术人才培养的社会建设职责。那么无论是哪种类型的院校，其学生理应均具有高成就动机，才能各司其职，在社会建设中发挥各自不同专业优势与专业能力。基于此，如何提升独立及民办院校学生的成就动机水平，进一步加强该类型院校的教育质量，也是未来研究及政策关注的重要方向。

2. 专业背景差异

表5-6所示为工学、理学和人文社科等不同学科之间关于学生成就动机水平的对比。结果发现，各专业背景的学生均大多处于"无成就动机"的水平。其中，工学专业的学生无成就动机的占比最高，达61.55%；理学专业的学生占比相对最低，为50.82%；人文社科专业的学生占比接近工学专业的学生，为60.82%。而在高成就动机水平中，理学专业的学生占比相对最高，为5.74%；工学专业的学生占比相对最低，仅为2.48%。总体来看，理学专业的学生，其不同水平成就动机的分布相对均衡，工学及人文社科专业的学生成就动机分布类似，无成就动机水平的学生是中低成就动机水平学生数量的近

两倍。造成理学专业学生的成就动机水平相对较高的原因，可能与前述理学专业的应用性与研究性兼备有关。

表5-6　不同专业背景大学生成就动机水平差异对比情况

学校类型	成就动机分布	人数（人）	比例
工学	高成就动机（MF≥25）	16	2.48%
	中低成就动机（0<MF≤24）	232	35.97%
	无成就动机（≤0）	397	61.55%
	合计	645	100.00%
理学	高成就动机（MF≥25）	14	5.74%
	中低成就动机（0<MF≤24）	106	43.44%
	无成就动机（≤0）	124	50.82%
	合计	244	100.00%
人文社科	高成就动机（MF≥25）	6	3.51%
	中低成就动机（0<MF≤24）	61	35.67%
	无成就动机（≤0）	104	60.82%
	合计	171	100.00%

3. 年级差异

表5-7所示为工学、理学和人文社科等不同学科之间关于学生成就动机的水平对比。结果发现，在高成就动机水平中，低年级本科生的占比相对最高，为5.68%；而研究生的占比相对最低，仅为1.82%。在无成就动机水平与之相反，其中研究生的占比最高，达63.64%；低年级本科生的占比最低，为46.29%。中低水平的成就动机分布与无成就动机水平相同。总体来看，低年级本科生在不同水平下的成就动机分布相对均衡，而高年级本科生与研究生的成就动机分布几乎相同，无成就动机水平的学生是中低成就动机水平学生数量的近两倍，高成就动机水平的学生相对极少。

表5-7 不同年级大学生成就动机水平差异对比情况

学校类型	成就动机	人数（人）	比例
低年级本科生	高成就动机（MF≥25）	13	5.68%
	中低成就动机（0<MF≤24）	110	48.03%
	无成就动机（≤0）	106	46.29%
	合计	229	100.00%
高年级本科生	高成就动机（MF≥25）	22	2.84%
	中低成就动机（0<MF≤24）	270	34.79%
	无成就动机（≤0）	484	62.37%
	合计	776	100.00%
研究生	高成就动机（MF≥25）	1	1.82%
	中低成就动机（0<MF≤24）	19	34.54%
	无成就动机（≤0）	35	63.64%
	合计	55	100.00%

第二节 学术动机

孔子云，"知之者不如好之者，好之者不如乐之者"。这指出了三个不同高低层次的学习者，即"知之者""好之者"和"乐之者"，强调追求学问的关键在于爱学、乐学，反对一知半解，浅尝辄止。善于从学习中获得乐趣的学习者，将受到更强大的行为推动力，能够保持良好的学习行为。由此可见，拥有良好学习动机的学生能够在学习过程中维持较高的学习热情，可以有效提升学习的积极性和主动性。

学术动机（Academic Motivation）是动机研究在学术领域中的延伸，是个体因匮乏而产生期望摄取更多科学知识的状态，激励并指引学生始终对学习和知识保有积极求知的心理倾向[1]。学术动机是直接推动学生求知的内部学习动力，能够驱动个体参与学习、保持学习活动，持续激发其好学精神。学术动机的强弱可能直接影响学生的学业成就，并决定学生的创新热情以及是否能够成为拔尖创新人才的重要衡量，因为成为拔尖创新人才的基本准备条件之一即坚实的知识素养。其能够有效地促进个体的学业活动发展，同时也会受到个体心理及所处环境的多重内外部因素影响，如个体的自我效能感以及所获的社会支持、家庭环境等。

本节借鉴美国通识教育调查（National Study Liberal Arts Education）[2]中的学术动机量表，并结合我国高校学生的现实情境制定了学术动机量表，如表5-8所示。量表主要测量学生对于取得高分、课堂知识的学习以及个人学习经历的感受和看法，以测量学生是否拥有良好的学习心态，并能够通过保持学习行为不断接近学习目标。

表5-8　学术动机量表

题号	题　项
1	即使不能得到更高的分，我也愿意努力学习课程相关的材料
2	我能拿高分，通常是因为我认真准备，而不是考卷简单
3	因为感兴趣，我常在课程学习中阅读比要求更多的素材
4	我常在课外与老师讨论他们课上讲的观点
5	尽量拿高分对我来说很重要
6	我喜欢有难度的新知识带来的挑战
7	我的学习经历（例如：上课、实验、研究、和老师讨论等）是我大学生活中最重要的部分
8	我的学习经历（例如：上课、实验、研究、和老师讨论等）是我大学生活中最快乐的部分

---

① HAKAN K, MUNIRE E. Academic Motivation: Gender, Domain and Grade Differences [J]. *Procedia-Social and Behavioral Sciences*, 2014, 143:708-715.

② Wabash National Study Outcome Measures [EB/OL]. [2018-6-25]. https://centerofinquiry.org/wabash-national-study-instruments-investigate-liberal-arts-education/

一、总体情况

表5-9所示为本次调研所得的大学生学术动机水平的总体情况。结果显示，在李克特5级量表中，大学生的学术动机均值为3.39，较成就动机为强。这说明对于相对广泛且无形的综合能力提升，学生们普遍对于能够显著观察到成绩提升的学术活动有更为明显的动机趋向。这一方面表示，学生对待学习仍大多持积极态度并努力行动。然而另一方面，突出的学术动机以及与之相比较弱的成就动机表明，学生的精力可能过于集中在成绩一面，相对忽视对于自身综合能力的关注与提升，这并不有利于拔尖创新人才的全面生成。

表5-9 大学生学术动机总体情况

变量及维度	均值	标准差
学术动机	3.39	0.71
1. 即使不能得到更高的分，我也愿意努力学习课程相关材料	3.48	1.03
2. 我能拿高分，通常是因为我认真准备，而不是考卷简单	3.49	1.03
3. 因为感兴趣，我常在课程学习中阅读比要求更多的素材	3.42	1.01
4. 我常在课外与老师讨论他们课上讲的观点	3.01	1.08
5. 尽量拿高分对我来说很重要	3.40	1.08
6. 我喜欢有难度的新知识带来的挑战	3.50	1.00
7. 我的学习经历（例如：上课、实验、研究、和老师讨论等）是我大学生活中最重要的部分	3.47	1.08
8. 我的学习经历（例如：上课、实验、研究、和老师讨论等）是我大学生活中最快乐的部分	3.36	1.06

注：本次调研采用李克特5级量表（5-point Likert scale）。其中最大值为5，表示"非常同意"；最小值为1，表示"非常不同意"。

二、分组比较

观察总体情况之后，我们再将样本数据基于学校类型差异、专业背景差异以及年级差异细分，以进一步分析比较。

（一）学校类型差异

图5-7所示为重点院校、普通院校、独立及民办院校之间关于学生学术动机的对比，发现重点相比普通院校和独立及民办院校差异较为显著。其中，重点院校学生的学术动机最高，均值为3.49；普通院校与独立及民办院校相接近，均值分别为3.35与3.37。这说明重点院校的学生相对而言更注重学习、投入学习并关注分数结果。这可能是由于重点院校的学生本身是基于分数而选拔出的优秀生源，在学术学习方面有更强的自驱力以及经过良好训练的学习方法，并且此类学生能够从学习中得到正向的反馈，因此更有动力继续深入学习并关心学习结果，形成学习动机与结果的良性循环。

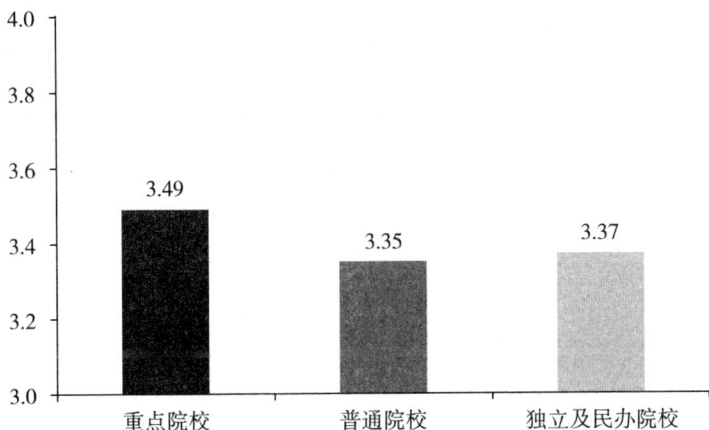

图 5-7　不同院校类型学术动机的差异比较

（二）专业背景差异

图5-8所示为工学、理学和人文社科等不同学科之间关于学生学术动机的对比，发现存在较大差异。其中，相对最高的为理学专业的学生，其学术动机的均值为3.54；工学与人文社科专业的均值相差不大，分别为3.35与3.33。由此可见，理学专业的学生的学术动机相比其他专业的学生较强。

这同样反映了学科特点。理学相对于更注重应用实操的工学专业而言更为"理论"，相对于更注重思辨论述的人文社科类专业而言又更为"精确"，即理学专业的课程结果更"易于"量化考核，如数学等。因此理学专业的学生其学习成果更加可视化、标准化，也就相对更有意愿努力学习并追求学习的高成果。这能够在一定程度解释为何理学专业的学生，其学术动机相对稍高。

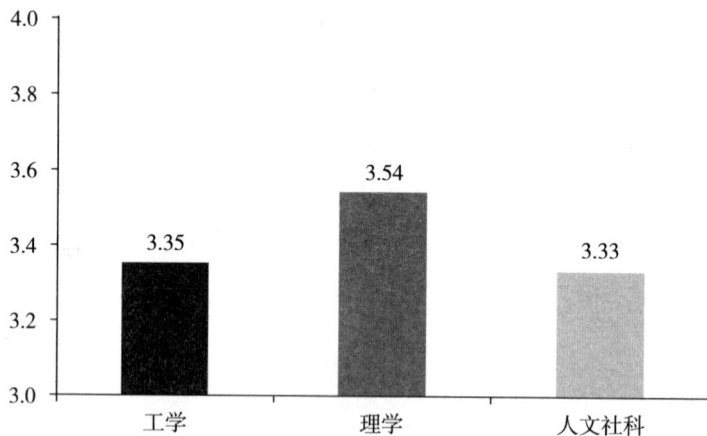

图 5-8 不同专业类型学术动机的差异比较

（三）年级差异

图 5-9 所示为低年级、高年级本科生与研究生等不同年级学生之间关于学术动机的对比，发现低年级本科生相对其他阶段均值有较大差异。其中，低年级本科生的学术动机最强，均值为 3.56；高年级本科生与研究生的均值差异不大，均值分别为 3.35 与 3.34。

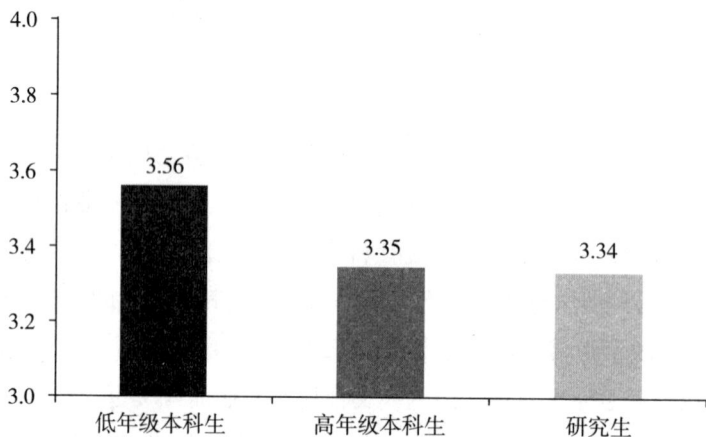

图 5-9 不同年级类型学术动机的差异比较

　　这可能源于两方面原因。其一，是学习惯性的影响。低年级本科生刚刚从关注成绩的高中阶段升入大学阶段，对于学习成绩的追求受高中阶段学习习惯、方法目标的影响，仍有较大内驱动力。其二，是学生注意力的分配问题。低年级本科阶段相比其他阶段而言思虑较少，没有升学、求职、科研的压力，学习任务相对单纯地占据着学生的主要时间。对于投入更多精力的学习任务，学生自然期望获得相应的学术回报。

第三节　认知需求

　　在信息爆炸式增长并不断追求创新发展的时代，大学生再难仅依靠书本上一点固定且陈旧的知识获得不断发展。那么唤醒自身的认知需求，通过积极的认知需求主动搜寻、获取新知识以补充自身知识库储备、建立认知体系，从而厚积薄发地追求创新发展，是当代大学生成长为拔尖创新人才的基本准备。

　　认知需求（Need for Cognition）最早于1955年由科恩（Cohen）等人提出，以研究认知动机的个体差异。科恩等人将认知需求定义为"一种理解并合理化经验世界的需求"[①]，强调对模糊情境的低忍受度。之后卡乔波（Cacioppo）和佩蒂（Petty）进一步指出，认知需求是"个人从事耗费心力的认知活动时，在个人倾向上的一种稳定的个体差异"[②]。国内学者邝怡等人结合撒多夫斯基（Sadowski）等学者的观点指出，认知需求是一种重要的人格特征，在很大程度上影响个体组织、提炼和评价信息的广度和深度[③]。结合国内外研究者对认知需求的观点，本书定义认知需求为：个体在从事耗费精力的认知活动中所

---

① COHEN A R, STOTLAND E, WOLFE D M. An experimental investigation of need for cognition [J]. *Journal of Abnormal Psychology*, 1955, 51(02):291—294.

② CACIOPPO J T, PETTY R E. The need for cognition [J]. *Mark R Leary*, 1982, 42(01): 318—329.

③ 邝怡，施俊琦，蔡雅琦，等. 大学生认知需求量表的修订 [J]. 中国心理卫生杂志, 2005, 19(01):57—60.

表现出的个人倾向差异。

当然，认知需求的激活与启发离不开深度思考的惯习培养。深度思考的学习者，会主动寻找信息并分析问题，从而在思考的过程中获得认知的提升；而不善于深度思考的学习者往往在理解并解决问题时只会选择便于获取的线索，倾向于逃避耗费精力的信息收集、深入分析任务，并且不关心自身认知能力的提升情况。可见，"认知"与"思考"是相辅相成的关系，认知需求带动了学生对事务的深度思考，而深度思考又能够提升学生的认知能力，从而形成良性循环。

关于认知需求的测量，学者卡乔波和佩蒂于1982年首次提出了"认知需求量表"，并于1984年对原认知需求量表进行修订，由34个题项缩减为18个题项[①]。邝怡等学者以大学生为研究对象，对卡乔波等人的认知需求题项进行修订，发展出"大学生认知需求量表"。学界大多采用上述单维度量表测量个体的认知需求。尽管有部分学者提出了认知需求的多维度划分，如田中（Tanaka）、潘特（Panter）等学者认为可以将认知需求划分为认知坚持度、认知复杂度和认知自信三个维度[②]，但学者鲍斯（Bors）、拉郎德（Lalande）等研究者通过数据分析专门论证了认知需求单维度划分的科学性和有效性[③]。综上，本节同样依据上述研究成果，借鉴卡乔波（Cacioppo）、撒多夫斯基（Sadowski）[④]等编制出认知需求量表，如表5–10所示。同时，结合当前我国高校大学生现状进行适度调适，以测量当前我国高校学生在面对任务时对于思考的主动性以及对于认知提升的积极程度。

① CACIOPPO J T, PETTY R E, KAO C F. The efficient assessment of need for cognition [J]. *J Pers Assess*, 1984, 48(03):306–307.

② TANAKA J S, PANTER A T, WINBORNE W C. Dimensions of the need for cognition: Subscales and gender differences [J]. *Multivariate Behavioral Research*, 1988, 23(01):35.

③ BORS D A, VIGNEAU F, LALANDE F. Measuring the need for cognition: Item polarity, dimensionality, and the relation with ability[J]. *Personality & Individual Differences*, 2006, 40(04):819–828.

④ SADOWSKI C J, GULGOZ, SAMI. Internal consistency and test–retest reliability of the Need for Cognition Scale [J]. *Perceptual and Motor Skills*, 1992, 74: 610.

表5-10 认知需求量表

题号	题 目
1	相对简单事，我更喜欢复杂的
2	我喜欢处理需要审慎思考的事
3	"思考"很无趣
4	我宁愿做简单的事，不愿太费思虑
5	我尽量避免可能让我太费思虑的事
6	长时间的潜心思索令我感到开心和满足
7	只有迫不得已，我才努力思考
8	相对于长远规划，我情愿想些小的、日常性的事情
9	我喜欢不太费脑力的工作
10	我喜欢通过思考不断提升
11	我很喜欢通过新途径解决问题
12	我对学习新的思考方式不感兴趣
13	我情愿生活中充满必须解决的难题
14	我欢喜抽象思维
15	我情愿承担挑战智力、困难且重要的任务，而不愿承担看似重要却不用太费思考的任务
16	完成一项很费脑力的事后，我觉得如释重负而不是满足
17	我认为做完工作就行，怎么做、为什么做都无关紧要
18	我通常会深思熟虑，即使此事和我无关

一、总体情况

表5-11所示为本次调研所得的大学生认知需求的总体情况。结果显示，在李克特5级量表中，大学生的认知需求总体较平，均值为3.29。这说明当前我国大学生有一定的积极认知需求，然而可能由于各种原因并未完全发挥，导致学生整体表现出对于深度思考、问题解决的回避甚至是排斥，需要我们进一步分析。

表5-11 大学生认知需求总体情况

变量及维度	均值	标准差
认知需求	3.29	0.29
1. 相对简单事，我更喜欢复杂的	3.02	1.08
2. 我喜欢处理需要审慎思考的事	3.41	0.99
3. "思考"很无趣	3.80	1.12
4. 我宁愿做简单的事，不愿太费思虑	3.26	1.12
5. 我尽量避免可能让我太费思虑的事	3.20	1.10
6. 长时间的潜心思索令我感到开心和满足	3.62	1.01
7. 只有迫不得已，我才努力思考	3.36	1.17
8. 相对于长远规划，我情愿想些小的、日常性的事情	3.00	1.18
9. 我喜欢不太费脑力的工作	3.26	1.09
10. 我喜欢通过思考不断提升	3.69	0.99
11. 我很喜欢通过新途径解决问题	3.65	1.00
12. 我对学习新的思考方式不感兴趣	3.55	1.11
13. 我情愿生活中充满必须解决的难题	3.02	1.12
14. 我欢喜抽象思维	3.25	1.13
15. 我情愿承担挑战智力、困难且重要的任务，而不愿承担看似重要却不用太费思考的任务	3.13	1.03
16. 完成一项很费脑力的事后，我觉得如释重负而不是满足	3.16	1.15
17. 我认为做完工作就行，怎么做、为什么做都无关紧要	2.53	1.22
18. 我通常会深思熟虑，即使此事和我无关	3.23	1.13

注：本次调研采用李克特5级量表（5-point Likert scale）。其中最大值为5，表示"非常同意"；最小值为1，表示"非常不同意"。

二、分组比较

观察总体情况之后，我们再将样本数据基于学校类型差异、专业背景差异以及年级差异细分，以进一步分析比较。

（一）学校类型差异

图5-10所示为重点院校、普通院校、独立及民办院校之间关于学生认知需求的倾向对比，发现各类型院校之间的差异明显，且呈阶梯形。其中，重点院校的学生认知需求相对最高，均值为3.42；普通院校次之，均值为3.30；独立及民办院校相对最低，均值为3.13。造成这一现象的原因，可能同我们前文提及的重点院校优势有关，即一方面，重点院校的学生生源优良，因此学习的内驱力较强；另一方面，重点院校承担创新人才培养、助力社会科技发展的办学目标，因此更加注重培养学生的深度思考能力，以促进学生的创新发展。

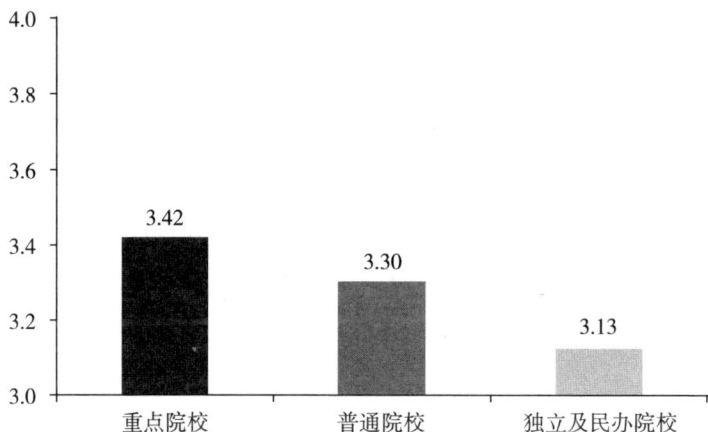

图5-10　不同院校类型认知需求的差异比较

（二）专业类型差异

图5-11所示为工学、理学和人文社科等不同学科之间关于学生认知需求的倾向对比，发现差异显著。其中，相对最高的为理学专业的学生，其认知需求的均值为3.40；其次为工学专业的学生，其认知需求的均值为3.27；相对最低的为人文社科专业的学术，其均值为3.18。由此可见，理学专业学生的认知需求程度相比工学和人文社科专业的学生较强，他们在解决问题、完成任务的过程中更善于反思和主动、深入的思考。

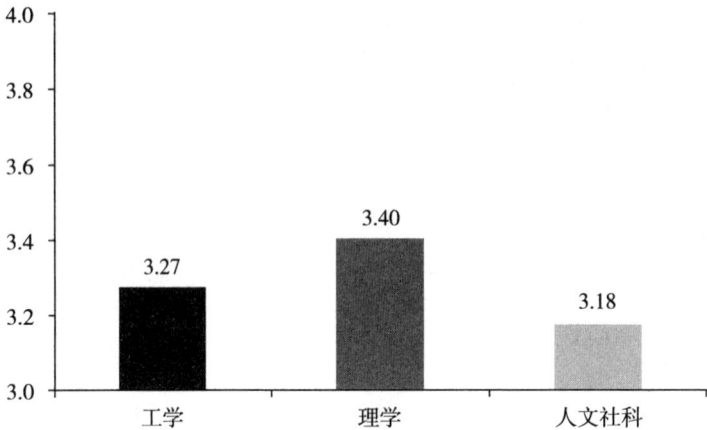

图 5-11　不同专业类型学生认知需求的差异比较

（三）年级差异

图5-12所示为低年级、高年级本科生与研究生等不同年级学生之间关于认知需求的倾向对比，发现各阶段差异不大，但整体均值成阶梯式递减情况。其中，低年级本科生的认知需求程度相对最高，均值为3.38；高年级本科生次之，均值为3.27；研究生的认知需求程度最弱，均值为3.17。由此可见，年级较低的学生拥有更强的学习积极性，会更加主动地将思考与学习相结合。

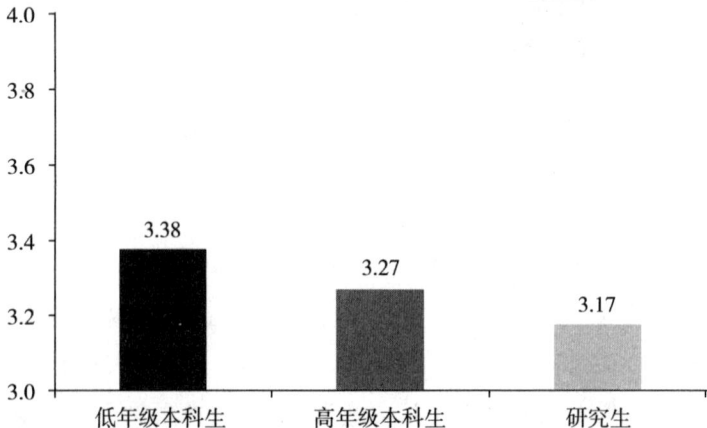

图 5-12　不同年级类型学生认知需求的差异比较

第四节　本章小结

学生的动机和需求，是其主动学习、不断发展的重要内驱力。那么，当前我国大学生在成就、学术、认知等方面的内生动力是怎样的呢？结合调查数据我们发现，大学生的成就动机倾向总体较弱，而学术动机和认知需求相对较高。但总体而言，学生的动机与需求程度仍有较大的提升空间。

成就动机方面，将成就动机分为"追求成功"与"规避失败"两个维度，并根据阿特金森的动机计算公式（MF= 追求成功的动机 – 规避失败的动机）分析发现，当前大学生追求成功的动机普遍弱，回避失败的动机较高。结合分类来看，在学校类型差异方面，各类院校的学生均对追求成功的倾向均不高。这可能是由于"报复性放松"的反弹行为、仍认为"学习高于一切"，以及有升学、工作的后顾之忧三方面原因。在专业类型差异方面，理学专业的学生追求成功的倾向最强，规避失败的倾向最弱。这可能是由于理学专业兼具理论性与应用性的学科特点所致。在年级差异方面，低年级本科生追求成功的倾向最强，规避失败的倾向最弱。这可能是由于不同年级学习阶段及学习目标的差异。

学术动机与认知需求两方面，学生在学校类型差异、专业类型差异及年级差异中的动机分布类似，均为重点院校的学生、理学专业的学生以及低年级本科生的学生，其学术动机和认知需求均较高。

关于大学的培养人才问题，钱理群先生曾言，"我们培养了一批精致利己主义者"[①]。那么时至今日，通过调查结果，我们是否可以说大学正在培养害怕失败的乖巧者？前者长袖善舞，在既定的游戏规则中争取个人最大利益；而后者茫然不知所措，在害怕失败中甘当逃避现实的鸵鸟。在如今期望培育出

---

① 朱永新，汪敏．教育如何不再培养精致的利己主义者——公共品格教育的逻辑向度与实践进路 [J]．教育研究，2020,41(02):61—71.

更多拔尖创新人才的社会建设背景下，这两种培育结果显然均较为极端。当前社会需要的拔尖创新人才，应是具有一流的创新能力、强烈的社会担当、宽广的国际视野的新型人才①。显然，无论是精致利己主义者还是保守的乖巧者，都与我们创新的教育目标相去甚远。创新能力的培养是一个精细、长期的过程。从学生视角而言，创新能力的培养需要学生自身投入巨大的精力，包括吸收知识、获取信息与人际资源、选择参与活动、管理时间、调节情绪意志、反思与迭代结果等高阶认知活动，且在短期内无法快速地使得学生收获高成绩等成就感。因此，若没有家庭、学校、社会等方面的坚定支持与引导，学生的自我培养可能会自然倾向于选择能够带来短期成就的路径，或者会由于任务困难程度远远超过学生的现有能力而被学生选择放弃。当前高校在人才培养方面仍在一定程度上陷入效率主义以及唯成绩论的短期导向，这无疑与创新人才的长期培养导向相悖。因此，通过调研学生的动机与需求，我们也可以发现当前以高校为代表的创新人才培养主体在学生动机方面的支持不足。充分关注学生的动机，并将其与社会需求相结合，进而关注各教育主体尤其是学校在培养过程中的可改进部分，是未来高校拔尖创新人才培养成果提升的有效路径。

---

① 张淑林，李璐，裴旭．创新驱动 培养一流拔尖人才 [J]．中国高校科技，2016(07):6—8.

第六章

学生对多样性的态度

创新，是在普遍性中寻求突破、在共同性中寻找差异的行动，否则难以称之为"新"。因此，拔尖创新人才培养的一大原则，即要鼓励人才勇于接受多样化的尝试，求异才能得新，但同时，对于多样性的追求还需建立在对普遍性的认知之上。"同"与"异"是相对辩证的一体两面，是互相得证的存在。没有"同"的衬托又何来"异"的凸显。更进一步，创新人才是经济社会发展的潜在动能，而这股动能需在培养中拧成一股合力，才能成为社会的强大建设力量。

世界因多样性而美，也因普遍性而和。因此，拔尖创新人才的培养需向上关注国家创新战略需求，锚定经济社会建设需要有规划、整体性地输送对口人才；向下引领个体在掌握新知识的同时寻求自我突破，引导人才在知识的应用与创造中不断迎接挑战，实现自身创新特质的深化与拓展。学校的教育需要在拔尖创新人才的培养过程中关注学生的终身学习能力与素养，引导个体实现可持续性的终身学习，具有能够不断接受新信息、新知识的积极心理倾向和吸收能力。同时开放态度，对于世界的多样化发展努力报以开放求知的心态，以主动应对不断变化的当前世界与不确定的未来世界对创新人才的要求与期盼，从而在知识经济、学习型社会、全球流动背景中成为国家发展与社会进步的有力贡献者。

基于上述现实与需求，本书将引入"普遍—多样性"（Universality–Diversity）与"多样性开放度"（Openness to Diversity and Challenge，ODC）两个概念衡量当前我国高校学生面对环境变化与自身多样化发展的态度倾向。从个体视角出发，分别关注学生对于多样性和普遍性的对比认识，以及对于深化多样性发展的接受态度，从而判断个体是否具备进一步自我提升多样性特质的基本认识和能力。

第一节 普遍—多样性

普遍—多样性（Universality-Diversity）也叫普遍多样性倾向（Universality-Diversity Orientation，UDO），此概念最早由米维勒·古兹曼（Miville-Guzman）及其同事于1999年提出，是指个体对人与人之间存在的相似性和差异性的认识和接受态度[①]。随后，米维勒·古兹曼等人开发出了普遍—多样性量表（M-GUDS），由45个项目构成，并分为接触多样性（Diversity of Contact）、相对欣赏（Relativistic Appreciation）和连接感（Sense of Connection）三个维度的分量表。这之后，费特斯（Fuertes）和米维勒（Miville）等人又于2000年在45题项量表基础上开发了一个15个题项的普遍—多样性短板量表，并重现了以上的三维度结构[②]。其中，"接触多样性"用来评估个体学习不同文化、接触不同国家和种族的兴趣，调查得分越高，表示被访者越会寻求接触不同于自己的文化；"相对欣赏"用来评估个体对他人与自身差异和相似性的态度，高得分表示被调查个体对这些相似性和差异性态度正面；"连接感"用来评估个体与不同种族人群接触时的不适感，高得分表示被调查个体对这种接触不适感强烈。总而言之，普遍—多样性概念主要表示个体是否能够接受自身与外界的差异性，并且跳出"舒适圈"接触、欣赏各种不同，具有勇于尝试新鲜事物的动力。

综上，本节借鉴费特斯和米维勒等人开发的15题项普遍—多样性短板量

---

① MIVILLE M L, GELSO C J, PANNU R, et al. Appreciating similarities and valuing differences: The Miville-Guzman Universality-Diversity Scale.[J]. *Journal of Counseling Psychology*, 1999, 46(3):291-307.

② FUERTES, J N, MIVILLE M L, MOHR J J, et al. Factor structure and short form of the Miville-Guzman Universality-Diversity Scale [J]. *Measurement and Evaluation in Counseling and Development*, 2000, 33: 157‐169.

表，并结合我国高校学生现状，改编形成如表6-1所示的我国大学生普遍—多样性的测量量表。

表6-1 普遍—多样性量表

题号	题　目
1	我愿意加入能多结识不同背景、民族或国家朋友的圈子
2	残疾人能教会我其他地方学不到的东西
3	接触不同背景、民族或国家的人通常是不愉快的
4	我喜欢伴着异域音乐、民族音乐起舞
5	了解与他人的异同后，我能更好的理解他们
6	只有和相同背景、民族或国家的人在一起，我才觉得自在
7	我经常听其他文化背景的音乐
8	了解与他人的差异，能增进彼此的友谊
9	对我来说，亲近其他国家或民族的人很困难
10	我乐于学习多元文化
11	与他人相处，我乐于了解他/她与我的异同之处
12	多数问题上，朋友能认同我是很重要的
13	我愿意参加能认识不同背景、民族或国家朋友的活动
14	了解他人的不同经历，能帮我更好的分析自己的问题
15	我常对其他背景、民族或国家的人感到很无奈

一、总体情况

表6-2所示为本次调研所得的大学生普遍—多样性倾向的总体情况。结果显示，在李克特5级量表中，大学生的普遍—多样性倾向均值为3.43，处于中上水平。这说明当代大学生对于不同的文化圈层、不同特点的人群区分存在一定的认知，并且对于打破自身所在的共性群体屏障、接触更为多样化的新鲜特质具备一定的正向开放态度，但整体而言这种态度还存在更为积极的提升空间。

表6-2 大学生普遍—多样性总体情况

变 量	均值	标准差
普遍—多样性	3.43	0.492
1. 我愿意加入能多结识不同背景、民族或国家朋友的圈子	3.83	1.107
2. 残疾人能教会我其他地方学不到的东西	3.82	1.009
3. 接触不同背景、民族或国家的人通常是不愉快的	2.24	1.142
4. 我喜欢伴着异域音乐、民族音乐起舞	2.87	1.205
5. 了解与他人的异同后，我能更好地理解他们	3.94	0.957
6. 只有和相同背景、民族或国家的人在一起，我才觉得自在	2.75	1.146
7. 我经常听其他文化背景的音乐	3.46	1.159
8. 了解与他人的差异，能增进彼此的友谊	4.01	0.922
9. 对我来说，亲近其他国家或民族的人很困难	2.64	1.133
10. 我乐于学习多元文化	3.87	0.983
11. 与他人相处，我乐于了解他 / 她与我的异同之处	3.93	0.937
12. 多数问题上，朋友能认同我是很重要的	3.84	0.978
13. 我愿意参加能认识不同背景、民族或国家朋友的活动	3.82	0.997
14. 了解他人的不同经历，能帮我更好地分析自己的问题	3.98	0.953
15. 我常对其他背景、民族或国家的人感到很无奈	2.53	1.151

注：本次调研采用李克特5级量表（5-point Likert scale）。其中最大值为5，表示"非常同意"；最小值为1，表示"非常不同意"。

二、分组比较

观察总体情况之后，我们再将样本数据基于学校类型差异、专业背景差异以及年级差异细分，以进一步分析比较。

（一）学校类型差异

图6-1所示为重点院校、普通院校、独立及民办院校之间关于学生的普遍—多样性态度倾向对比，发现各类型院校之间的差异并不明显。其中，普

通院校学生的普遍—多样性倾向相对最高，均值为3.46；独立及民办院校相对最低，均值为3.40；重点院校处于两者之间，均值为3.42。这说明当前学生们面对普遍—多样性的态度倾向并不因院校级别不同、各种资源和平台的不同而存在较大差异。

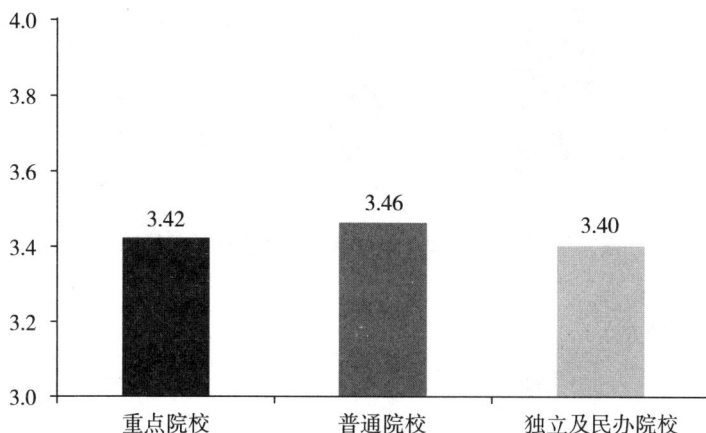

图6-1　不同学校类型的学生普遍—多样性的差异比较

（二）专业类型差异

图6-2所示为工学、理学和人文社科等不同学科之间关于学生普遍—多样性的态度倾向对比，发现差异也不明显。其中，相对最高的为工学专业的学生，其普遍—多样性的倾向均值为3.45；理学与人文社科专业背景之间的学生态度倾向几乎没有差异，均值分别为3.42和3.41。

由此可见，学生的普遍—多样性态度也并不因为学科的不同而存在较大差异。而工学专业背景的得分相对较高，可能是由于工学学科相对理科与人文社科专业更注重实际应用，培养各领域的生产和技术类人才，因此更关注培养学生的深度学习精神与实践精神。因此，工学专业的学生能够在实践中对于自身能力水平进行较为清晰的定位，具备自身所在群体特质的"普遍性"认知。同时在实践中，个体能够拥有更多挖掘新知识的机会，身处能够接触到更加"多样性"的情境之中，便自然对于多样性抱有乐观接受的积极态度。

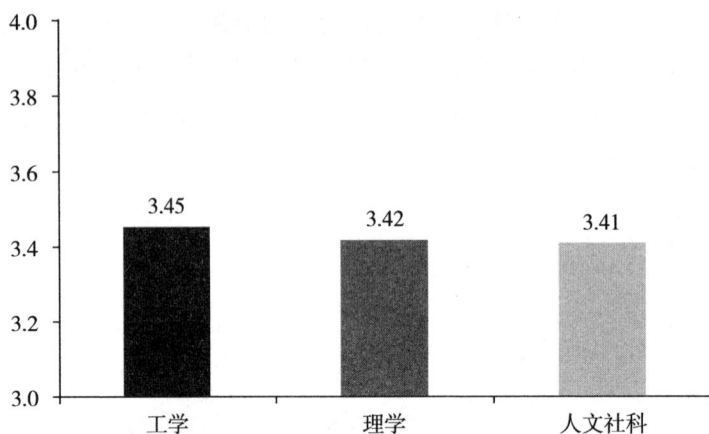

图 6-2　不同学科背景学生普遍—多样性的差异比较

（三）年级差异

图 6-3 所示为低年级、高年级本科生与研究生等不同年级学生之间关于普遍—多样性的态度倾向对比，发现各阶段均值同样差异不大。其中，研究生的普遍—多样性态度相对最强，均值为 3.48；低年级与高年级本科生无差异，均值同为 3.43。

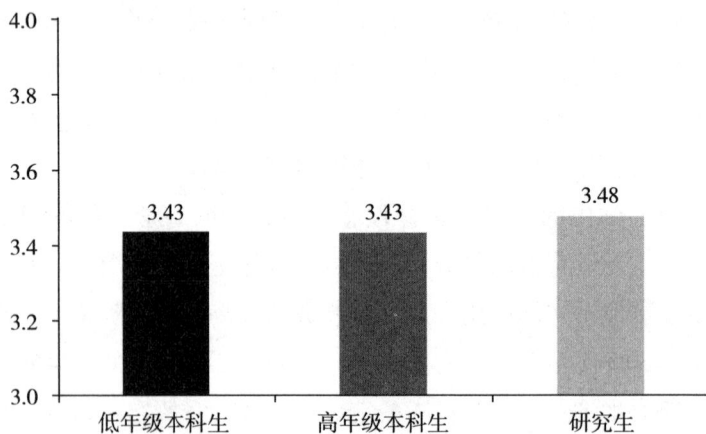

图 6-3　不同年级学生普遍—多样性的差异比较

这可能是源于两方面原因。其一是年龄的增长，使得个体心智趋于成熟

92

稳定，能够更平和、客观地看待自我与外界的"不同"。青少年时期的个体一方面期望追求外界的"认同"，害怕显得"不合群"或"异类"而被群体抛弃；另一方面又害怕显得过于"普通"而被淹没在群体里，无法凸显个人价值。因此，这个时期的个体通常叛逆与脆弱并存，对于自我和他人的界限在一定程度上抱有"非此即彼"的极端态度，从而无法对于普遍—多样性保持兼容并包的积极心态。而这种态度倾向将随着年龄的增长逐渐回归平和，通过更多见识逐渐构筑相对完整的世界观认知。在了解更多差异性的客观存在之后，自然会提升关于普遍—多样性的正向态度。

其二是教育阶段的提升，使得个体的学习方式发生了较大变化。个体进入研究生阶段的学习任务，从本科阶段于课堂中单纯地获取、吸收知识变成了科学研究过程中的探索挖掘，其本身就是一个打开固有圈层、面对更多多样性的训练过程。这种学习目标的变化所导致的个体行为改变，其个体无论是在主动改变还是被动驱使，这种行为的变化都会在潜移默化中显著地影响着个体看待世界的态度倾向。

第二节　多样性开放度

伟大的教育家孔子曾言："独学而无友，则孤陋而寡闻"。在信息爆炸式增长、技术不断迭代、产业不断重组变化的当今时代，封闭僵化必将导致落后。与科技发展紧密相关的教育事业也是同理。上至国家建设，我国高等教育正依托"一带一路"倡议的全面部署，共商共建共享高等教育的国际化创新发展；下至个体发展，在开放共进的全球化大势之下，对国际化复合型人才的需求在不断增加，因而培养开放心态是当代大学生必须经历的课题。将冲突和挑战视为常态，对多样性的观念、文化、人事均呈现敢于交流及兼容并蓄的开放性态度，个体才能在深刻变化的世界中获得持续不变的前进动力。

多样性开放度（Openness to Diversity and Challenge，ODC）是指个体有意

愿与相异于自身价值观和信念的人进行沟通、互动、学习，并对这种行为持开放性态度的倾向程度[①]。1993年艾斯汀（Astin）将前人研究多样性开放度的文献进行了全面的梳理和总结[②]，从而为相关领域的研究奠定了坚实基础。对标美国的先进高等教育体系，多样性开放度通常被视为美国高等教育的预期培养成果之一，它代表着一种开放型体验人格的培养，从而帮助学生外化表现为开阔的观察视野、积极的处事心态、勇于实践的动手能力，以及辩证的思维视角。

本节依据美国学生学习研究（National Study of Student Learning，NSSL）和2013年的国家通识教育研究（National Study of Liberal Arts Education）中的量表，并结合当前我国高校的学生现状进行适度改编，形成如表6-3所示的多样性开放度李克特5级量表[③]，共计7个题项。

表6-3 多样性开放度量表

题号	题　目
1	我喜欢与不同思想的价值观的人一起谈论
2	大学教育的真正宗旨在于介绍不同的价值观
3	我喜欢和不同价值观的人交流，这能使我更好地理解自己
4	向不同文化背景的人学习是大学教育的重要部分
5	我喜欢上那些对个人信念和价值观有挑战性的课程
6	我喜欢上那些能促进我从不同角度思考的课程
7	与不同背景的人增进了解（如种族、民族、性取向等）是大学教育的重要部分

① WHITT E J, NORA A. Influences on Student's Openness to Diversity and Challenge in the Second and Third Years of College[J]. *Journal of Higher Education*, 2001, 72(02):172–204.

② ASTIN A. W. *What Matters in College? Four Critical Years Revisited*[M]. San Francisco, CA: Jossey-Bass,1993.

③ Wabash National Study Outcome Measures [EB/OL]. [2018–6–25]. https://centerofinquiry.org/wabash-national–study-instruments-investigate–liberal–arts–education/

一、总体情况

表6-4所示为本次调研所得的大学生多样性开放度的总体情况。结果显示，在李克特5级量表中，大学生的多样性开放度总体较高，均值为3.74。这说明当前我国高校学生对于不同观念、文化背景、思维视角的个体间交流以及群体间学习均抱有较为积极的认知和开放心态，并在一定程度上认识到这一开放态度在教育过程与个体发展中的重要作用。

表6-4　大学生多样性开放度总体情况

变　量	均值	标准差
多样性开放度	3.74	0.73
1. 我喜欢与不同思想的价值观的人一起谈论	3.55	1.15
2. 大学教育的真正宗旨在于介绍不同的价值观	3.56	1.02
3. 我喜欢和不同价值观的人交流，这能使我更好地理解自己	3.78	1.01
4. 向不同文化背景的人学习是大学教育的重要部分	3.86	0.94
5. 我喜欢上那些对个人信念和价值观有挑战性的课程	3.69	1.03
6. 我喜欢上那些能促进我从不同角度思考的课程	3.96	0.94
7. 与不同背景的人增进了解（如种族、民族、性取向等）是大学教育的重要部分	3.80	1.01

注：本次调研采用李克特5级量表（5-point Likert scale）。其中最大值为5，表示"非常同意"；最小值为1，表示"非常不同意"。

二、分组比较

观察总体情况之后，我们再将样本数据基于学校类型差异、专业背景差异以及年级差异细分，以进一步分析比较。

（一）学校类型差异

图6-4所示为重点院校、普通院校、独立及民办院校之间关于学生多样性开放度的得分对比，发现重点和普通院校相比独立及民办院校差异显著。

其中，重点院校学生的多样性开放度最高，均值为3.84；普通院校与之相接近，均值为3.78；而独立及民办院校均值仅为3.58。这说明重点院校和普通院校的学生相对更注重不同观念、思维间的多样化交流与碰撞，并更能意识到这种交流和开放态度对自身能力提升的重要作用，相对而言独立及民办院校的学生看待多样性事物的心态更加保守。这可能是由于重点院校和普通院校的平台资源相对独立及民办院校都更为丰富，其学生能够接触到的事物也更为多样。因此，要进一步加强独立及民办院校的教育资源投入，给予学生更多沉浸于多样性环境的机会，"见多而识广"，从而帮助学生提升面对多样性观念、文化、事物时的开放包容和积极学习心态。

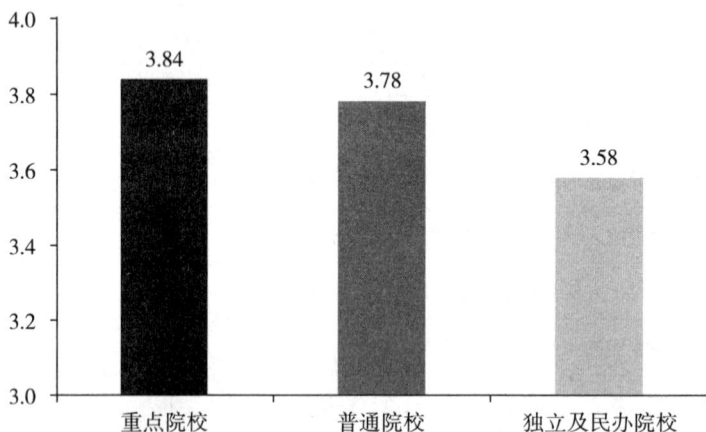

图6-4 不同学校类型学生多样性开放度的差异比较

（二）专业背景差异

图6-5所示为工学、理学和人文社科等不同学科之间关于学生多样性开放度的得分对比，发现差异不大。其中，相对最高的为理学专业的学生，其多样性开放度均值为3.78；工学与人文社科专业的均值分别为3.73与3.72，几无差异。由此可见，学生的多样性开放程度与其专业背景关联不大，且当前各专业背景学生均能够以较为积极开放的心态面对多样性。

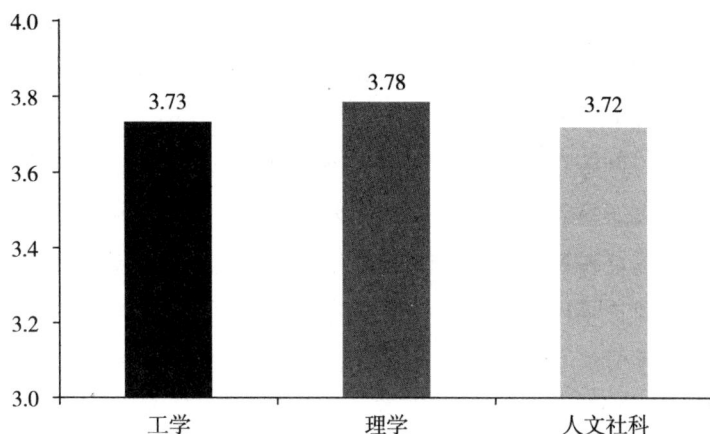

图 6-5　不同学科背景学生多样性开放度的差异比较

（三）年级差异

图 6-6所示为低年级、高年级本科生与研究生等不同年级学生之间关于多样性开放度的得分对比，发现同样差异不大，但总体而言学生的多样性开放度随着年级阶段的增长而减弱。其中，低年级本科生的多样性开放度最强，均值为3.84；高年级本科生与研究生的均值几无差异，分别为3.71与3.72。这可能同样如前述所言，一方面低年级学生处于活力四射的年龄阶段，对于外部事物更容易报以好奇且探究尝试的心态，随着年龄的增长个体常常

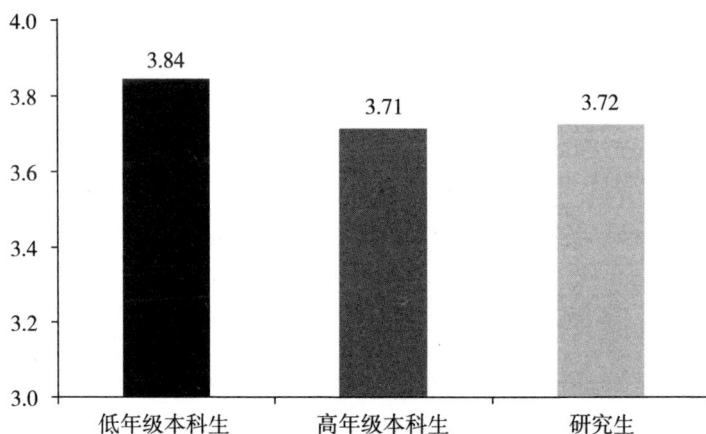

图 6-6　不同年级学生多样性开放度的差异比较

逐渐"稳重"下来，且迫于现实的压力而不再投入过多的多样性尝试。另一方面，低年级本科生常常喜欢参与多种校内外社会实践活动，对于多样性的开放包容程度在实践中得以提升。

然而，这一调查结果对于现实而言仍有提升空间，尤其是对于研究生这一国家科技发展的后备人才力量群体。科学研究需要不断创新，而创新需要人才不断吸纳多样性的信息、知识，并对多样性的观念、思维方式等保持辩证的认知。因此，学校教育需进一步支持并鼓励研究生群体的多样性开放态度，以促进创新人才培养对于社会创新建设的贡献力量。

第三节　本章小结

学生对于世界多样化发展的开放求知态度，是其成长为拔尖创新人才的重要特质。对于外界的多样性观念、文化、事物等保持接受和学习的心态，才能从中吸收可用知识并进一步整合、创造，释放创新潜能。当前我国高校学生的"普遍—多样性"和"多样性开放度"两个测量指标均值整体处于中等偏上水平，说明当代大学生对自身与群体、所在群体与其他群体之间的共同性和差异性具有良好的认知，并具备一定的接受态度，能够以积极的心态面对并应对不同于自身价值观的观点碰撞，对来自不同文化背景的人际互动也能够保持开放的学习态度。

（1）在学校类型差异方面，来自不同类型院校学生之间的普遍—多样性程度差异并不明显，而多样性开放度却存在差异，即重点和普通院校相比独立及民办院校显著较高。这可能是由于重点院校和普通院校的平台资源相对独立及民办院校更为丰富，使得学生能够接触到更多样的事物，培养提升自身的多样性开放度。

（2）专业背景差异方面，工学、理学和人文社科等不同学科背景的学生，其普遍—多样性和多样性开放度均差异不大，说明各学科背景的学生均有对于多样性的高接受度要求。

（3）年级差异方面，来自不同年级的学生之间的普遍—多样性和多样性开放度差异也并不明显。普遍—多样性程度差异不明显的原因可能是：其一，随着年龄的增长，个体的心智趋于成熟稳定，能够更平和、客观地看待自我与外界的"不同"；其二，教育阶段的提升，使得个体的学习方式发生了较大变化。多样性开放度的均值总体而言随着学生年级阶段的增长而减弱，这可能是由于学生会随着年龄的增长，对待外部事物从好奇逐渐变得稳重；另一方面，低年级本科生常常喜欢参与多种校内外社会实践活动，对于多样性的开放包容程度在实践中得以提升。

然而还应看到，当前高校学生的多样性态度相对社会建设需要的拔尖创新人才特质而言仍存在提升空间。依据调查结果，为提升当代大学生对于多样性的开放认知并付诸交流、学习行动，需要以学校为代表的各相关教育主体进一步加强尤其是加强独立及民办院校的教育资源投入，给予学生更多接触多样性的机会。同时，促进并支持各学科背景的学生进一步参与专业实践，培养学生基于多样性认知的深度学习精神与实践精神。

第七章

多样性经历

　　高校作为创新人才培养的重要场所，为大学生提供着各类学习、实践、社交活动，以促进学生的综合素养及创新能力发展。与传统采用讲授法实施教学的课堂活动相比，鼓励学生参与小组合作、研讨交流、实习实践、志愿服务、自由探索等灵活丰富的活动，是延伸社交空间、激发学习兴趣、激励探究学习、提升创新能力的重要途径。正因如此，近年来高等教育机构更加关注调整、改变学校单一的教育模式，希望通过多样化的教学活动提高学生的综合素养和创新创造力。当前，国内高校已经开始广泛采用增强校企合作、建立校外实践教育基地、开展各种创新创业大赛、增设假期实践调研等方式将学生的传统学习活动和社会实践活动相结合，达到以知促行、以行促知的目的。例如：清华大学举办一年一度的学生社会实践年会；武汉大学通过规划和建立学生社会实践基地，推动校企合作；四川大学利用"实践及国际课程周"广邀国际学者，推动学生参加国际交流实践；西安交通大学实施小学期改革，推动大学生广泛参与各类社会实践活动等[①]。这些教育改革不仅拓展了学习场所、丰富了教育形式，更对丰富学生的多样性活动经历、促进学生潜能释放、激励学生开拓创新发挥了积极作用。

　　基于此，本书引入多样性经历（Diversity Experiences）测度学生参与丰富实践活动的意愿与可用资源。"多样性经历"是指通过课程、研讨会以及各类社会交往活动，让个体有机会展现在一个相对较新的、有挑战的、与原有认

---

① 梅红，司如雨，王娟. 大学生多样性经历与批判性思维倾向的关系研究 [J]. 东北大学学报（社会科学版），2018,20(04):412—418.

知存在差异的情境，实现个人与团队发展、促进智能提升的过程[1]。20世纪90年代，国外学者开始关注学生的多样性经历对其学业成就的影响。研究发现，学生的各类活动经历会结合其所在的校园环境、师生与同辈关系、先前经验、个体努力等因素，共同作用于自身的能力与认知发展[2]。其中，多样性经历会显著影响学生的批判性思维、智力投入和学习动机的产生[3]。随后，多样性经历由研究者古林（Gurin）进行了更为具体的多维度划分，以详细了解学生的大学教育参与情况，包括人口多样性、非正式交流多样性和课堂多样性三个维度。其中，人口多样性指校园中学生在人口特征方面的多样性特性；非正式交流多样性指学生在学校中与不同背景的同学、教师、工作人员等进行非正式交流的频次和质量；课堂多样性指学生在课堂中学习、了解的关于多样性群体的知识等学习经历[4]。此后，洛斯（Lose）等研究者借鉴古林的维度划分，提出并验证了大学生的多样性经历可分为课堂多样性和交流多样性两个维度[5]。综上可见，国外学者较多使用人口多样性、交流多样性、课堂多样性、非正式交流多样性等表述进一步阐释多样性经历的具体过程。

综合上述研究，本书将多样性经历划分为学术多样性经历（Diversity Academic Experiences）和社交多样性经历（Diversity Social Experiences）二分维度进行测量与分析。排除对于人口结构多样性的调查，是因为提出这一维度分类的多为外国学者及外国研究情境。聚焦于我国高校现状，我国在校大学生中的少数民族、留学生占比较低，且不同民族的学生在社交与学习经历中并无较大不同。当前国内研究也大多将多样性经历划分为学术多样性经历与非学术多样性经历，或第一课堂与第二课堂等。基于此，本书参考 NSSE

① 梅红, 任之光, 王静静, 等. 目标定向、多样性经历对个体创新行为的影响——基于陕西省八所高校的实证研究 [J]. 复旦教育论坛, 2017,15(04): 62—68.

② BOWMAN N A. College Diversity Experiences and Cognitive Development: A Meta-Analysis.[J]. *Review of Educational Research*, 2010, 80(01):4–33.

③ LOES C N, SALISBURY M H, PASCARELLA E T. Diversity Experiences and Attitudes Toward Literacy: Is There a Link?[J]. *Journal of Higher Education*, 2013, 84(06):834–865.

④ GURIN P, DEY E, HURTADO S, et al. Diversity and higher education: Theory and impact on educational outcomes[J]. *Harvard educational review*, 2002, 72(03): 330–367.

⑤ BOWMAN N A. The conditional effects of interracial interactions on college student outcomes[J]. *Journal of College Student Development*, 2013, 54(03): 322–328.

（National Survey of Student Engagement）量表中涉及学习经历的题项[1]以及Boman等学者的研究[2]，并结合我国高校与大学生特点，将多样性经历划分为包括论文撰写、课题研究、与老师同学沟通合作等形式的学术多样性经历和包括参与社团活动、志愿者服务等形式的社交多样性经历两个维度，并形成如表7-1所示的多样性经历量表。其中，有四个题项因其后在数据分析过程中因子载荷过低或归属不明而被删除。

表7-1 多样性经历量表

维度划分	题号	题 目
学术多样性经历	1	我会主动学习本专业以外的相关知识
学术多样性经历	2	我会主动、积极参加课堂讨论
学术多样性经历	3	我愿意投入时间撰写与多学与知识相关的文章、论文
学术多样性经历	4	我愿意参加课程报告或演讲活动
载荷过低或归属不明，删除	5	我喜爱阅读课外书籍、拓展视野、增长知识
学术多样性经历	6	我愿意参与课题研究
学术多样性经历	7	我喜欢和老师沟通，并能获得及时反馈、有所收获
学术多样性经历	8	我乐于和同学合作学习、探讨难点
载荷过低或归属不明，删除	9	我喜欢尝试艺术创作（如诗歌、绘画、雕刻、视频创作等）
载荷过低或归属不明，删除	10	我比较关注时政、社会热点
载荷过低或归属不明，删除	11	我会寻找并参与各种课外实习、实践和社会调研活动
社交多样性经历	12	我乐意参加志愿服务
社交多样性经历	13	我常参加社团活动
社交多样性经历	14	我会和不同背景、民族、国家的人交往并试图了解他们
社交多样性经历	15	我愿意参加由各种背景、民族、国家的人参加的活动

---

[1] Wabash National Study Outcome Measures [EB/OL]. [2018-6-25]. https://centerofinquiry.org/wabash-national-study-instruments-investigate-liberal-arts-education/

[2] BOWMAN N A. College Diversity Experiences and Cognitive Development: A Meta-Analysis [J]. *Review of Educational Research*, 2010, 80(01):4-33.

第一节 学术多样性经历

我国第一部教育专著《学记》有云："大学之教也，时教必有正业，退息必有居学"，意指受教育者在课堂学习之外，还要进行与课堂学习有关的课外活动，唯此才能使受教育者"安礼"且"乐学"[①]。因此，本书探讨的学术多样性经历，既包括学生的课堂学习情况，也包括其课堂之外积极的学习活动。

一、总体情况

表7-2所示为本次调研所得的大学生学术多样性经历的总体情况。结果显示，在李克特5级量表中，大学生的学术多样性经历均值为3.34，处于中上水平。这说明当代大学生对于多渠道、多方式学习具备一定的积极行动力，但整体而言这种学习精神与参与态度仍存在一定的提升空间。

表7-2 学术多样性经历总体情况

变量及维度	均值	标准差
学术多样性经历	3.34	0.76
1. 我会主动学习本专业以外的相关知识	3.42	1.06
2. 我会主动、积极地参与课堂讨论	3.14	1.04
3. 我愿意投入时间撰写与所学知识相关的文章、论文	3.19	1.07
4. 我愿意参与课程报告或演讲活动	3.28	1.06
6. 我愿意参与课题研究	3.54	1.01
7. 我喜欢和老师沟通，并能获得反馈、有所收获	3.31	1.11
8. 我乐于和同学合作学习、探讨难点	3.54	0.99

注：本次调研采用李克特5级量表（5-point Likert scale）。其中最大值为5，表示"非常同意"；最小值为1，表示"非常不同意"。

---

① 梅红. 非学术多样性经历如何影响学生创新发展？ [J]. 国家教育行政学院学报, 2019(07):52—59.

二、分组比较

观察总体情况之后，我们再将样本数据基于学校类型差异、专业背景差异以及年级差异细分，以进一步分析比较。

（一）学校类型差异

图7-1所示为重点院校、普通院校、独立及民办院校之间关于学生的学术多样性经历水平对比，发现各类型院校之间差异显著。其中，重点院校学生的学术多样性经历水平相对最高，均值为3.47；独立及民办院校与之接近，均值为3.40；普通院校相对最低，均值为3.25。

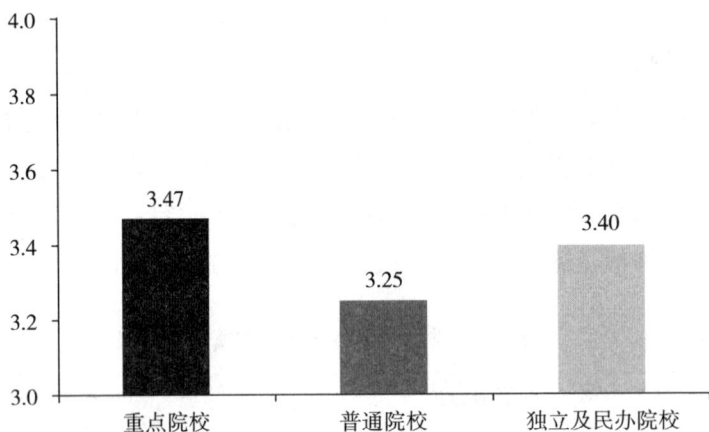

图 7-1　不同学校类型学术多样性经历的差异比较

这可能是由于重点院校和独立及民办院校的办学目标较为鲜明，重点院校致力于科学研究，而独立及民办院校致力于技术人才培养。因此，这两类院校中的学生，其学习目标也相对明确，能够根据自身未来发展规划而有意识地从课堂内外吸收更多知识以提升自身能力，从而期望在未来的职业竞争中脱颖而出。然而，相对而言大多数普通院校当前的办学定位不明，介于重点院校和独立及民办院校之间却相对缺乏对于学生的清晰教育定位和规划方向。这导致普通院校的学生对自身的未来发展也较为迷茫，无法明确为何而学，自然对于提升学术多样性经历的积极性相对不高。

（二）专业类型差异

图7-2所示为工学、理学和人文社科等不同学科之间关于学生学术多样性经历的水平对比，发现差异较大。其中，相对最高的为理学专业的学生，其学术多样性经历的均值为3.54；工学与人文社科专业背景的学生学术多样性经历水平差异不大，均值分别为3.28和3.31。

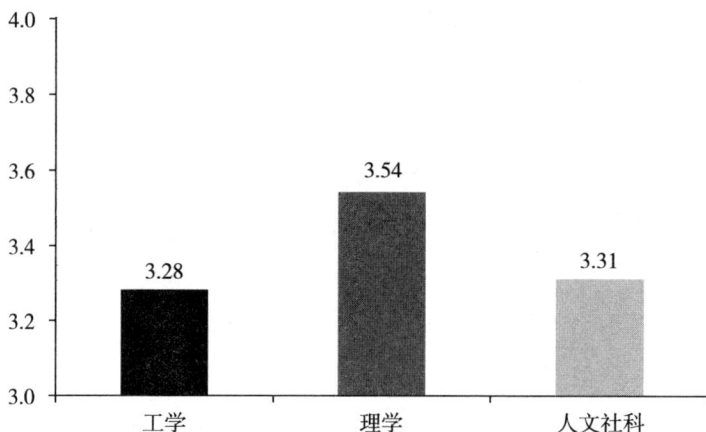

图7-2 不同专业背景学术多样性经历的差异比较

这一对比突出了不同学科之间专业特点的差异。理学专业多为基础学科，以理论原理和理论研究为主。因此，理学专业的学生更需要通过与老师、同学多交流以及课内外的理论学习获得提升。而工学专业则多需要结合生产实践，注重技术经验积累，相比课堂学习以及相关的课程报告及校内理论探讨，工学专业的学生更需要"走出去"，参与多样性的实践育人环节，在一线生产与应用中深入学习，因此可能普遍对学术方面的多样性经历倾向不高。

对于人文社科专业而言，其学生相比理学专业更注重思辨而非单纯的理论学习，且最终的能力提升落脚于个体的思考与体悟，因此相对理学专业的学生，其学术多样性经历倾向并不高。而相比工学专业，人文社科背景的学生也需要结合实践，通过田野调查、深度访谈才能真正发现社会痛点。因此与工学专业的需求类似，人文社科专业的学生也需要更多的实践体验，从而对于学术多样性经历倾向不高。当然，造成人文社科专业的学生学术多样性水平不高的另一种可能，就是当前很多学生认为自己的所学相比理科与工科专业更加理论化、更为"玄虚"，似乎无法同理学和工学的专业知识一样直接应用于生产。这导致人文社科专业的学生对于参加各类诸如创新创业大赛、课题研究等实践活动感到无从下手，即相对缺乏应用专业知识发现问题并解决问题的能力。并且，相比数学、化学、各类工程科学等"难学"的专业，似乎人文社科类的专业知识更易于理解，导致很多学生觉得自己在课堂内外"没有"问题可以与老师、同学讨论。因此，人文社科专业的学生对于学术多样性经历的提升感到无所适从或情绪消极。

（三）年级差异

图7-3所示为低年级、高年级本科生与研究生等不同年级学生之间关于学术多样性经历的水平对比，发现差异显著，但随着年级阶段的增长而不断减弱。其中，低年级本科生的学术多样性经历水平最强，均值为3.49；高年级本科生次之，均值为3.30；研究生的学术多样性经历最弱，接近于高年级本科生的水平，均值为3.29。这可能如前所述，是由于低年级学生的课程较多，参与课外活动同样热情高涨，因此参加课堂讨论、课程汇报及课外交流的机会均多于高年级学生。

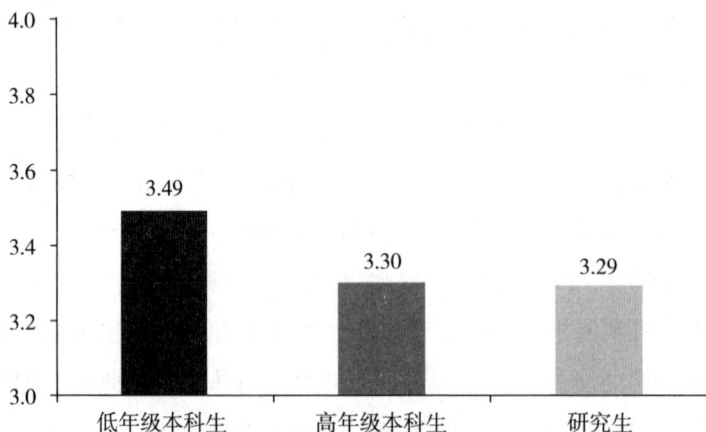

图7-3　不同年级学术多样性经历的差异比较

第二节　社交多样性经历

著名教育家杜威在定义教育时直接指出"教育即生活，教育即生长，教育即经验改造"。这表明通过教育培养学生并不能局限于课堂与学术讨论，还需要补充课外多种类型丰富的非学术类活动，通过增长见识全面提升学生的认知水平，以多样性的经历促进新知识的吸收、促使新想法的生成。基于此，本书的社交多样性经历主要测度学生参加课外社团、志愿服务、文化交流等各类非学术类的多样化活动经历情况。

一、总体情况

表7-3所示为本次调研所得的大学生社交多样性经历的总体情况。结果显示，在李克特5级量表中，大学生的社交多样性经历均值为3.53，略高于学术多样性经历。这说明当代大学生有意愿且已经参与过多种文化交流与实践服务活动，且参与意愿与程度高于学术类的专业知识提升活动。

表7-3　社交多样性经历总体情况

变量及维度	均值	标准差
社交多样性经历	3.53	0.82
12. 我乐意参加志愿服务	3.54	1.09
13. 我常参加社团活动	3.34	1.07
14. 我爱和不同背景、民族、国家的人交往并试图了解他们	3.67	1.03
15. 我常参加由各种背景、民族、国家的人参与的活动	3.57	1.06

注：本次调研采用李克特5级量表（5-point Likert scale）。其中最大值为5，表示"非常同意"；最小值为1，表示"非常不同意"。

二、分组比较

观察总体情况之后，我们再将样本数据基于学校类型差异、专业背景差异以及年级差异细分，以进一步分析比较。

（一）学校类型差异

图7-4所示为重点院校、普通院校、独立及民办院校之间关于学生的社交多样性经历水平对比，发现各类型院校之间差异显著，且呈递减态势。其中，重点院校学生的社交多样性经历水平相对最高，均值为3.64；普通院校次之，均值为3.48；独立及民办院校学生的社交多样性经历水平相对最低，均值为3.37。这可能是相比其他两类院校，独立及民办院校学生所能够接触到的各类活动资源相对缺乏。且由于升学时的学习成绩相对较弱，导致学生可能缺乏"走出去"参加活动的自信。

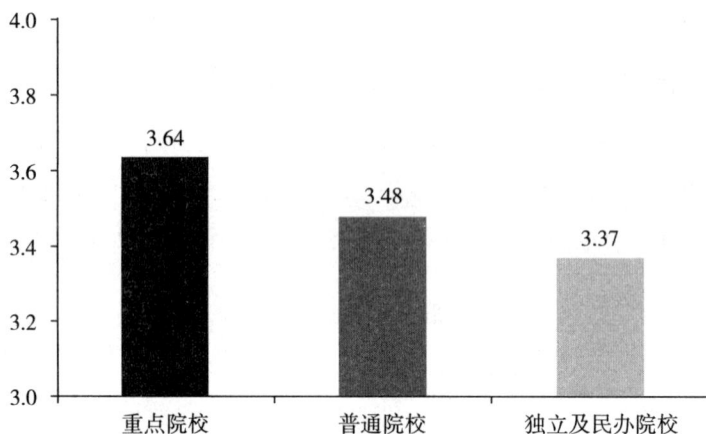

图 7-4 不同学校类型社交多样性经历的差异比较

（二）专业类型差异

图7-5所示为工学、理学和人文社科等不同学科之间关于学生社交多样性经历的水平对比，发现差异较大。其中，相对最高的为人文社科专业的学生，其社交多样性经历的均值为3.62；工学专业次之，均值为3.59；理学专业学生的社交多样性经历水平相对最低，均值为3.31。

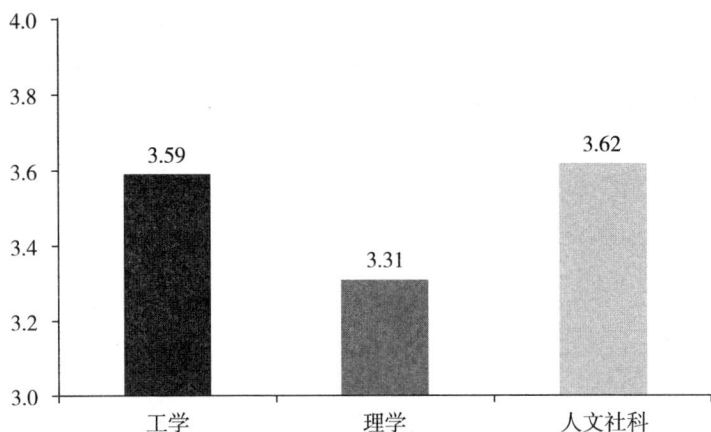

图7-5 不同专业背景社交多样性经历的差异比较

这可能同样是由学科特点所致。人文社科专业的学习基于观察社会现象、发现社会问题，因此强调接触社会，进行实地的田野调查与交流探访，学生自然对于各类社交活动报有积极的参与意愿。工学专业与人文社科专业类似，都强调实践的重要作用，而实践则需要不断锻炼学生的交际能力，因此工学专业的学生同样对于社交多样性经历较为认可。

（三）年级差异

图7-6所示为低年级、高年级本科生与研究生等不同年级学生之间关于社交多样性经历的水平对比，发现均值在随着学生年级阶段的增长而不断上升。其中，研究生的学术多样性经历水平最强，均值为3.60；高年级本科生次之，接近于研究生的水平，均值为3.56；低年级本科生的社交多样性经历最弱，均值为3.41。

这一发现十分有趣，与我们通常的认知相悖，即低年级本科生可能有更多的时间与机会参与多种课外社交活动。这可能是由于高年级学生相比低年级学生，对于学习和未来发展都更有基于现实的规划与目标，因此对于各类社交活动都能更有目标地参与并更具针对性地学习，而非仅仅是因为觉得"有趣"而参与活动。当然，这并非是在批判因为"有趣"而参与活动不对，只是在讨论更有目的地参与活动更能丰富学生的简历，当然这样也将更显功利。另外，低年级本科生相比其他阶段课业较多，学业负担较重，这可能也是低年级学生的社交多样性经历水平较低的原因之一。同时，研究生因为从事科学研究的工作与学习关系，本身就会在各类学术会议、交流活动接触到相同专业领域但不同文化背景、身份层次的人群，因此社交多样性经历相对本科生较高。

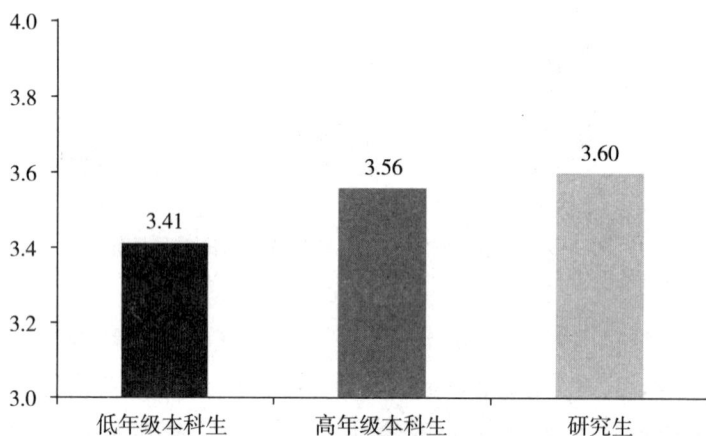

图7-6 不同年级社交多样性经历的差异比较

第三节 本章小结

多样的课内外教育活动是学校培养创新人才的重要载体，丰富的多样性经历是学生提升创新能力的基础条件。因此，近年来高校愈发重视帮助学生通过多样化的教学、课外活动延伸社交空间、激励学生的学习热情，从而提高学生的创新能力和综合素质。通过本章研究，我们将我国大学生的多样性经历区分为"学术多样性经历"和"社交多样性经历"两类，分别分析当前大学生以师传身授为主的传统课堂教育、计入学分计划和考核要求的学习活动参与情况，以及高校中其他各种非正式的、形式多样的交流和互动活动的参与情况。

　　结合分类来看，在学校类型差异方面，独立及民办院校学生在社交多样性上表现欠佳，而普通院校学生对社交多样性的热情超过学术多样性。这可能是由于独立及民办院校相对其他类型院校的平台资源较为匮乏，学生接触多样性活动的机会较少。同时，重点院校和独立及民办院校的办学目标较为鲜明，重点院校致力于科学研究，独立及民办院校致力于技术人才培养，而普通院校相对定位不明。这可能导致普通院校的学生对于学习方向较为迷茫，从而将更多精力投入社交之中，探寻更多自我发展的可能路径。还应看到，在创新人才培育背景下，多样性经历是对课堂教学与课外活动、第二课堂的综合，它将学生知识技能、情感态度价值观方面的培养目标与学生学校生活学习紧密结合起来，致力于突破课内与课外的教学对立。但显然，当前普通院校与独立及民办院校对于学生的多样性经历培养仍不够重视，甚至仍陷入在课内与课外之间二选一的培养逻辑误区，不利于学生综合能力与创新思维的发展。

　　在专业背景差异方面，当前理学专业背景的学生社交多样性经历最低，工学专业背景的学生学术多样性经历最低，而人文社科专业背景的学生社交多样性经历最高。这表明学生在多样性经历上的表现与其学科专业特点密切相关。如理学知识清晰具体，聚类累积特征明显；人文社科知识模糊宽泛，松散分离；工学知识某种意义上说，居于两者之间[①]。正是这些特征决定了理学学生热衷于在目的明确的学术情境中学习，人文社科学生依赖真实情境中的观察与交流来思考，工科生善于在某个情境范围中通过实践检验来吸收。尽管不同学科之间各有特色和优势，但这并不代表基于学科特点形成的学生多样性经历水平便是足够的。无论哪种学科，学生都需要更为多样化的经历增长认知、丰富学识。同时，在知识愈发复杂且迭代速度加快的 VUCA（易变性）时代，解决问题愈发需要依靠多学科的综合优势，需要培育更多的跨学科人才。也是如今强调重视学生多样化经历的初衷，即创新人才需要博采众长、不拘一格。

　　在年级差异方面，随着年级阶段的增长，学生的学术多样性经历水平逐

---

① （英）托尼·比彻，（英）保罗·特罗勒尔.学术部落及其领地：知识探索与学科文化 [M].唐跃勤，
　　等译.北京：北京大学出版社,2008:185—195.

渐降低，而社交多样性经历水平逐渐增长。这可能与不同年级阶段学生的学习任务特点有关，即低年级学生的课业较多，而研究生由于科学研究任务而有更多社交机会。

在传统的教学设计和实践活动中，管理者往往较为重视纳入教学计划的学习活动，而相对忽略学校其他形式交流互动活动对个体发展特别是创新创造力发展的影响。我们通过调查研究发现，学校在积极论证、组织、考核传统教育环节的同时，也应更多地关注学生的社团活动、志愿者服务等多样化的文化交流活动，不断丰富大学教育的形式。在传统课堂教学的基础上，探索、增设、完善团队协作、小组研学、社会实践、体验学习等多样化的教学方式，并考虑将其纳入学分计划或进行专门引导，科学评价课外人际交流、志愿服务、社团活动等的积极作用和效果，通过多样化的形式和手段促进人才创新创造力的提升。

第八章

社会参与和师生互动

培养拔尖创新人才的创新视野，以及发现问题、面对问题、解决问题的重要创新素质，需要明晰"谁来培养"和"怎样培养"的本源责任，仅依靠校园中的课堂学习和既定书本知识是远远不足的。人才培养于学校，最终却作用于社会。因此，社会在人才培养中的作用同样不容忽视。在创新人才的自我发展过程中，高校应联手社会发挥联合效应，一方传授知识，一方促进实践。首先，鼓励学生通过参与各项社会活动了解社情、关注现实、开阔视野，从"旁观者"变为社会生产与发展的实在"参与者"，充分运用所学贡献社会，同时从中习得实践经验。其次，引导学生与授课教师和辅导员等各类导师加强沟通交流，及时反映自身在社会实践及能力发展过程中的困惑和思考，从而在巩固所学知识的同时能及时解决学生在培养过程中所遇到的各类学识认知、人际交往、心理、生理等问题，促进学生的健康成长，完善其综合素质培养过程建设。

基于此，本章节将从社会参与和师生互动两方面探讨高校学生的社会培养与导师培养作用，其中师生互动又被进一步分为与授课教师的互动，以及与辅导员的互动两个维度。

第一节　社会参与

拔尖创新人才的培养方向与能力塑造，需要紧跟社会的现实需求，与社会发展协同共进。2016年国际研究报告《面向未来：21世纪核心素养教育的全球经验》指出，"公民责任与社会参与"是最受各经济体和国际组织重视的七大素养之一。只有深度参与社会实践，学生才能深入了解社会当下需要怎样的人才、需要培养怎样的能力与素质。同时，通过广泛参与社会活动，学生还能够厚植社会责任感，在实践中参与社会治理，关注公共议题、参与公共事务，培养普适价值观念，成为真正对接社会需求的新时代创新人才。

社会参与（Political and Social Involvement）是指学生以提升自身能力素质、融入社会需要为目的的参与各类社会志愿活动，以期促进社会和谐、关注时政议题、帮助文化建设。[①]国外学者直接探讨"社会参与"这一变量的研究较少，对社会参与的研究多与"公民参与"和"公民承诺"等概念相联系。例如，有研究发现学生的多样性学习经历和成为兼职助教等实践活动能够提升学生的公民承诺；与课程相关的多样性经历以及与不同人群间进行有意义的交流能够正向促进学生的社会政治参与[②]等。

基于此，本节参考美国通识教育调查中有关"社会参与"的量表题项[③]，并结合当前我国高等教育的现实情境制定了社会参与的11个题项量表，如表8-1所示。

表8-1 社会参与量表

题号	题 目
1	成为一个社团领导
2	参加保护和美化环境的活动
3	帮助陷入困境的人
4	提高对别的国家以及文化的理解
5	时刻关注时事
6	养成一种有哲理意义的生活方式

---

① Outcomes and Experiences Measures[EB/OL].[2016−07−21].http://www.liberalarts.wabash.edu/study−instruments/#political.

② LllETP, TROLIAN T L. Collegiate Diversity Experiences and Students' Views Regarding Social and Political Involvement[J]. *Journal of Student Affairs Research & Practice*, 2015, 54(02):387−400.

③ Wabash National Study Outcome Measures [EB/OL]. [2018−6−25]. https://centerofinquiry.org/wabash−national−study−instruments−investigate−liberal−arts−education/

题号	题 目
7	促进种族、民族间的相互理解
8	社会价值观的影响力
9	影响政治格局
10	过有精神追求的生活
11	参加社区公益和志愿活动

一、总体情况

表8-2所示为本次调研所得的大学生社会参与的总体情况。结果显示，在李克特5级量表中，大学生的社会参与均值为3.74，得分处于中等偏上水平。这说明当代大学生以主动意识参与各类社会活动的积极性较高，深入社会实际的意愿较强。

表8-2 社会参与总体情况

变量及维度	均值	标准差
社会参与	3.74	0.65
1. 成为一个社团领导	3.36	1.08
2. 参加保护和美化环境的活动	3.69	0.98
3. 帮助陷入困境的人	3.88	0.90
4. 提高对别的国家以及文化的理解	3.88	0.93
5. 时刻关注时事	3.78	1.00
6. 养成一种有哲理意义的生活方式	3.96	0.97
7. 促进种族、民族间的相互理解	3.68	1.02
8. 社会价值观的影响力	3.79	0.96
9. 影响政治格局	3.33	1.09
10. 过有精神追求的生活	3.97	0.98
11. 参加社区公益和志愿活动	3.82	0.97

注：本次调研采用李克特5级量表（5-point Likert scale）。其中最大值为5，表示"非常同意"；最小值为1，表示"非常不同意"。

二、分组比较

观察总体情况之后，我们再将样本数据基于学校类型差异、专业背景差异以及年级差异细分，以进一步分析比较。

（一）学校类型差异

图8-1所示为重点院校、普通院校、独立及民办院校之间关于学生的社会参与程度对比，发现各类型院校之间差异显著。其中，普通院校学生的社会参与程度相对最高，均值为3.86；独立及民办院校相对最低，均值为3.55；重点院校处于两者之间，均值为3.70。

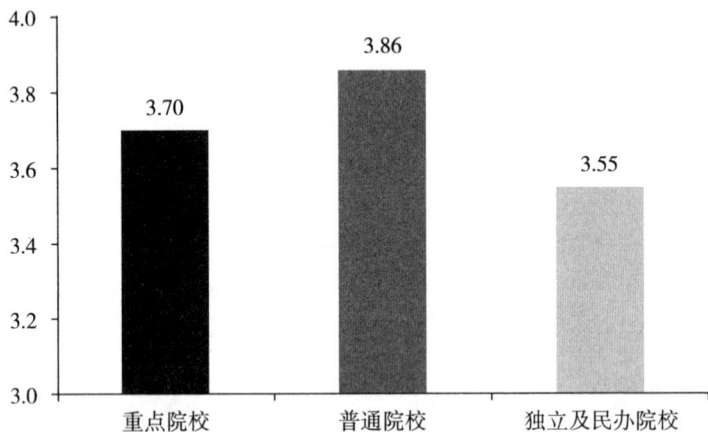

图8-1 不同学校类型社会参与的差异比较

这可能是由于普通院校相对重点院校而言，其一，学校各类教学和活动资源不够丰富，学生无法通过接触和参与校内活动获得足够的信息、提升应有的能力，因此会相对更积极地通过参与社会活动强化自身素质、丰富学习经历。其二，重点院校与普通院校定位不同，重点院校的办学目标更侧重培养科学研究人才，而普通院校的办学目标更侧重培养学生投身实践，因此一方面重点院校学生的学业压力相对更大，参与社会活动的时间和精力相对普通院校较少。另一方面，普通院校学生会尽早地根据投身社会建设的职业生涯规划来选择适合自身发展的社会参与活动，在提升能力的同时丰富自身简历，以在之后找到更心仪的工作。而对于独立及民办院校，其办学目标更侧重培养技能型人才，注重钻研技术，而在一定程度上忽视了综合能力的培养。

（二）专业类型差异

图8-2所示为工学、理学和人文社科等不同学科之间关于学生社会参与水平的对比，发现工学与人文社科专业学生的社会参与均值相同，均为3.79，相对较高；而理学专业学生的社会参与均值为3.57，相对较低。

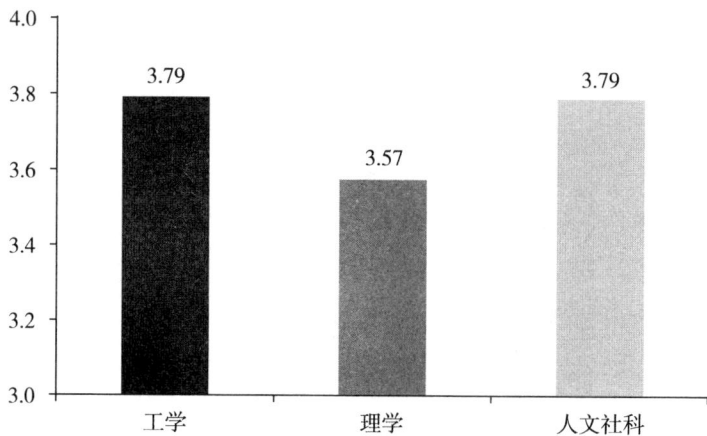

图8-2　不同专业背景社会参与的差异比较

工学与人文社科专业的学生参与社会活动较多，这可能是由于工学专业更要求学生从生产实践中发现技术问题、掌握一手技术方法，学习于实践，因此学生校外实习等活动也相对更多；人文社科专业更要求学生通过实地调研发现社会问题，观察于实践，因此学生也更倾向于走出校门参与各类实地活动，与不同人群沟通交流，从而更有机会接触社会。因此相对于更侧重理论学习的理学专业，工学和人文社科专业学生的社会参与程度更高。

（三）年级差异

图8-3所示为低年级、高年级本科生与研究生等不同年级学生之间关于社会参与程度的对比，发现差异并不明显，但随着年级阶段的提升相对有小幅度增强。其中，低年级本科生的社会参与程度相对最低，均值为3.72；高年级本科生次之，均值为3.74；研究生的社会参与程度相对最高，均值为3.78。

这可能是由于一方面，不同年级阶段的课业要求不同。低年级本科的课堂学习要求更多，高年级本科生基于未来职业规划有更多实习要求，而研究生基于科研需要更有深入了解现实问题的要求，因此随着年级阶段的提升，学生的社会参与需求和主动性都越高。另一方面，随着年龄的成长和身份的逐渐转变，学生们从单纯学习的"孩子"成长为参与社会工作的"大人"，对于主动参与社会活动的意识也在增强。

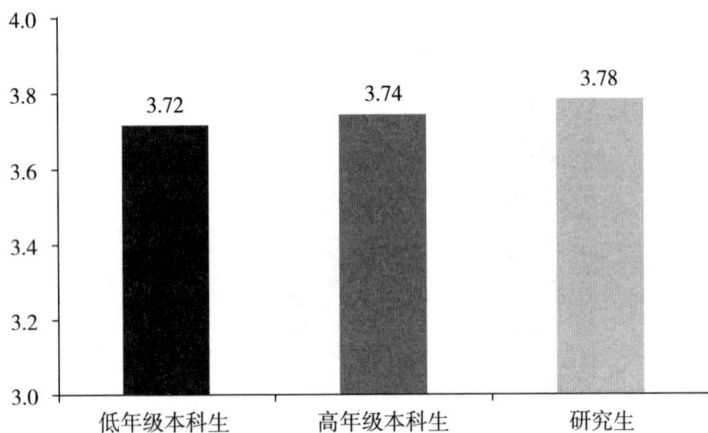

图8-3　不同年级社会参与的差异比较

第二节　师生互动

师生互动是大学生在知识技能与人格心理发展过程中不可或缺的指导力量。在当前我国高校的培养体系中，授课教师与辅导员分别承担着以上两方面培养职责，共同肩负着学生的全面成长。在与学生互动的过程中，无论是授课教师还是辅导员，都应坚持因材施教的原则，通过观察学生的认知和心理特质优化个体潜能，遵循学生的身心健康发展规律，构建多主体的教学与活动交互模式，培养学生的知识学习与社会参与主动性，从而发掘每一位个体独特的创新能力，实现师生间的平等对话。

　　基于此，师生互动（Teacher–Student Interaction）被定义为教师与学生间的相互交流和影响的过程，与师生互动相近的概念有"导师指导""师生关系"等。研究者认为"导师指导"这一概念更注重导师的主导地位与作用，忽略了学生感受表达、反馈学习成果等互动影响过程[①]；而"师生关系"则偏重强调学生和老师因交流活动形成的既定关系体系，而非互动过程。区别于上述两个概念，"师生互动"更能体现老师与学生间的交往动态。在师生互动的内涵方面，有学者从情感支持、课堂组织和教学支持等内容维度解构师生互动的内涵[②]，有学者从合作性、敌对性、支配性、服从性等性质维度加以解构[③]，还有学者从领导、友善、理解，给予学生的自由和责任、含糊、不满、训诫、严格等行为维度对师生互动内涵进行解构[④]。

　　综合现有研究分析，本节从互动主体的角度，参考美国通识教育调查中关于师生互动的题项设计[⑤]，将师生互动变量进一步划分为与授课教师的互动和与辅导员的互动，并结合当前我国高等教育的现实情境，改编制定了师生互动量表，如表8–3所示。

表8–3　师生互动量表

维度说明	题号	题　目
与授课老师互动	1	和授课老师或导师讨论课程作业或分数
	2	和授课老师或导师讨论个人的职业规划
	3	课外时间与授课老师或导师讨论阅读或课堂学习中的想法
	4	与授课老师或导师一起参与课程活动（如社团、志愿者服务、学生活动等）

① 宋晓平，梅红.博士生培养过程中师生互动关系研究：基于博士研究生的视角 [J]. 中国高教研究 ,2012(08):50—54.

② PIANTA R C, LA PARO K M, HAMRE, B K. *Classroom Assessment Scoring System* [M]. Baltimore, MD: Brookes, 2008.

③ 辛自强，俞国良 .教师互动问卷中文版的初步修订及应用 [J]. 心理科学 , 2000, 23(04): 404—407.

④ MAINHARD T, VAN DER RIJST R, Van TARTWIJK J, et al. A model for the supervisor‐doctoral student relationship[J]. *Higher Education*, 2009, 58(03): 359–373.

⑤ Wabash National Study Outcome Measures [EB/OL]. [2018–6–25]. https://centerofinquiry.org/wabash–national–study–instruments–investigate–liberal–arts–education/

维度说明	题号	题 目
与辅导员的互动	5	和班主任/辅导员沟通自己的困惑
	6	和班主任/辅导员一起参加课外活动（如社团、志愿者服务、学生活动等）
	7	和班主任/辅导员讨论个人的职业规划
	8	和班主任/辅导员探讨在阅读或课堂学习中产生的想法
	9	和班主任/辅导员讨论课程作业或分数

一、与授课教师的互动

与授课教师互动频繁的个体更能激发自身潜能特点，了解自身不足，在与教师的互动中进一步巩固知识、培养自信，从而在积极的反馈中进一步提升学习的主动性。同时从教师的视角而言，也能够帮助教师更深入了解学生的课堂学习情况与心理、认知状况，从而改善教学过程以及与学生的互动方法，促进学校良性学习与交流氛围的形成。

（一）总体情况

表8-4所示为本次调研所得的大学生与授课教师互动的总体情况。结果显示，在李克特5级量表中，大学生与授课教师互动情况总体较弱，均值仅为2.61。这说明高校中师生间的交流情况不容乐观，学生对于课堂学习的投入严重不足，课堂内外缺少沟通，这可能导致学生无法很有效地对课堂知识举一反三、开阔思路，从而更难以启发创造力，直接影响创新人才的培育成效。

表8-4 与授课教师互动的总体情况

变量及维度	均值	标准差
与授课老师互动	2.61	0.95
1. 和授课老师或导师讨论课程作业或分数	2.58	1.14
2. 和授课老师或导师讨论个人的职业规划	2.57	1.13

变量及维度	均值	标准差
3. 课外时间与授课老师或导师讨论阅读或课堂学习中的想法	2.72	1.14
4. 与授课老师或导师一起参与课程活动（如社团、志愿者服务、学生活动等）	2.57	1.17

注：本次调研采用李克特5级量表（5-point Likert scale）。其中最大值为5，表示"非常同意"；最小值为1，表示"非常不同意"。

（二）分组比较

观察总体情况之后，我们再将样本数据基于学校类型差异、专业背景差异以及年级差异细分，以进一步分析比较。

1. 学校类型差异

图8-4所示为重点院校、普通院校、独立及民办院校之间关于学生与授课教师互动水平的对比，发现重点院校与普通院校之间的均值相差不大，分别为2.46与2.49，而独立及民办院校的授课教师互动水平显著高于前两者，均值为2.98。这表明独立及民办院校中的师生交流明显较为频繁且效果较好。这可能也与独立及民办校的授课内容中技能型知识更多有关。

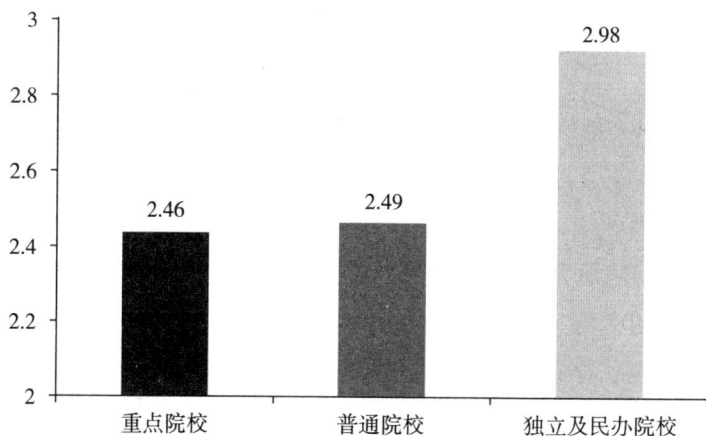

图8-4 不同学校类型与授课教师互动的差异比较

2. 专业类型差异

图8-5所示为工学、理学和人文社科等不同学科之间关于学生与授课教师互动水平的对比，发现相差不大。其中，相对最高的为理学专业的学生，其与授课教师互动水平的均值为2.69；工学与人文社科专业背景的学生与授课教师互动水平几乎相同，均值分别为2.59和2.58。这可能是由于理学学科多学习理论知识，较为抽象，需要更多在课堂内外与授课教师沟通交流以辅助理解。

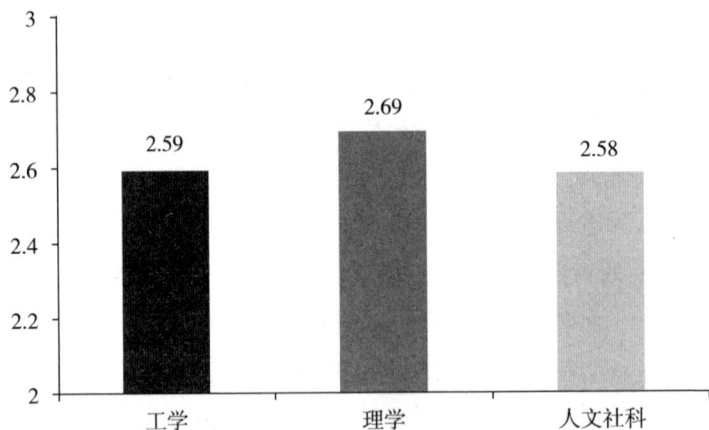

图 8-5　不同专业背景与授课老师互动的差异比较

3. 年级差异

图8-6所示为低年级、高年级本科生与研究生等不同年级学生之间关于与授课教师互动的水平对比，发现差异显著，且随着年级阶段的增长而不断增加。其中，低年级本科生与教师互动的水平最弱，均值为2.54；高年级本科生略有上升，均值为2.62；研究生与教师互动的水平最高，均值为2.82。

这可能是由于低年级学生从高中阶段升入大学，听讲为主的学习听课习惯尚未完全转换，多以书本为尊，单方面接收知识。随着年级阶段的升高，直至升入研究生阶段，学习工作性质的转变使得学生开始思考书本知识随时代发展的正确性和前沿性，产生思考、质疑，进而更为自然地引发与老师的交流互动，在探讨中深入了解更为专业的知识体系。因此，学生与授课教师的互动过程，其实也是师生双向学习的过程。

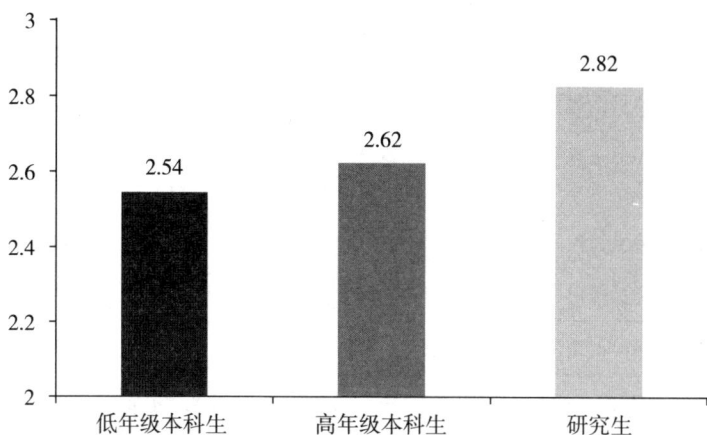

图 8-6 不同年级与授课老师互动的差异比较

二、与辅导员的互动

与辅导员互动频繁的个体更能通过他人视角，在交流中清晰了解自身特点，更为有效地解决自身在发展过程中的问题、困惑，尽快明确职业规划，且接触更为多样性的校内外活动，从而进一步激发个体知识学习之外的沟通能力、解决问题能力、组织规划能力等创新人才培养的其他必备能力组成。

（一）总体情况

表8-5所示为本次调研所得的大学生与辅导员互动的总体情况。结果显示，在李克特5级量表中，大学生与辅导员互动情况总体较弱，均值仅为2.51，甚至更弱于与授课教师的互动。这说明高校中无论哪种维度的师生交流情况均不容乐观，学生对于辅导员老师的角色认识不明、沟通重视不足，这可能导致学生在遇到问题时多依靠自身或同学加以解决，解决方式单一且无法保障有效性，缺乏老师们所带来的足够经验引导，从而可能造成很多校园问题。

表8-5　与辅导员互动总体状况

变量及维度	均值	标准差
与辅导员互动	2.51	1.01
5. 和班主任/辅导员沟通自己的困惑	2.59	1.18
6. 和班主任/辅导员一起参加课外活动（如社团、志愿者服务、学生活动等）	2.48	1.17
7. 和班主任/辅导员讨论个人的职业规划	2.48	1.17
8. 和班主任/辅导员探讨在阅读或课堂学习中产生的想法	2.52	1.19
9. 和班主任/辅导员讨论课程作业或分数	2.47	1.20

注：本次调研采用李克特5级量表（5-point Likert scale）。其中最大值为5，表示"非常同意"；最小值为1，表示"非常不同意"。

（二）分组比较

观察总体情况之后，我们再将样本数据基于学校类型差异、专业背景差异以及年级差异细分，以进一步分析比较。

1. 学校类型差异

图8-7所示为重点院校、普通院校、独立及民办院校之间关于学生与辅导员互动水平的对比，发现差异显著，且同与授课教师互动水平的分布情

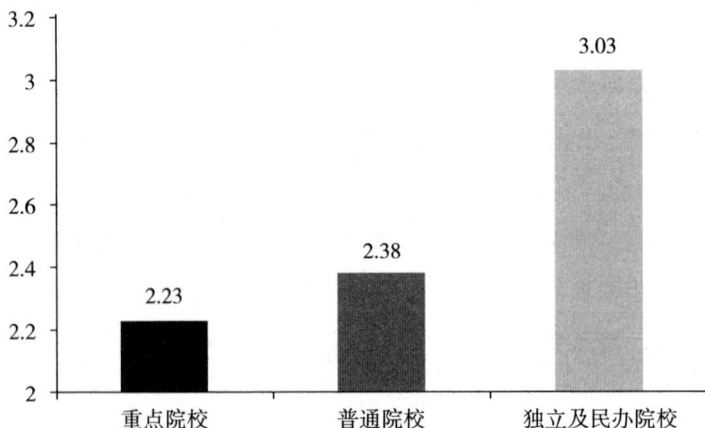

图 8-7　不同学校类型与辅导员互动的差异比较

况大致相同，即重点院校与普通院校之间的均值相差较小，分别为2.23与
2.38，而独立及民办院校的授课教师互动水平显著高于前两者，均值为3.03。
观察可得，重点院校与普通院校学生与辅导员互动的水平低于与授课教师互
动，而独立及民办院校学生与辅导员互动的水平却高于与授课教师互动。

2. 专业类型差异

图8-8所示为工学、理学和人文社科等不同学科之间关于学生与辅导员
互动水平的对比，发现相差不大，相比"与授课教师互动"的各均值较低，
但分布情况类似。其中，相对最高的为理学专业的学生，其均值为2.52；工
学专业背景的学生与辅导员互动水平理学专业几乎相当，均值为2.51；人文
社科专业背景的学生与辅导员互动水平均值为2.46。

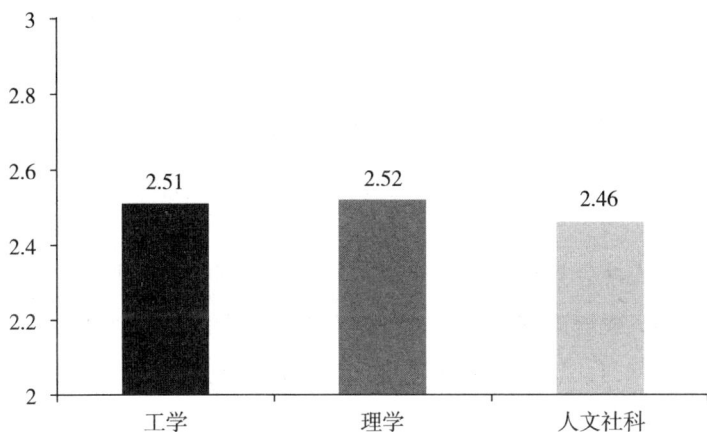

图8-8　不同专业背景与辅导员互动的差异比较

3. 年级差异

图8-9所示为低年级、高年级本科生与研究生等不同年级学生之间关于
与辅导员互动的水平对比，发现有一定差异，且同样相比"与授课教师互动"
的分布情况类似，随着年级阶段的增长而不断增加，但均低于"与授课教师
互动"的均值水平。其中，低年级本科生与教师互动的水平最弱，均值为
2.32；高年级本科生略有上升，均值为2.55；研究生与教师互动的水平最高，
均值为2.65。

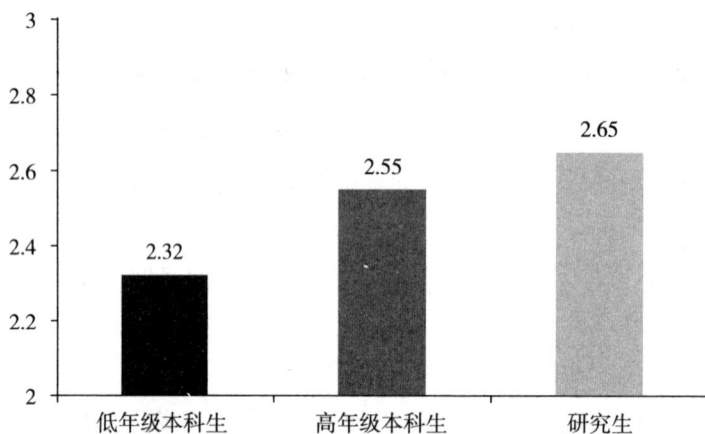

图8-9　不同年级与辅导员互动的差异比较

第三节　本章小结

高校学生的社会参与和师生互动水平反映着学生的全面发展活力，然而调查发现，当前我国高校学生在社会参与和师生互动方面均表现不佳。这说明在社会参与方面，学生的重视不足，对于社会现实关注不够，缺乏主人翁和建设者意识；而在师生互动方面，当前师生之间的信任度不足，双向互动性较差，缺乏积极的关系建设与情感交流意愿。如此并不利于高校创新活力激发与大学生综合素质提升，需要高校、社会等教育相关主体均加强重视，改善现状。

结合分类来看，在学校类型差异方面，重点院校、普通院校、独立及民办院校之间学生的社会参与程度差异显著，其中普通院校相对最高。这可能是由于普通院校在资源丰富度、办学目标、学生职业生涯规划等方面相对重点院校特点不同，而独立及民办院校的办学目标更侧重培养技能型人才，一定程度上忽视了综合能力的培养。对于不同类型院校的师生互动水平差异情况，其中重点院校与普通院校之间的均值相差不大，而独立及民办院校显著高于其他两种类型的院校。

在专业背景差异方面，工学、理学和人文社科等不同学科的学生在社会参与和师生互动方面程度均相差不大。其中，社会参与水平相对最低的为理学专业的学生，而师生互动水平相对最高的也为理学专业的学生。这可能是由于理学生侧重学习理论知识，而工学和人文社科专业的知识相对更贴近现实，且需要了解现实。

在年级差异方面，低年级、高年级本科生与研究生等不同年级学生之间在社会参与和师生互动两方面均随着年级阶段的提升相对增强。这可能是源于学生年龄的成熟以及课业要求的改变而产生的变化。随着年级阶段的提升，学生从主攻课本知识逐渐被要求思考并解决现实问题。同时，年龄的成长和身份的逐渐转变也使得学生主动参与社会活动以及主动进行人际交往的意识都在增强。

第九章

创新自我效能感与创新意愿

　　培养拔尖创新人才，落实党的二十大报告提出的立德树人根本任务，坚持教育的高质量发展，全面提高人才的自主培养质量，则需要对学生进行内外兼修，外修学生的知识和技能水平，内提学生的自我信心与创新信念，实现德智体美劳全面发展的育人要求。实现自身价值、渴求为人重视，是激励个体不断进取的最重要内生动力。引导学生产生积极自我认同、提升创新意愿，是拔尖创新人才培养的关键环节。若人才培养仅注重一技之长，并未有效培育个体的创新意识与意愿，往往将导致人才发展的后劲乏力。人才成长缺乏可持续性，进而无法带动关键产业领域迭代升级。因此，重视培养学生的创新信心与创新意愿，为拔尖创新人才的培养"赋能"，实现学识与信念的有机统一，才能帮助学生成为担当民族复兴大任的时代新人、德智体美劳全面发展的社会主义建设者和接班人。

　　基于此，本章节将从创新自我效能感和创新意愿两方面探讨高校学生的创新内驱力，分别分析学生对于自身是否能够完成创新目标的信心以及是否希望达成创新目标的愿望。

第一节　创新自我效能感

　　创新自我效能感（Creativity Self-efficacy）是指个体对于自身能否取得创

新成果的信心或信念[①]。创新自我效能感是在美国心理学家班杜拉（Bandura）提出的"自我效能感"概念的基础上，由蒂尔尼（Tierney）和法默（Farmer）于2002年提出的有关创造性活动领域的自我效能感。班杜拉的研究指出，自我效能感反映个体在面对困难时的态度，因而决定着个体对于某项活动的积极或消极行为选择偏好，以及坚持进行该活动的信念和耐心。自我效能感涉及的不是技能本身，而是个体对于自身能否利用所拥有的技能去完成工作的自信程度。基于此，创新自我效能感则代表着个体在创新方面的自信程度以及坚持信念，是个体实现创新的关键心理因素。

当前研究大多从"产生想法、解决问题、改善他人想法"等方面剖析创新自我效能感的内涵。具有高效能感的个体，对自身取得创造性成果的期望值较高，在实现创新的过程中也能够以更为理性、中肯的态度处理所遇到的问题，且更乐于迎接挑战，能动性强，能够锚定创新目标而坚持不懈地付出努力。基于此，本书借鉴蒂尔尼和贝霍特（Betthote）[②]的创新自我效能量表，并结合当前我国高等教育的现实情境对量表进行本土化改编，最终形成表9-1所示的创新自我效能感量表。

表9-1 创新自我效能感量表

题号	题 目
1	学习中，我对自己运用创意解决问题的能力很有信心
2	我擅长于想出新点子、新想法
3	我擅长从别人的点子中发展出属于自己的一套想法
4	我擅长想出新方法来解决问题
5	我善于提出新想法
6	我有很多好的想法
7	我很自信

---

① TIERNEY P, FARMER S M. Creative self-efficacy: Its potential antecedentsand relationship to creative performance[J]. *Academy of Management Journal*, 2002(45): 1137-1148.

② RONALD A B. Creative Self-Efficacy: Correlates in Middle and Secondary Students[J]. *Creativity Research Journal*, 2006, 18(04):447-457.

一、总体情况

表9-2所示为本次调研所得的大学生创新自我效能感的总体情况。结果显示，在李克特5级量表中，大学生的社会参与均值为3.47，得分处于中等偏上水平。这说明当代大学生对于自身创新能力的评价整体较为积极但也较为审慎，对于创新的信心和能力还需加强。

表9-2 大学生创新自我效能感的总体情况

变 量	均值	标准差
创新自我效能感	3.47	0.71
1.学习中，我对自己运用创意解决问题的能力很有信心	3.42	0.92
2.我擅长于想出新点子、新想法	3.45	0.91
3.我擅长从别人的点子中发展出属于自己的一套想法	3.68	0.90
4.我擅长想出新方法来解决问题	3.37	0.93
5.我善于提出新想法	3.45	0.93
6.我有很多好的想法	3.47	0.92
7.我很自信	3.47	0.99

注：本次调研采用李克特5级量表（5-point Likert scale）。其中最大值为5，表示"非常同意"；最小值为1，表示"非常不同意"。

二、分组比较

观察总体情况之后，我们再将样本数据基于学校类型差异、专业背景差异以及年级差异细分，以进一步分析比较。

（一）学校类型差异

图9-1所示为重点院校、普通院校、独立及民办院校之间关于学生创新自我效能感水平的对比，发现有一定差异。其中，重点院校学生的创新自我效能感相对最高，均值为3.56；普通院校次之，均值为3.47；独立及民办院校学生的创新自我效能感相对最低，均值为3.39。这表明重点院校学生对自己取得创造性成果的信心更为充足，而独立及民办院校的学生在创新方面的自信心较弱。

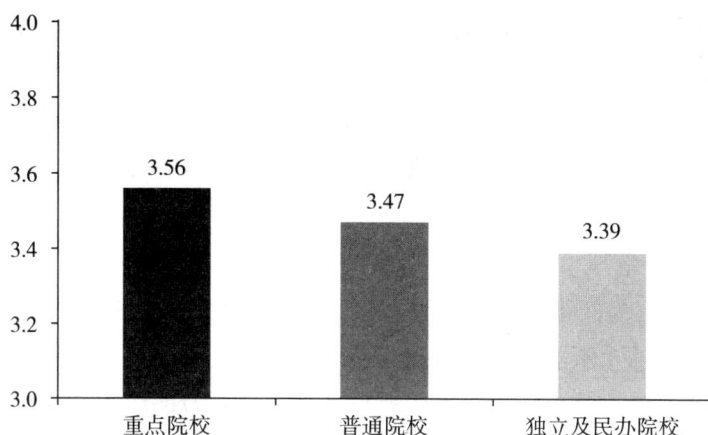

图9-1 不同学校类型创新自我效能感的差异比较

（二）专业类型差异

图9-2所示为工学、理学和人文社科等不同学科之间关于学生创新自我效能感水平的对比，发现也存在一定差异，但相差不大。其中，理学专业背景学生的创新自我效能感相对最高，均值为3.60；工学专业背景的学生次之，均值为3.46；而人文社科专业学生的创新自我效能感相对最低，均值只有3.34。

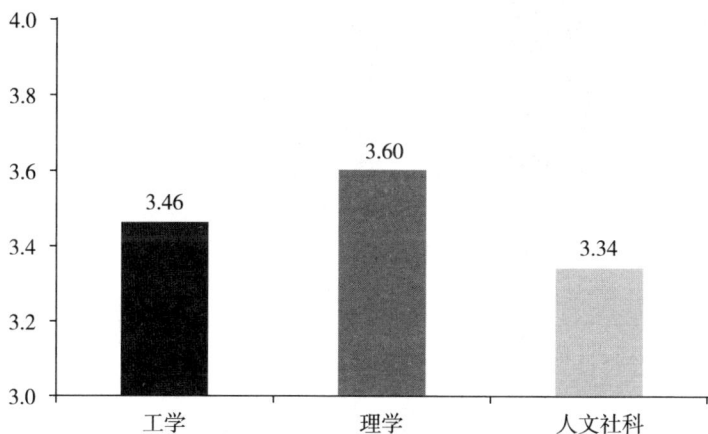

图9-2 不同专业背景创新自我效能感的差异比较

这可能是由于理学专业更侧重原理理论知识的学习，工学专业更侧重技术实践。相对而言理论创新更能出现创造性成果，技术实践更容易出现改进性创新，而创造新技术、新方法相对更加困难。与理学和工学专业的学生相比，人文社科专业的学生对创新的自信心更低，可能由于学生大多认为自身所在的学科，其知识多注重社会现象的思辨和机制理论的探讨，无法直接作用于生产实践，因此对创新的信心较弱。

（三）年级差异

图9-3所示为低年级、高年级本科生与研究生等不同年级学生之间关于创新自我效能感水平的对比，发现存在一定差异，且随着年级阶段的提升相对有小幅度降低。其中，低年级本科生的创新自我效能感水平相对最高，均值为3.54；高年级本科生次之，均值为3.46；研究生的创新自我效能感相对最低，均值为3.39。这表明低年级本科生对创新的自信心更为充足，认为自己能够通过努力发挥自身创造力。

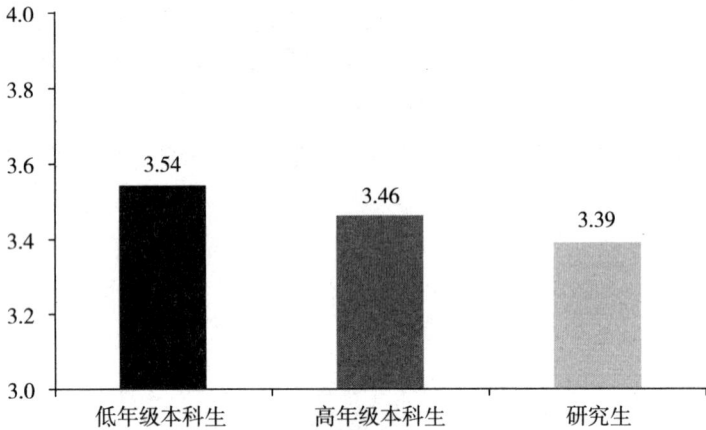

图 9-3　不同年级创新自我效能感的差异比较

第二节　创新意愿

创新意愿（Innovation Intention）是指在一定情境下个体有意愿坚持进行

创新行为的动机与愿望强度。创新意愿是个体实施创新行为的基础，其概念的发展经历了动机理论、理性行为理论以及计划行为理论三个阶段。其中，当前在个体创新分析中被广泛应用的计划行为理论认为，行为意愿能够在一定程度上预测个体的行为方向[①]，是引发个体做出某项行为的重要驱动，而这一引发过程是通过个体对于该项行为的"动机"（即"行为意愿"）相联系的。可见，充分的意愿是个体积极行动的前提。作为重要的行为预测指标，行为意愿能够反映个体从事某项行为时可能表现出的积极性，因而创新意愿侧重反映个体在面对创新行为时的态度。创新意愿作为个体创新的潜在动力，在一定程度上能够反映出个体的创造力发展情况[②]。具有较高创新意愿的个体，往往具有更强烈的创新动机，更愿意为了实现自身的创新想法而付出努力，因而此类个体实现创新的可能性更高。

本节借鉴崔晋南（Jin Nam Chio）的创新意愿量表[③]，并根据我国的国情及高校大学生的特征进行改编，最终形成如表9-3所示的创新意愿量表。

表9-3　创新意愿量表

题号	题　目
1	在课堂上，我有提供新的、建设性想法的强烈动机
2	我愿意在课堂上运用和练习我的创造力

一、总体情况

表9-4所示为本次调研所得的大学生创新意愿的总体情况。结果显示，在李克特5级量表中，大学生的创新意愿程度总体较高，均值为3.22。这说明当代大学生整体对的创新态度较好，创新积极性较高。

①　AJZEN I. The theory of planned behavior [J]. *Health Psychology Official Journal of the Division of Health Psychology American Psychological Association*, 2012, 14(02):137–144.

②　AGARWAL R, PRASAD J. Are Individual Differences Germane to the Acceptance of New Information Technologies?[J]. *Decision Sciences*, 1999, 30(02):361–391.

③　JIN N C. Individual and Contextual Predictors of Creative Performance: The Mediating Role of Psychological Processes[J]. *Creativity Research Journal*, 2004, 16(2–3):187–199.

表9-4　大学生创新意愿的总体情况

变　量	均值	标准差
创新意愿	3.22	0.91
1. 在课堂上，我有提供新的、建设性想法的强烈动机	3.14	1.04
2. 我愿意在课堂上运用和练习我的创造力	3.31	0.91

注：本次调研采用李克特5级量表（5-point Likert scale）。其中最大值为5，表示"非常同意"；最小值为1，表示"非常不同意"。

二、分组比较

观察总体情况之后，我们再将样本数据基于学校类型差异、专业背景差异以及年级差异细分，以进一步分析比较。

（一）学校类型差异

图9-4所示为重点院校、普通院校、独立及民办院校之间关于学生的创新意愿水平对比，发现各类型院校之间有一定差异。其中，重点院校学生的创新意愿相对最高，均值为3.34；独立及民办院校次之，均值为3.26；普通院校相对最低，均值为3.14。这说明重点院校和独立及民办院校的学生对自己取得创造性成果的信心更为充足，而普通院校的学生在创新方面的自信心相对较弱。这可能是由于当前普通院校的办学定位以及学生的职业规划目标相比重点院校和独立及民办院校不够清晰明确所导致。

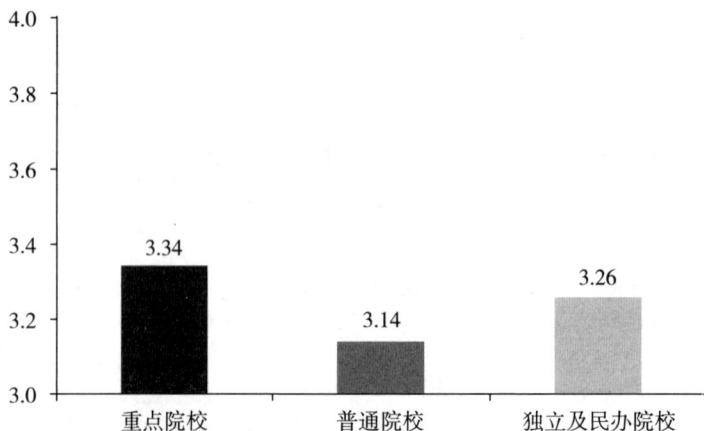

图9-4　不同学校类型创新意愿的差异比较

（二）专业类型差异

图9-5所示为工学、理学和人文社科等不同学科之间关于学生创新意愿的水平对比，发现理学专业的学生创新意愿相比工学及人文社科专业差异较为突出，均值为3.40；而工学和人文社科专业的学生创新意愿相近，均值均为3.17。这可能是由于工学和人文社科专业更关注现实技术和社会问题的发现和解决，而理学专业多侧重基础研究，需要理论创新来支撑实践发展，即追求科学的进步，而非技术的改进。

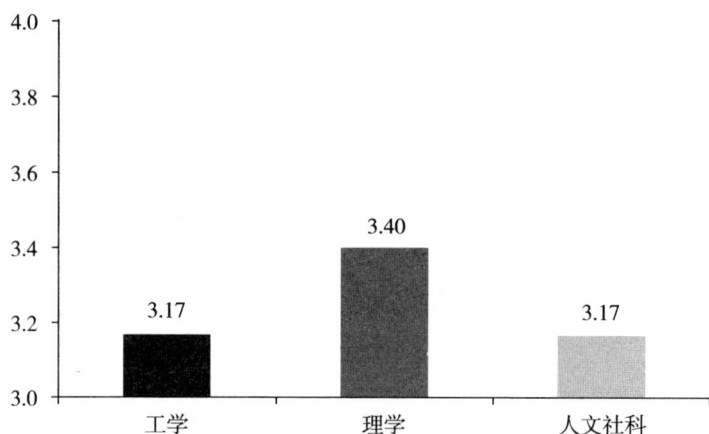

图 9-5 不同专业背景创新意愿的差异比较

（三）年级差异

图9-6所示为低年级、高年级本科生与研究生等不同年级学生之间关于创新意愿的水平对比，发现存在一定差异，学生的创新意愿随着年级阶段的增长在不断降低。其中，低年级本科生的创新意愿最强，均值为3.33，高年级本科生的创新意愿极速下滑，均值仅为3.19，而研究生的创新意愿相对最低，且接近高年级本科生水平，均值仅为3.18。由此可见，低年级学生整体的创新意愿更为强烈。

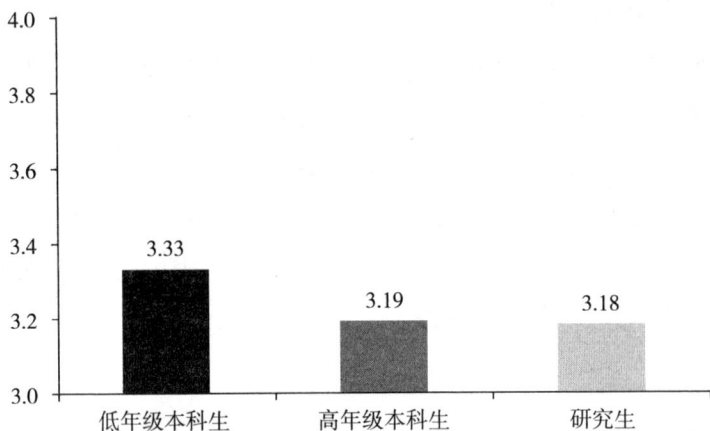

图9-6 不同年级创新意愿的差异比较

第三节 本章小结

　　高校学生的创新内驱力，极大程度来自其创新自我效能感和创新意愿。其中，创新自我效能感体现着个体对自我创新价值和能力的一种信念，其来源于过去及当下的经验、他人的言语劝说、外部情境变化以及自身情绪和生理状态的影响；而创新意愿是个体面对创新实践所产生的创新行为倾向。简言之，创新自我效能感代表的是个体"能否做"的问题，而创新意愿代表个体"是否愿意做"的问题。只有当学生既相信自己能够产生创新且出于某种动机愿意创新时，创新行为才有可能出现，创新成果才有可能产生。本次调查数据显示当前我国大学生的创新自我效能感和创新意愿都处于中等偏上的水平，整体得分较高，这说明当前大学生对于创新的自信心和创新的积极性均较为突出。

　　结合分类来看，在学校类型差异方面，重点院校的学生相比普通院校和独立及民办院校的学生在创新自我效能感和创新意愿两方面均有较高得分，表明重点院校学生对自己取得创造性成果的信心更为充足、意愿更为强烈。

这可能也与重点院校侧重科学研究的办学目标有关。在专业背景差异方面，理学专业的学生相比工学及人文社科专业的学生，在创新自我效能感和创新意愿两方面均有较高得分，这可能是由于理学专业侧重理论研究、追求理论创新发展，而后两者更关注现实技术的改进和社会问题的发现及解决。在年级差异方面，随着年级阶段的升高，大学生的创新自我效能感和创新意愿均呈现下降的趋势。

创新自我效能感和创新意愿作为拔尖创新人才的创新内生动力，培养艰难又较易折损。作为新时代的天之骄子，高校学生若在发展过程中屡遭失败困境，则更容易陷入自我怀疑与自我否定，使得较为脆弱的创新自我效能和创新意愿磨灭殆尽。因此，在拔尖创新人才的培养过程中，高校与社会、家庭均应注意给予学生在学业、政策制度和情感上的创新支持，维护并培育大学生的创新积极性。

第十章

批判性思维倾向

推动拔尖创新人才的培养，打造知识创新高地，加快实现高水平科技自立自强，需要高校瞄准全面提高人才自主培养质量的"靶心"。创新，始于问题的发现；而问题的发现，始于对现状的质疑。这强调高校在拔尖创新人才的培养过程中，不能仅仅停留于以传递信息的方式向学生传授知识，而学生被动地将各类观点、理论、方法等储存于脑中，又不求甚解地在考试中复制、提取，完成所谓的培养过程。缺乏举一反三地应用和批判性地思考改进，知识便无法内化，学生的高阶思维无法发展，创造力便会失去生长的土壤。培养学生从信息的被动接收者转换为知识的主动创造者，才能真正诞生拔尖创新人才。因此，提升个体的批判性思维是拔尖创新人才培养的关键突破口之一。批判性思维的培养，需要学生在学习和实践中发现问题、解决问题，并在这一过程中竭力寻求可靠证据，进行有效推理，以及探讨解决方案的更多可能性。

批判性思维是个体成长最为重要的特质之一。恩尼斯（Ennis）将批判性思维定义为决定信什么或做什么而进行的合理的、反省的思维[1]。批判性思维是问题解决和创造性思维的一个重要组成部分，其可以帮助个体进行独立分析以更好地理解事物的意义与价值，并由此促进知识创新的生成。批判性思维倾向（Critical Thinking Disposition）是批判性思维中的情感意向，批判性思维由认知技能和情感意向构成。认知技能又称批判性思维技能，包括解释、分析、评估、推理、说明和自我调控；而情感意向，即批判性思维倾向，包

---

① ENNIS R H. A Concept of Critical Thinking[J]. *Harvard Educational Review*, 1962, 32(01):81–111.

括探索真理、思想开放、分析性、系统性、自信和好奇[①]。批判性思维倾向是批判性思维形成与发展的基础，是个体能够有效使用批判性思维技能的催化剂，是个体创新能力发展的重要内在动机。

　　基于此，本章关注我国大学生的批判性思维倾向状况。当前学界普遍认可法乔恩（Facione）关于批判性思维倾向的定义及其团队编制的加利福尼亚批判性思维倾向量表（California Critical Thinking Disposition Inventory, CCTDI）[②]。此后，伊拉尼（Irani）、罗宾（Robin）等学者在 CCTDI 的基础上对批判性思维倾向进行检验并降维得到包含参与度、认知成熟、创新性在内的三维量表（Cognitive Maturity And Innovativeness Assessment, UF-EMI）[③]。结合当前我国高等教育的现实情境及拔尖创新人才的培养目标，我国大学生的批判性思维倾向应突出个体在思考过程中的客观性、探索性以及主动性。为便于语义理解以及适用于本土化研究，本章借鉴 UF-EMI 三维量表以及罗宾的研究，将批判性思维倾向划分为认知成熟度（Cognitive Maturity）、认知推理（Cognitive Inference）和求知欲（Thirst For Knowledge）三个维度，形成表10-1所示的批判性思维倾向量表。其中，认知成熟度是指当个体意识到问题的复杂性后，尽可能广泛、客观地去思考，并愿意努力付出，尝试去解决问题的行为倾向；认知推理是指个体对需要推理的问题进行探索和预测的倾向；求知欲指追求新知识、寻求真理的倾向。新的维度划分和题项归属与罗宾等学者的研究既有一定差异也表现出一致性。其中，有四个题项因其后在数据分析过程中因子载荷过低或归属不明而被删除。为在一定程度上避免题项内容的偏向性和指向性，本章将认知成熟度、认知推理和求知欲三个维度的题目进行了混编。

---

① 梅红, 司如雨, 王娟. 大学生多样性经历与批判性思维倾向的关系研究 [J]. 东北大学学报（社会科学版）, 2018, 20(04):412—418.

② FACIONE N C, FACIONE P A.*Critical Thinking Assessment in Nursing Education Programs:An Aggregate Data Analysis*[M].Millbrae:California Academic Press, 1997.

③ BELL R, LOON M.The Impact of Critical Thinking Disposition on Learning Using Business Simulations[J]. *International Journal of Management Education*, 2015, 13 (02) :119–127.

表10-1　批判性思维倾向量表

维度划分	题号	题　项
认知成熟度	1	即使别人的观点和我不一致，我也会认真听取
认知成熟度	2	我尽力寻求机会解决问题
载荷过低或归属不明，删除	3	我兴趣广泛
认知成熟度	4	我乐于广泛学习
认知推理	5	我思路开阔
认知推理	6	我很爱在学习中提问题
载荷过低或归属不明，删除	7	我乐于挑战有难度的问题
认知推理	8	我是解决问题的高手
载荷过低或归属不明，删除	9	我相信我能找出合理的答案
认知成熟度	10	我力求见多识广
载荷过低或归属不明，删除	11	获得的新信息不支持我的观点时，我会及时转变
认知推理	12	我乐于解决问题
认知成熟度	13	我尽量依据事实而不是固有偏见做出决策
认知推理	14	我能广泛运用所学知识
载荷过低或归属不明，删除	15	即使不在学校，我也很乐意学习
认知成熟度	16	我能和不认同我观点的人友好相处
认知推理	17	我能清晰地阐述事情
载荷过低或归属不明，删除	18	分析解决方案时，我能提出好问题
认知推理	19	我能清晰、精确地表述问题
载荷过低或归属不明，删除	20	我会考虑偏见对自己观点的影响
求知欲	21	即使过程不太舒服，我也要坚持找到真相
求知欲	22	不找到正确答案，我绝不罢休
求知欲	23	我会想各种办法找到正确答案
求知欲	24	我试图找到多种解决问题的方法
载荷过低或归属不明，删除	25	决策时我会提出很多问题
认知成熟度	26	我相信多数问题的解决办法都不止一种

第一节 认知成熟度

认知成熟度是指个体在认识、思考和决策等方面能够客观、理智处理的程度，是个体能够应对压力和挑战的重要因素。

一、总体情况

表10-2所示为本次调研所得的大学生认知成熟度的总体情况。结果显示，在李克特5级量表中，大学生的认知成熟度均值为3.83，得分较高。这说明当代大学生能够较为客观地看待事件，能够有意识地通过收集的事实信息解决问题，并且对于与人交往时产生的意见分歧也能够理性对待、保留意见，而不是非黑即白、非此即彼。

表10-2 认识成熟度总体情况

变量及维度	均值	标准差
认知成熟度	3.83	0.67
1. 即使别人的观点和我不一致，我也会认真听取	3.78	0.99
2. 我尽力寻求机会解决问题	3.99	0.89
4. 我乐于广泛学习	3.63	0.99
10. 我力求见多识广	3.77	0.97
13. 我尽量依据事实而不是固有偏见做出决策	3.87	0.96
16. 我能和不认同我观点的人友好相处	4.01	0.94
26. 我相信多数问题的解决办法都不止一种	3.80	0.93

注：本次调研采用李克特5级量表（5-point Likert scale）。其中最大值为5，表示"非常同意"；最小值为1，表示"非常不同意"。

二、分组比较

观察总体情况之后，我们再将样本数据基于学校类型差异、专业背景差异以及年级差异细分，以进一步分析比较。

（一）学校类型差异

图10-1所示为重点院校、普通院校、独立及民办院校之间关于学生的认知成熟度水平对比，发现各类型院校之间差异显著。其中，重点院校学生的认知成熟度相对最高，均值为4.03；普通院校次之，均值为3.89；而独立及民办院校得分最低，均值为3.54。

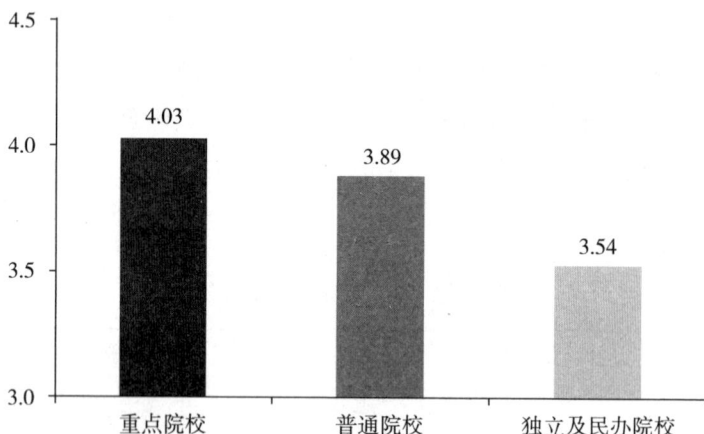

图10-1 不同学校类型认知成熟度的差异比较

出现这种情况的原因，可能与各类型院校的教育资源分配不均、学生生源质量差异等高校与学生个体的内外部因素均有相关。丰富的教育、社会实践等方方面面的活动资源会进一步提高学生的学识水平，而增长的见识与学生主动的思考与学习相辅相成，能够进一步帮助学生构建起成熟、完善的价值观，提升学生的认知成熟度。因此，这可能并非是由于不同类型院校的学生天然便具有极大地认知差异，而是个体后天的积极学习与高校的资源支持而形成了人才培养的良性循环。那么，就需要在各类型高校之间进一步合理配置教育与社会资源，发展因材施教、个性化培养的健康教育体系。

（二）专业类型差异

图10-2所示为工学、理学和人文社科等不同学科之间关于学生认知成熟度水平的对比，发现存在一定差异，且不同学科之间差异数值几乎均等。其中，理学专业的学生认知成熟度得分最高，均值为3.93；工学专业的学生次之，均值为3.83；人文社科专业的学生得分相对最低，均值为3.73。

这可能是由于理学专业关注基础研究，通过观察现象发现新知识、揭示客观事物的本质及运动规律，并抽象出能够广泛应用于各类不同学科的基本原理，例如数学原理同样能够应用于工学与人文社科专业等不同领域。因此，理学专业的学生在学习并提升认知的过程中，可能更为注重通过广泛观察在认知中全面构建某一领域的科学体系，并不会拘泥于仅学习某些专业知识，由此获得了更为成熟的认知；而工学专业的学生学习的知识更偏技术，更为具体细致，因此认知成熟度在这一过程中相对没有得到加强培养。但是，人文社科专业的学生更需观察现实、发现社会问题，理应也需要具有更高的认知成熟度，结果确是其得分最低。高校在培养人文社科专业的人才时需着重关注对于学生该方面的培养。

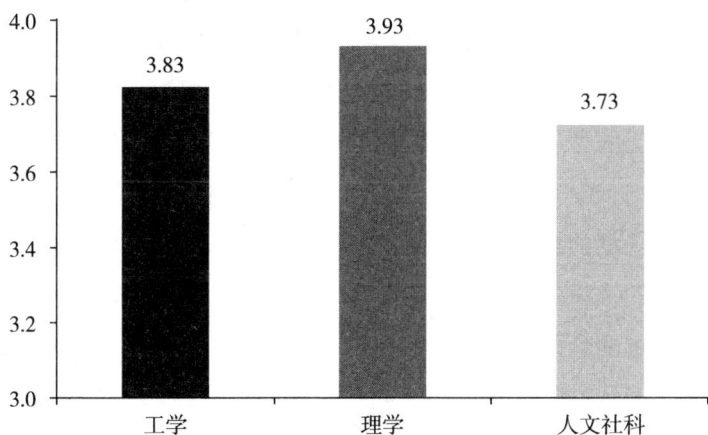

图10-2　不同专业背景认知成熟度的差异比较

（三）年级差异

图10-3所示为低年级、高年级本科生与研究生等不同年级学生之间关于

认知成熟度的水平对比，发现存在一定差异，且随着年级阶段的提升相对降低。其中，低年级本科生的认知成熟度最高，均值为3.99；高年级本科生次之，均值为3.80；研究生的认知成熟度得分相对最低，均值为3.71。

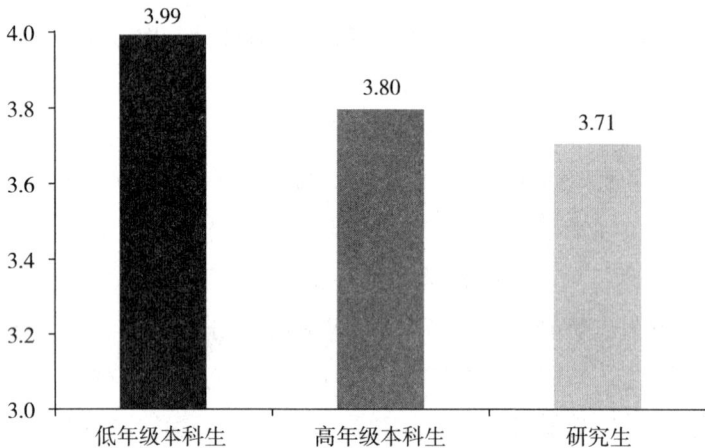

图10-3　不同年级认知成熟度的差异比较

值得注意的是，通常认为随着年龄的增长，个体的认知会由于愈发丰富的经历和不断积累的知识而自然地愈发成熟，然而本次调查所显示的结果却与固有认识相反，这可能是由于低年级本科阶段正是对于各类活动都热情高涨的时期，广泛的见识使得这一阶段的学生具有较高成熟度的认知。而随着年级阶段的升高，学生所关注的知识和活动都随着所学专业领域的愈发深入以及职业生涯规划的愈发清晰明确而逐步收窄，即所关注的知识深度逐步增加，而相对应的知识广度则可能由于专业性愈高而不再宽泛。直至研究生阶段，学生反而可能会由于钻研本专业的科学知识一隅，而造成对更广泛的知识领域关注度不足，从而由于不够全面的现实认识降低了自身的认知成熟度。这也说明，认知成熟度并不会随着时间的推移自然累积，而需要外部知识的不断吸收以助维持。认知成熟度和年龄并不存在很显著的相关性。

第二节　认知推理

认知推理是指个体能够依据自身现有知识体系，主动探索现有知识的新型整合方式，重构现有知识组合，并试图用现有知识解决新问题的积极认知倾向。

一、总体情况

表10-3所示为本次调研所得的大学生认知推理的总体情况。结果显示，在李克特5级量表中，大学生的认知推理均值为3.51，得分较高，但低于认知成熟度的得分均值。这说明当代大学生对于自身的解决问题能力、思维能力、表达能力等能力水平均较有信心。

表10-3　认识推理总体情况

变量及维度	均值	标准差
认知推理	3.51	0.66
5. 我思路开阔	3.69	0.88
6. 我很爱在学习中提问题	3.54	0.92
8. 我是解决问题的高手	3.15	0.94
12. 我乐于解决问题	3.59	0.91
14. 我能广泛运用所学知识	3.47	0.92
17. 我能清晰地阐述事情	3.64	0.91
19. 我能清晰、精确地表述问题	3.52	1.01

注：本次调研采用李克特5级量表（5-point Likert scale）。其中最大值为5，表示"非常同意"；最小值为1，表示"非常不同意"。

二、分组比较

观察总体情况之后，我们再将样本数据基于学校类型差异、专业背景差异以及年级差异细分，以进一步分析比较。

（一）学校类型差异

图10-4所示为重点院校、普通院校、独立及民办院校之间关于学生的认知推理水平对比，发现各类型院校之间差异显著，且分布与认知成熟度水平类似，但均低于认知成熟度水平。其中，重点院校学生的认知成熟度相对最高，均值为3.64；普通院校次之，均值为3.51；而独立及民办院校得分最低，均值为3.40。

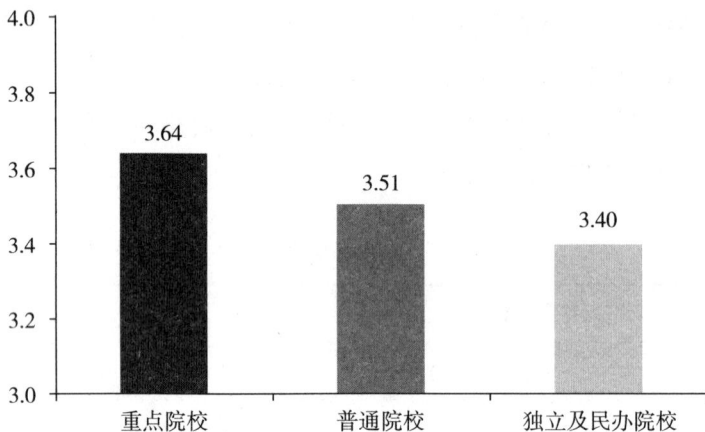

图 10-4　不同学校类型认知推理的差异比较

（二）专业类型差异

图10-5所示为工学、理学和人文社科等不同学科之间关于学生认知推理水平的对比，发现差异较大，且分布同样与认知成熟度水平类似，但均低于认知成熟度水平。其中，理学专业的学生认知推理得分最高，均值为3.65；工学专业的学生次之，均值为3.49；人文社科专业的学生得分相对最低，均值为3.38。与认知成熟度分布不同的是，理学专业的认知推理水平显著高于工学和人文社科专业的学生均值，而非认知成熟度显示的仅有一定差异。

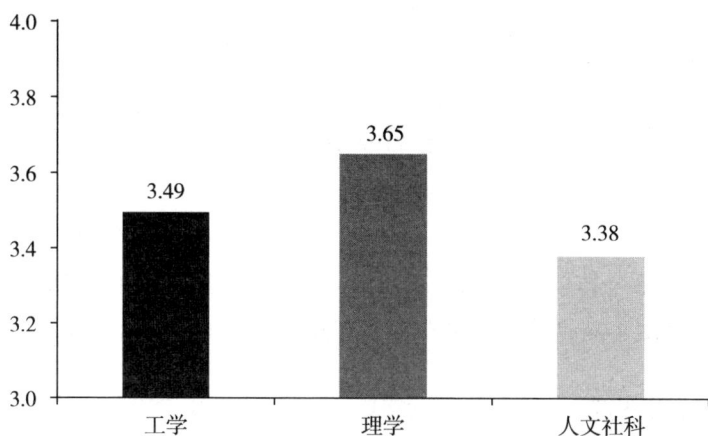

图 10-5　不同专业背景认知推理的差异比较

（三）年级差异

图 10-6 所示为低年级、高年级本科生与研究生等不同年级学生之间关于认知推理的水平对比，发现存在一定差异，且同认知成熟度分布类似，也随着年级阶段的提升相对降低，并同样均低于认知成熟度水平。其中，低年级本科生的认知推理水平最高，均值为 3.58；高年级本科生次之，均值为 3.50；研究生的认知推理得分相对最低，均值为 3.42。

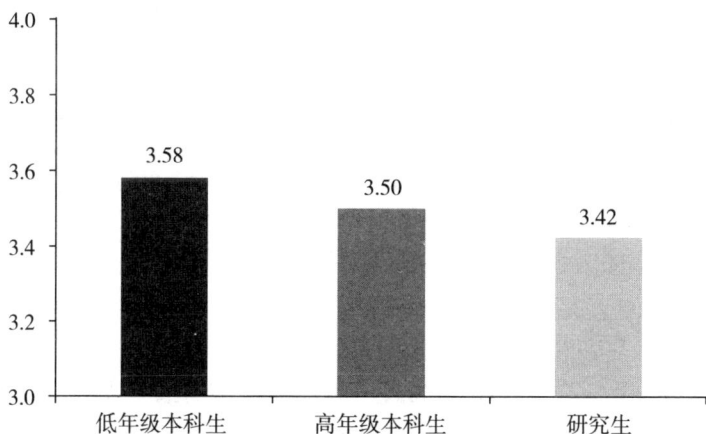

图 10-6　不同年级认知推理的差异比较

第三节　求知欲

求知欲是指个体以自身现有的知识体系为基础，并积极地吸收、获取外部新知识，试图不断延伸、拓展自身现有知识边界的积极认知倾向。

一、总体情况

表10-4所示为本次调研所得的大学生求知欲的总体情况。结果显示，在李克特5级量表中，大学生的求知欲均值为3.59，得分较高，与认知推理水平接近，不过也低于认知成熟度。这说明当代大学生对于真理的探寻和执着精神较强，且行动力较高，整体批判性思维倾向较为显著。

表10-4　求知欲总体情况

变量及维度	均值	标准差
求知欲	3.59	0.75
21. 即使过程不太舒服，我也要坚持找到真相	3.65	0.94
22. 不找到正确答案，我绝不罢休	3.73	0.92
23. 我会想各种办法找到正确答案	3.44	0.99
24. 我试图找到多种解决问题的方法	3.54	0.96

注：本次调研采用李克特5级量表（5-point Likert scale）。其中最大值为5，表示"非常同意"；最小值为1，表示"非常不同意"。

二、分组比较

观察总体情况之后，我们再将样本数据基于学校类型差异、专业背景差异以及年级差异细分，以进一步分析比较。

（一）学校类型差异

图10-7所示为重点院校、普通院校、独立及民办院校之间关于学生的

求知欲水平对比，发现各类型院校之间存在一定差异，且分布与认知成熟度和认知推理两个维度类似。其中，重点院校学生的求知欲相对最高，均值为3.68；普通院校次之，均值为3.60；独立及民办院校得分相对最低，均值为3.48。这显示在探索新知识和追求真理方面，仍然是重点院校的学生当前表现最好。

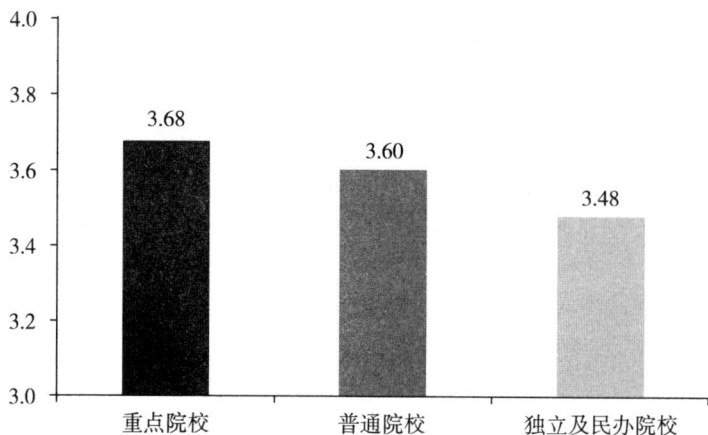

图 10-7　不同学校类型求知欲的差异比较

（二）专业类型差异

图10-8所示为工学、理学和人文社科等不同学科之间关于学生求知欲水

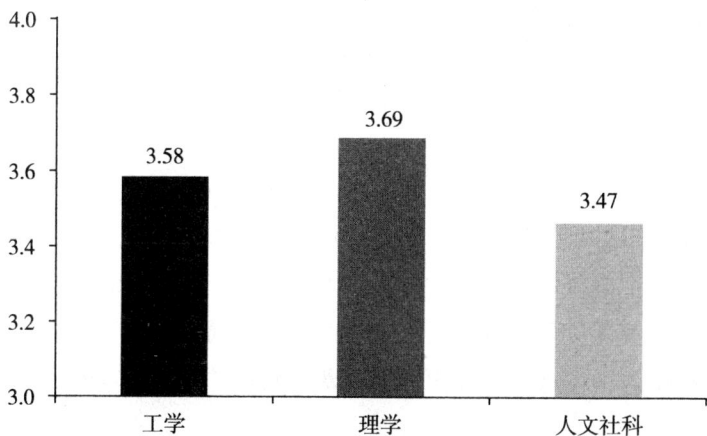

图 10-8　不同专业背景求知欲的差异比较

平的对比，发现存在一定差异，且同认知成熟度的分布类似，不同学科之间差异数值几乎均等。其中，理学专业的学生同样求知欲得分最高，均值为3.69；工学专业的学生次之，均值为3.58；人文社科专业的学生得分相对最低，均值为3.47。

（三）年级差异

图10-9所示为低年级、高年级本科生与研究生等不同年级学生之间关于求知欲的水平对比，发现存在一定差异。与认知成熟度和认知推理分布不同的是，求知欲得分并未随着年级阶段的提升而降低，而是呈现U型分布。其中相对得分最高的反而是研究生阶段的学生，均值为3.67；得分最低的阶段为高年级本科阶段，均值为3.56；低年级本科生的求知欲均值介于两者之间，均值为3.66，不过与研究生阶段的得分接近。

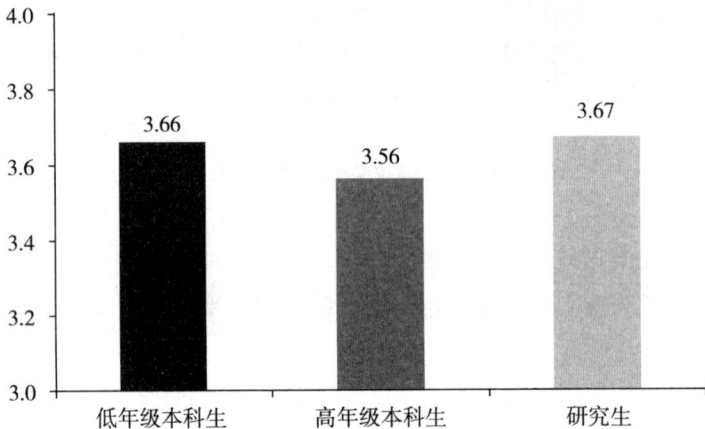

图10-9 不同年级求知欲的差异比较

上述分析表明，随着年级阶段的提升，学生可能会由于知识深度增长以及知识广度的相对收窄而降低认知成熟度和认知推理水平。然而也正是由于学生关注的知识愈发专业化和精细化，学生越对一个领域的知识深入钻研，便愈能够激发其求知欲，展开更为深入的探索；而高年级本科生囿于求知、升学的现实压力，在这一阶段更希望收集、接收广泛的社会信息，而非纯粹地追求理论知识。这同样说明，求知欲也并不会随着年龄的增长进行累积，而是与个体所处的学习、工作阶段有关。

第四节 本章小结

批判性思维倾向是拔尖创新人才的必备素质，是个体创新能力的重要组成部分。在信息日新月异、环境愈发复杂的当代全球化产业背景下，对于人才批判性思维倾向的加强培养，将造就实事求是、追求真理、努力奋进，且对目标坚定不移、不人云亦云的新时代科技人才。本章将批判性思维倾向划分为认知成熟度、认知推理与求知欲进行具体分析，以探讨当前我国大学生在认知的客观性、探索性以及主动性等方面的表现情况。结果显示，大学生在批判性思维倾向方面表现良好，但仍有提升空间。明代教育家陈献章曰："前辈谓学贵有疑，小疑则小进，大疑则大进。疑者，觉悟之机也。一番觉悟，一番长进。"全面提高人才自主培养质量，着力造就拔尖创新人才，需要高校进一步发力，转变教育理念、创新教育方法、提升教学水平，着力提高学生质疑、探索、求知的内生动力。

结合分类来看，在学校类型差异方面，重点院校、普通院校、独立及民办院校之间在认知成熟度、认知推理与求知欲三维度的批判性思维倾向方面分布类似，均为重点院校相对最高，独立及民办院校相对最低。这可能与各类型院校的教育资源分配不均、学生生源质量差异等高校与学生个体的内外部因素有关，因此需进一步优化各类型高校间的合理资源配置，推动教育朝公平、质优的方向前进。

在专业背景差异方面，工学、理学和人文社科等不同学科之间在认知成熟度、认知推理与求知欲三维度的批判性思维倾向方面的分布也大体相同，均为理学专业的学生均值最高，人文社科专业的学生均值最低。这可能与理学专业的基础研究与理论探索这一专业特征有关。理学专业侧重通过观察现象发现新知识、揭示客观事物的本质及运动规律，并抽象出能够广泛应用于各类不同学科的基本原理，因此不同于工科专业对于具体技术的学习和改进，理科专业更注重且能够培养学生的批判性思维倾向。然而，人文社科专业的学生更需观察现实、发现社会问题，理应也需要更高的批判性思维倾向，结果却并不尽如人意。这是高校在投入人文社科专业建设方面需要着重注意改进的培养方向。

在年级差异方面，低年级、高年级本科生与研究生等不同年级的学生之间在认知成熟度和认知推理两个维度的分布类似，均随着年级阶段的提升相对降低。这与我们的固有认识相反，即通常认为个体的认知会由于愈发丰富的经历和不断积累的知识而愈发成熟。这可能是由于随着年级的提升，学生所学知识领域的专业性不断加深，因而相对收窄了自身知识体系的广度。这表明高校在拔尖创新人才培养的过程中，需注重不断维护甚至加强学生的认知成熟度和认知推理水平，毕竟其并不具备随着年龄增长的累积性。而在求知欲方面与前两者的分布不同，以年级阶段观察，呈现 U 型分布，且相对得分最高的是研究生阶段。这可能正是学生关注的知识愈发专业化和精细化，因此越能激发学生在某一知识领域深入钻研的求知精神。不过这也同样说明，求知欲与个体所处的学习、工作阶段有关，并不具备年龄的累积性。

第十一章

个体创新行为

创新，归根究底是人的创造性实践活动。个体通过对现有知识、资源等重构与再造，形成新想法、设计新方案、创造新事物或运用新方法。大学生是最具创新潜力的群体之一，是国家创新人才的后备军。那么，作为创新人才培养的摇篮，高校更需要适应新时代下国家创新发展的新要求，紧密围绕立德树人根本任务，全面贯彻党的教育方针，进一步加强对学生创新行为的鼓励、支持和促进，以提升学生的创新意识和创新行动力为核心，培养出能够服务于国家创新驱动发展战略的新时代高质量拔尖创新人才。

个体创新行为（Individual Innovative Behavior）是指将有益的新想法、新知识、新观点运用于学习和现实生活中的所有个人行动和行为[①]。创新行为存在于个体、团队、组织等不同层面，而其中个体创新行为是其他层面创新的根本来源[②]。个体创新行为不仅是指创新构想的产生，还包含创新内容、创新的推广以及发展出执行方案。当前研究已从不同视角探讨了影响个体创新行为产生的内外部因素，包括个体的抽象思维能力、认知能力、积极情感、创造性人格等个体内部因素，以及个体身处的团队或组织的领导者支持行为、成员间关系、组织文化、时间压力、任务的挑战性与复杂性等外部因素。

关于个体创新行为的测量，当前研究有单维度与多维度等不同的测量方式。单维度测量方面，当前较受认可的量表来自斯科特（Scott）和布鲁斯（Bruce）的研究[③]。研究者认为，个体创新行为从识别问题开始，进一步产生

---

① 梅红, 任之光, 冯国娟. 创新支持是否改变了在校大学生的创新行为 [J]. 复旦教育论坛, 2015, 13(06):26—32.

② WU C H, PARKER S K, JONG J P J D. Need for cognition as an antecedent of individual innovation behavior[J]. *Journal of Management*, 2014, 40(06): 1511–1534.

③ SCOTT S G, BRUCE R A. Determinants of innovative behavior: A path model of individual innovation in the workplace[J]. *Academy of Management Journal*, 1994, 37(03):580–607.

创新构想或解决方案，并为创新想法寻找支持，最后将创新想法"产品化"及"制度化"。具体而言，这一过程可以概括为三个阶段：问题的确立以及构想或解决方式的产生；寻求对其构想的支持；由此产生创新的标准或模式，使其可被扩散和使用，完成并实现创新的构想。这三个阶段构成个体创新行为的基本过程。在此基础上，有学者进一步拓展有关个体创新行为的量表测量，其中应用较多的为克勒森（Kleysen）和斯惴特（Street）于2001年编制的大学生个体创新行为五维度量表[①]，分别包含创新机会识别、创新想法产生、创新想法评估、创新想法推进以及创新想法应用五个维度。其中，创新机会识别是指个体对于创新机会的广泛探寻，包括捕获相关信息、关注现有问题；创新想法产生是指个体产生能够改善现状或进一步发展现状的新颖想法；创新想法评估是指个体针对创新想法所产生对应的执行方案、解决方法或意见，并进行实际调研、试验，以评估其可行性的行动；创新想法推进是指个体能够调动已有资源并联合他人促使创新方案正式实施的行动；创新想法应用是指个体致力于使创新想法被广泛应用的行为，包含对于创新方案的实施、修改以及常规化推广。

　　基于此，本章借鉴斯科特和布鲁斯的单维度量表，以及克勒森和斯惴特的五维度量表，并结合当前我国高等教育的现实情境进行适度改编，形成如表11-1所示的个体创新行为量表，分别测量我国大学生的个体创新行为现状。

表11-1　个体创新行为量表

维度划分	题号	题　目
单维度		
—	1	学习中我会尝试运用新的技巧或方法
—	2	我会产生一些创新主意或想法
—	3	我会与他人沟通自己的想法并力争获得支持

① KLEYSEN R F, Street C T. Toward a multi - dimensional measure of individual innovative behavior[J]. *Journal of Intellectual Capital*, 2001, 2(03):284-296.

维度划分	题号	题 目
—	4	我会争取所需资源实现自己的新想法
—	5	我会制定计划落实新想法
—	6	我具备创新意识
五维度		
创新机会识别	7	我会寻找机会改善现有的学习方式、方法
创新机会识别	8	我会关注学习、生活中不常出现的问题
创新想法产生	9	我会产生解决问题的新想法或方案
创新想法产生	10	为了更深入地了解问题，我会多角度分析
创新想法评估	11	我会反思新想法或方案，以解决之前未被解决的问题
创新想法评估	12	我会评估新想法的优缺点
创新想法推进	13	我会尝试说服他人了解新想法或方案的重要性
创新想法推进	14	我会推进新想法，使其有机会被实施
创新想法推进	15	我会冒险支持新想法
创新想法应用	16	我会尝试可能对学习有益的改变
创新想法应用	17	我会在运用新想法的过程中找出其缺点
创新想法应用	18	我会尝试将新方法运用到日常学习和生活中

第一节　个体创新行为的单维度测量

一、总体情况

表11-2所示为本次调研所得的大学生单维个体创新行为的总体情况。结果显示，在李克特5级量表中，大学生的个体创新行为均值为3.62，得分较高。这说明当代大学生具备较为积极的创新意识与行动，并会主动地锻炼、

应用自身的创新能力。

表11-2　大学生个体创新行为总体情况

变　量	均值	标准差
个体创新行为	3.62	0.67
1.学习中我会尝试运用新的技巧或方法	3.64	0.91
2.我会产生一些创新主意或想法	3.67	0.91
3.我会与他人沟通自己的想法并力争获得支持	3.69	0.92
4.我会争取所需资源实现自己的新想法	3.60	0.92
5.我会制定计划落实新想法	3.56	0.96
6.我具备创新意识	3.55	0.92

　　注：本次调研采用李克特5级量表（5-point Likert scale）。其中最大值为5，表示"非常同意"；最小值为1，表示"非常不同意"。

二、分组比较

　　观察总体情况之后，我们再将样本数据基于学校类型差异、专业背景差异以及年级差异细分，以进一步分析比较。

　　（一）学校类型差异

　　图11-1所示为重点院校、普通院校、独立及民办院校之间关于学生的个体创新行为水平对比，发现各类型院校之间差异显著。其中，重点院校学生的个体创新行为水平相对最高，均值为3.72；普通院校次之，均值为3.62；独立及民办院校学生个体创新行为相对最低，均值为3.52。这可能仍然是由于重点院校的教育资源较为集聚、学生生源质量相对较高造成。不同类型的院校设立着不同类型人才的培养目标，而科研人才、技术人才等不同类型的人才均需要具备良好的创新能力，才能发挥其应有的社会建设作用。科研人才探索发现、提出新理论，技术人才改进技术、发明创造。因此，要充分释放人才的创造活力，则需要针对不同类型人才的特点，为各类型高校进一步有效对接合理的资源配置，因材施教，确保创新人才大量涌现。

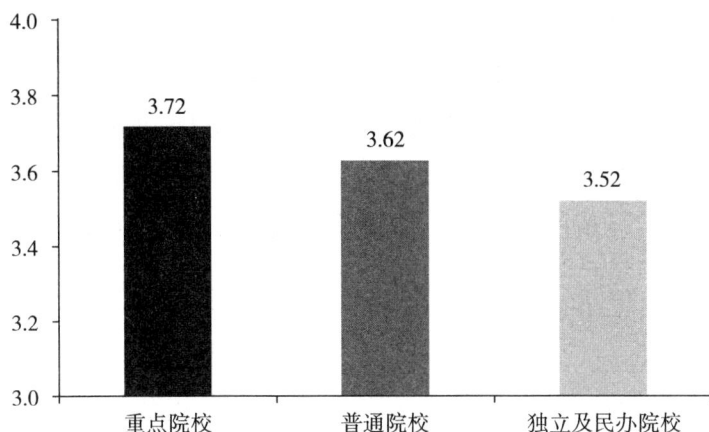

图 11-1 不同学校类型学生个体创新行为的差异比较

（二）专业类型差异

图 11-2 所示为工学、理学和人文社科等不同学科之间关于学生个体创新行为水平的对比，发现存在一定差异。其中，理学专业的学生的个体创新行为得分最高，均值为 3.69；工学专业的学生次之，均值为 3.61，接近理学专业学生的水平；人文社科专业的学生得分相对最低，均值为 3.54。这可能同样是由于理学的理论学科性质。与不同类型高校的学生创新行为建议相同，不同学科专业的人才同样均需要良好的创新能力，且具有主动创新的意识和行动。知识需要不断创新才能够延续、发展。因此高校需要进一步结合不同学科的特点，有针对性地培养不同专业领域的创新人才。

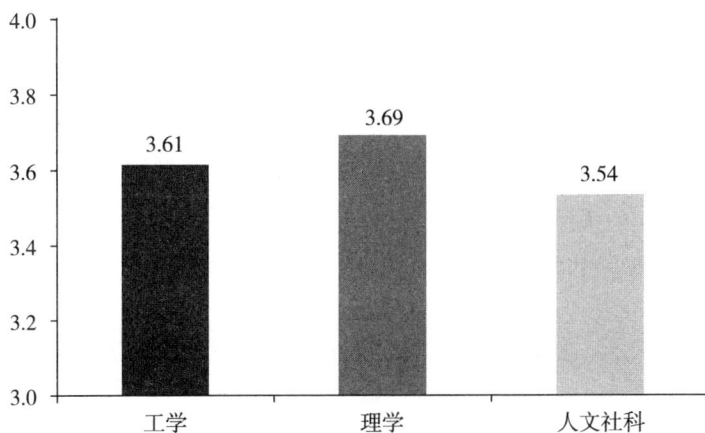

图 11-2 不同学科背景学生个体创新行为的差异比较

（三）年级差异

图11-3所示为低年级、高年级本科生与研究生等不同年级学生之间关于个体创新行为的水平对比，发现差异不大，但会随着年级阶段的提升而略有降低。其中，低年级本科生的创新行为水平相对最高，均值为3.67；高年级本科生次之，均值为3.61；研究生的个体创新行为水平相对最低，均值为3.56。

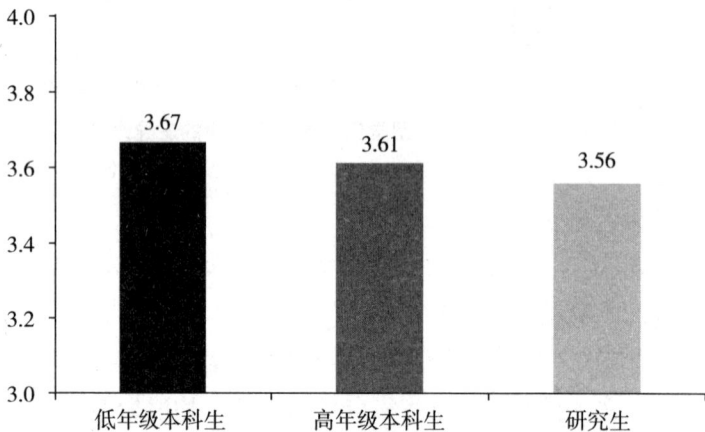

图 11-3　不同年级学生个体创新行为的差异比较

这显示随着年级阶段的升高，学生的创新意识与行动力反而在逐步降低。这可能与低年级学生的年龄所反映出的思维活跃优势、社会活动参与广泛、就业或家庭的现实压力较小等原因相关。然而，人才成长于校园，最终却需要在完成学习阶段后走上社会参与建设。换言之，年级阶段越高，学生越贴近社会现实、直接参与社会贡献，而现实是年级阶段越高的学生创新意识和行动力反而下降，如此无法有效培养出能够适应创新型国家建设需要的高水平拔尖创新人才。因此，高校需要进一步重点关注高年级学生的创新行为，给予多种鼓励和支持措施促进学生将创新想法落地实践。

第二节 个体创新行为的五维度测量

一、总体情况

表11-3所示为本次调研所得的大学生的五维度个体创新行为的总体情况。结果显示，在李克特5级量表中，大学生的个体创新行为总体均值为3.63，得分较高，与单维度个体创新行为均值接近。观察每一维度的个体创新行为情况，其中个体识别创新机会维度的均值为3.55，创新想法产生维度的均值为3.64，创新想法评估维度的均值为3.63，创新想法推进维度的均值为3.56，创新想法应用维度的均值为3.72。由此可见，大学生创新想法应用维度的得分最高，机会识别维度的得分最低。这说明当代大学生在创新方面具备一定的行动力，且能够举一反三地改进方法并应用于日常。而相对地，大学生在问题发掘方面的能力仍有待加强。

表11-3 五维度个体创新行为总体情况

变量及维度	均值	标准差
个体创新行为	3.63	0.629
创新机会识别	3.55	0.806
1. 我会寻找机会改善现有的学习方式、方法	3.59	0.970
2. 我会关注学习、生活中不常出现的问题	3.53	0.894
创新想法产生	3.64	0.790
3. 我会产生解决问题的新想法或方案	3.63	0.912
4. 为了更深入地了解问题，我会多角度分析	3.65	0.907
创新想法评估	3.63	0.766

续　表

变量及维度	均值	标准差
5. 我会反思新想法或方案，以解决之前未被解决的问题	3.58	0.897
6. 我会评估新想法的优缺点	3.68	0.897
创新想法推进	3.56	0.735
7. 我会尝试说服他人了解新想法或方案的重要性	3.61	0.930
8. 我会推进新想法，使其有机会被实施	3.61	0.926
9. 我会冒险支持新想法	3.46	0.973
创新想法应用	3.72	0.764
10. 我会尝试可能对学习有益的改变	3.85	0.906
11. 我会在运用新想法的过程中找出其缺点	3.71	0.912
12. 我会尝试将新方法运用到日常学习和生活中	3.62	0.995

注：本次调研采用李克特5级量表（5-point Likert scale）。其中最大值为5，表示"非常同意"；最小值为1，表示"非常不同意"。

二、分组比较

观察总体情况之后，我们再将样本数据基于学校类型差异、专业背景差异以及年级差异细分，以进一步分析比较各创新行为维度的具体情况。

（一）创新机会识别

创新机会识别维度反映大学生的问题发掘能力，即能够对当前现象的不足进行质疑，或意识到当前方法的低效等现实缺陷，发掘、凝练其中的问题并勇于提出新问题。

1. 学校类型差异

图11-4所示为重点院校、普通院校、独立及民办院校之间关于学生创新机会识别的水平对比，发现各类型院校之间差异显著。其中，重点院校学生的识别创新机会的水平相对最高，均值为3.68；普通院校次之，均值为3.60，

接近重点院校的水平；而独立及民办院校得分最低，均值为 3.36。

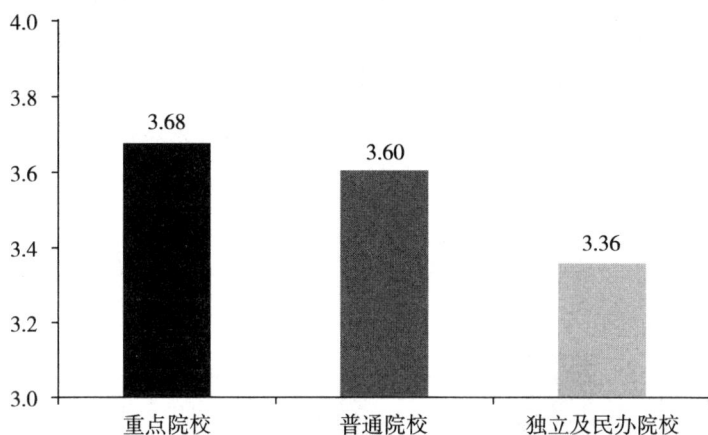

图 11-4 不同学校类型学生识别创新机会维度的差异比较

2. 专业类型差异

图 11-5 所示为工学、理学和人文社科等不同学科之间关于学生的创新机会识别的水平对比，发现差异显著。其中，理学专业的学生的创新机会识别得分最高，均值为 3.67；工学专业的学生次之，均值 3.57；人文社科专业的学生创新机会识别得分相对最低，均值为 3.37。

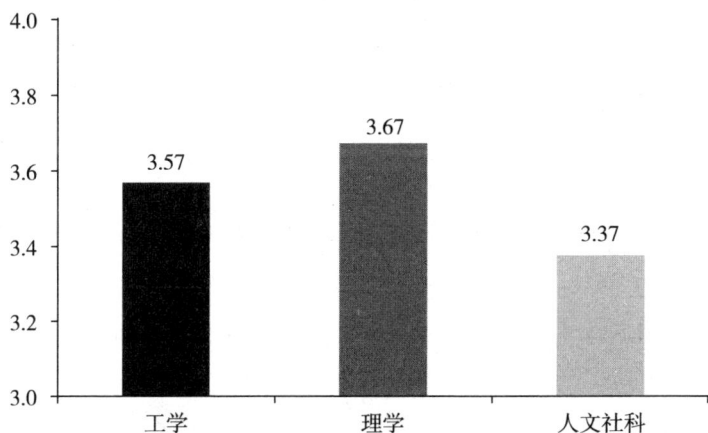

图 11-5 不同学科背景学生识别创新机会的差异比较

3.年级差异

图11-6所示为低年级、高年级本科生与研究生等不同年级学生之间关于创新机会识别的水平对比，发现差异较大，且得分随着年级阶段的提升而降低。其中，低年级本科生的创新机会识别得分最高，均值为3.64；高年级本科生次之，均值为3.54；研究生的创新机会识别得分相对最低，均值为3.46。

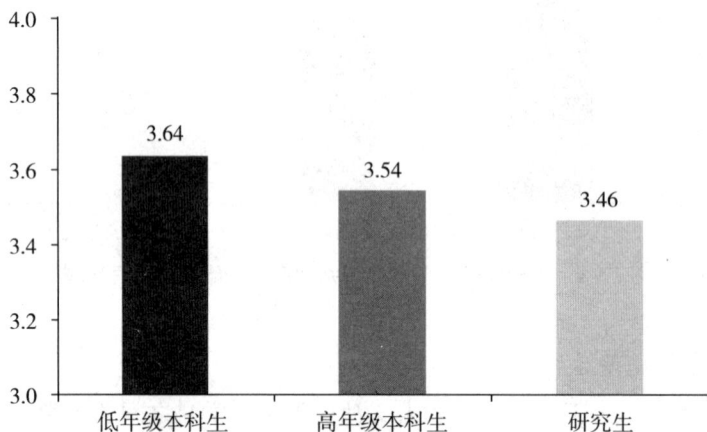

图11-6 不同年级学生识别创新机会的差异比较

（二）创新想法产生

创新想法产生维度反映大学生依据现有知识、资源和情境等多方面信息，分析问题并提出可行解决方案的能力。这是问题解决不可或缺的初始方案设计锚点，同时也代表着个体的思维活跃程度以及灵活运用所拥有知识、信息的能力。

1.学校类型差异

图11-7所示为重点院校、普通院校、独立及民办院校之间关于学生创新想法产生的水平对比，发现各类型院校之间差异显著。其中，重点院校学生的创新想法产生得分最高，均值为3.84；普通院校次之，均值为3.61；独立及民办院校学生的创新想法产生得分相对最低，均值为3.51。

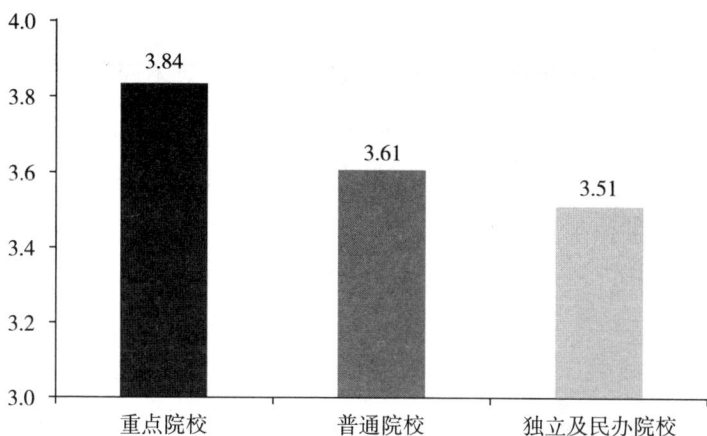

图 11-7 不同学校类型学生创新想法产生维度的差异比较

2. 专业类型差异

图 11-8 所示为工学、理学和人文社科等不同学科之间关于学生的创新想法产生水平对比，发现差异显著。其中，理学专业学生的创新想法产生得分显著最高，均值为 3.82；工学专业的学生次之，均值为 3.60；人文社科专业学生的创新想法产生得分相对最低，且接近工学专业学生的得分，均值为 3.56。

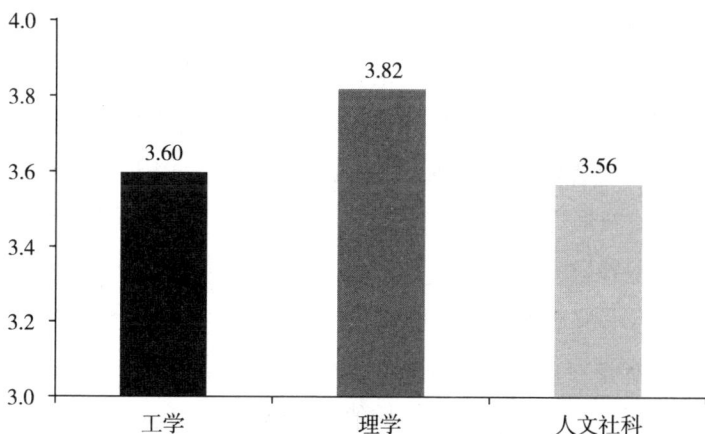

图 11-8 不同学科背景学生创新想法产生的差异比较

3. 年级差异

图11-9所示为低年级、高年级本科生与研究生等不同年级学生之间关于创新想法产生的水平对比，发现差异较大。其中，低年级本科生的创新想法产生得分显著高于其他阶段，均值为3.79；研究生阶段次之，均值为3.62；高年级本科生的创新想法产生得分相对最低，均值为3.60，与研究生阶段的得分接近。

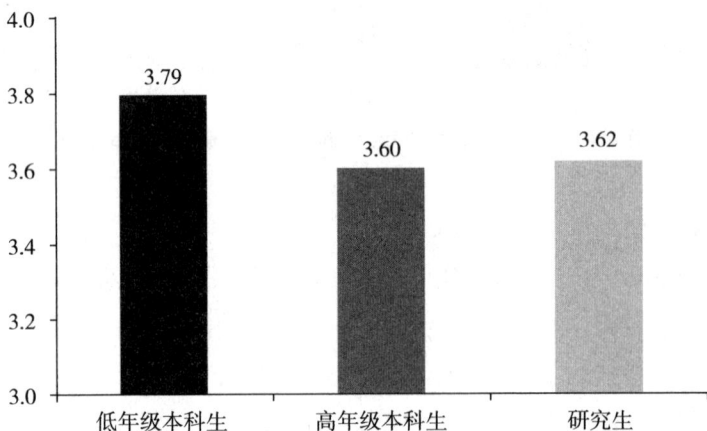

图11-9 不同年级学生创新想法产生的差异比较

（三）创新想法评估

创新想法评估维度反映大学生结合现实情境与产生问题，对于所设计解决方案的客观审视能力，以分析考察所产生方案的可操作性、科学性、收益与成本等在实施过程中可能出现的关联问题。创新想法评估水平高，代表学生经过充分的实践锻炼具有实施经验，且具备严谨、全面、细致等优秀品质。

1. 学校类型差异

图11-10所示为重点院校、普通院校、独立及民办院校之间关于学生的创新想法评估水平对比，发现各类型院校之间差异显著。其中，重点院校学生的创新想法评估得分显著最高，均值为3.85；普通院校次之，均值为3.59；独立及民办院校学生的创新想法评估得分相对最低，均值为3.49。

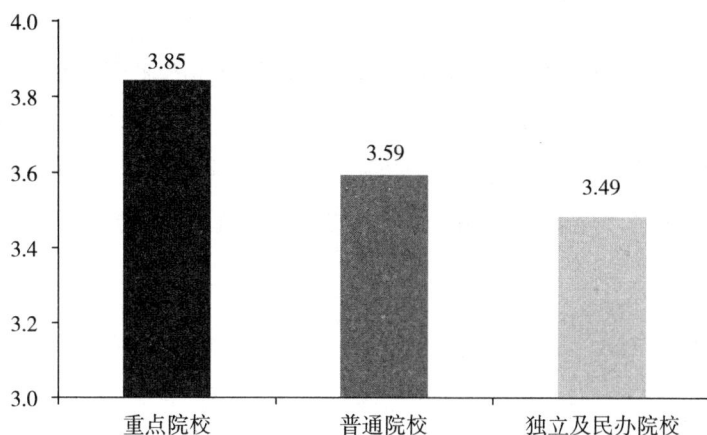

图 11-10 不同学校类型学生创新想法评估的差异比较

2. 专业类型差异

图 11-11 所示为工学、理学和人文社科等不同学科之间关于学生的创新想法评估水平对比，发现差异显著。其中，理学专业的学生创新想法评估得分最高，均值为 3.78；人文社科专业次之，均值为 3.63；工学专业的学生创新想法评估得分相对最低，不过接近人文社科专业的学生得分，均值为 3.58。

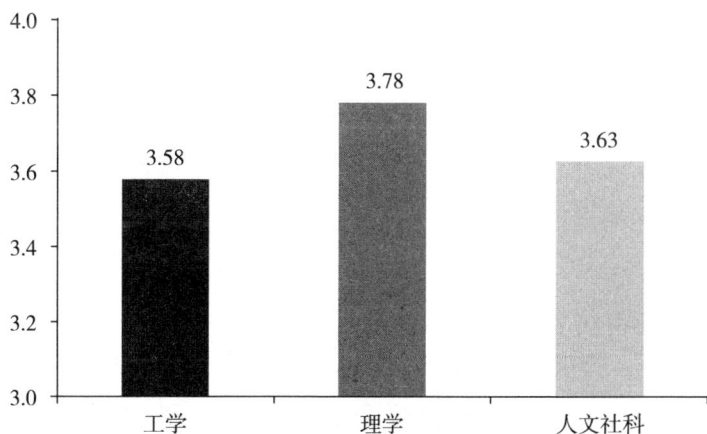

图 11-11 不同学科背景学生创新想法评估的差异比较

3. 年级差异

图11-12所示为低年级、高年级本科生与研究生等不同年级学生之间关于创新想法评估的水平对比，发现差异显著，且得分随着年级阶段的提升而降低。其中，低年级本科生的创新想法评估得分显著最高，均值为3.77；高年级本科生次之，均值为3.60；研究生的创新想法评估得分相对最低，均值为3.54。

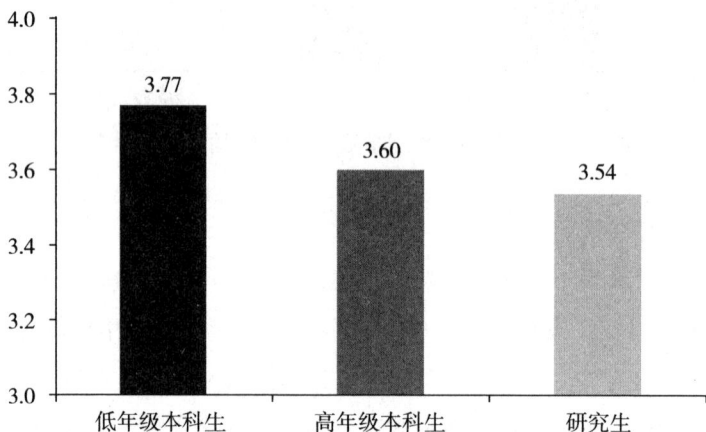

图11-12　不同年级学生创新想法评估的差异比较

（四）创新想法推进

创新想法推进维度反映着大学生对于推进所设计创新方案的实施所展现出执行力，包括通过分析既定方案的科学可行性、在执行过程中解决各类实际关联问题的沟通及处理问题能力，以及勇于挑战、不屈服于习惯方法的拼搏精神。

1. 学校类型差异

图11-13所示为重点院校、普通院校、独立及民办院校之间关于学生创新想法推进的水平对比，发现各类型院校之间差异显著。其中，重点院校学生的创新想法推进得分最高，均值为3.62；普通院校次之，均值为3.58，接近重点院校的学生水平；独立及民办院校学生的创新想法推进得分相对最低，均值为3.46。

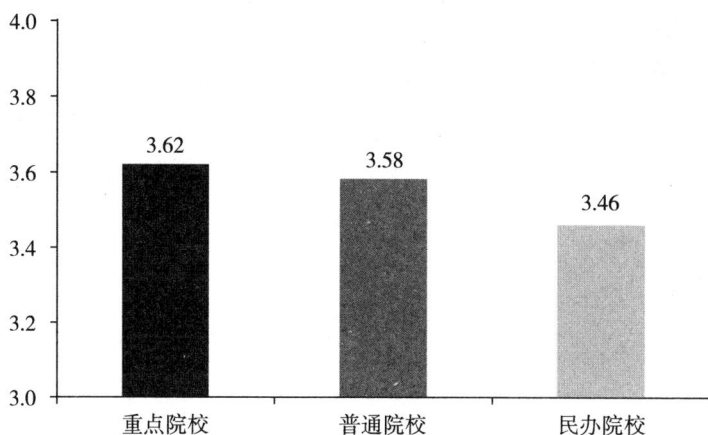

图 11-13 不同学校类型学生创新想法推进维度的差异比较

2. 专业类型差异

图 11-14 所示为工学、理学和人文社科等不同学科之间关于学生的创新想法推进水平对比,发现差异显著。其中,理学专业的学生创新想法推进得分最高,均值为 3.62;工学专业的学生次之,均值为 3.56;人文社科专业的学生创新想法评估得分相对最低,均值为 3.47。

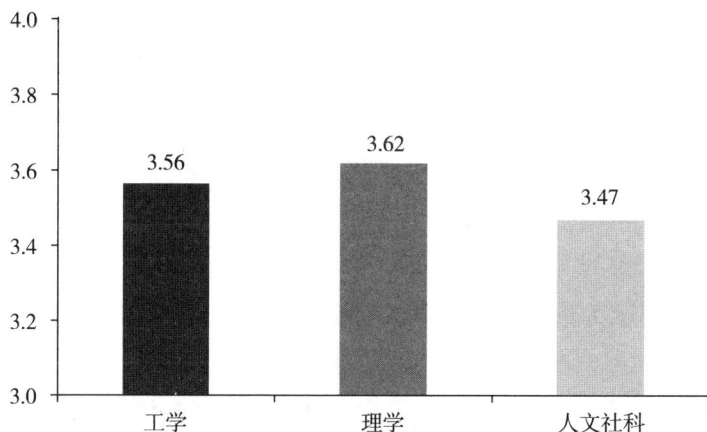

图 11-14 不同学科背景学生创新想法推进的差异比较

3.年级差异

图11-15所示为低年级、高年级本科生与研究生等不同年级学生之间关于创新想法推进的水平对比，发现差异显著，且得分随着年级阶段的变化而呈现倒 U 型分布。其中，高年级本科生的创新想法推进得分相对最高，均值为3.57；低年级本科生次之，均值为3.56，与高年级本科生的得分非常接近；研究生的创新想法推进得分最低，均值为3.42。

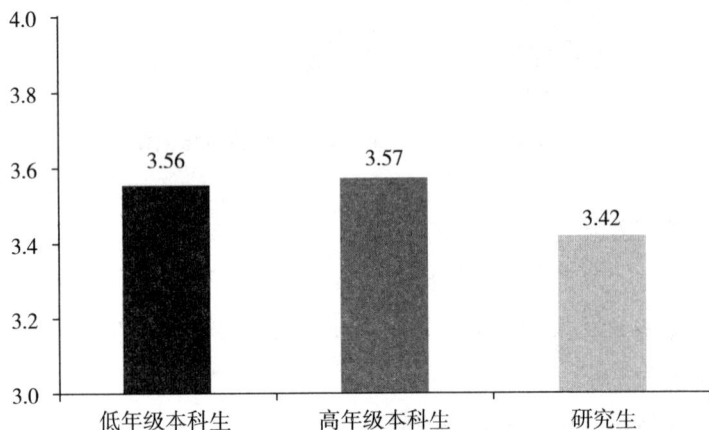

图 11-15　不同年级学生创新想法推进的差异比较

（五）创新想法应用

创新想法应用维度反映大学生对于创新想法与方案的最终实施及改进能力，即能够有意识地改进当前应用方案、方法的不足之处，努力改进并继续寻找其中的缺陷问题，不断精进的精益求精精神。

1.学校类型差异

图11-16所示为重点院校、普通院校、独立及民办院校之间关于学生创新想法应用的水平对比，发现各类型院校之间差异显著。其中，重点院校学生的创新想法应用得分显著最高，均值为3.95；普通院校次之，均值为3.71；独立及民办院校学生的创新想法应用得分最低，均值为3.52。

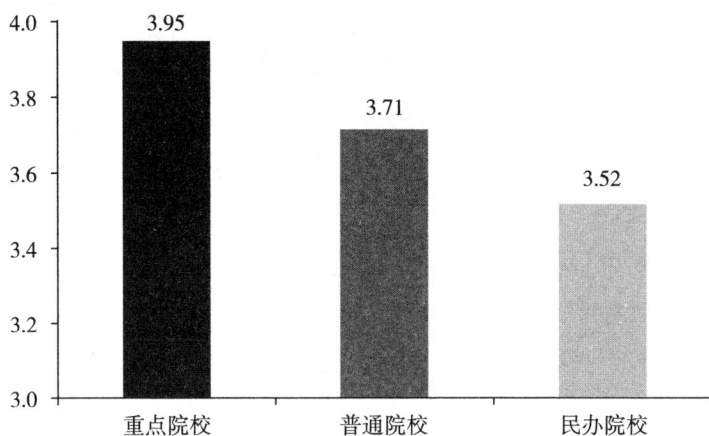

图 11-16　不同学校类型学生创新想法应用的差异比较

2. 专业类型差异

图 11-17 所示为工学、理学和人文社科等不同学科之间关于学生的创新想法推进水平对比，发现差异显著。其中，理学专业的学生创新想法应用得分显著最高，均值为 3.85；人文社科专业次之，均值为 3.70；工学专业的学生创新想法应用得分相对最低，均值为 3.68。

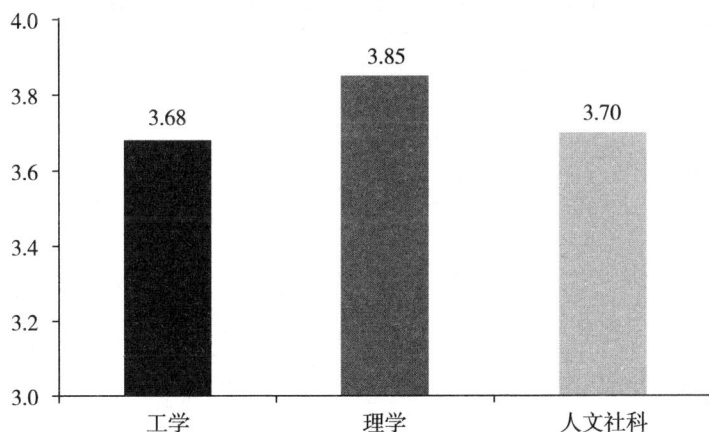

图 11-17　不同学科背景学生创新想法推进的差异比较

3.年级差异

图11-18所示为低年级、高年级本科生与研究生等不同年级学生之间关于创新想法应用的水平对比，发现差异非常显著，且得分随着年级阶段的提升而降低。其中，低年级本科生的创新想法应用得分显著最高，均值为3.92；高年级本科生次之，均值为3.68，显著低于低年级本科生的水平；研究生的创新想法应用得分最低，均值为3.53，与高年级本科生之间的水平差异没有低年级本科生与高年级本科生之间水平的差异大。

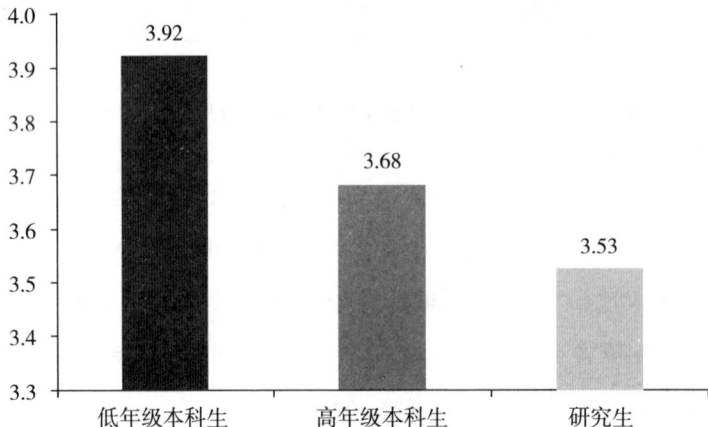

图 11-18 不同年级学生创新想法应用的差异比较

第三节　本章小结

高校创新培育的价值在于以创新促进当代大学生的全面发展，提升拔尖创新人才的培养成效，造就符合新时代发展要求的高质量人才，为国家深入实施创新驱动发展战略提供重要的人才支撑。激励当代大学生更多且更高效、丰富地产生创新想法并付诸行动，大学生的创新能力才能在实践中发展，实现理论创新与实践能力的同步提升，在一体化的创新教育体系中全面提升综合素质，成为德智体美劳全面发展的社会主义建设者和接班人。从调研结果来看，当前我国大学生的个体创新行为水平处于中等偏上程度，且单维度和五维度的测量结果较为一致，表明当前大学生具备较为积极的创新意识与创新行动力。

结合分类来看，在学校类型差异方面，重点院校、普通院校、独立及民办院校之间学生的个体创新行为水平差异显著。其中，重点院校学生在创新机会识别以及创新想法的产生、评估、推进、应用等方面的表现均最为突出。在下一步的拔尖创新人才培养方案改进中，我们应借鉴重点院校的人才培养方面的先进经验，同时注意各类型院校之间在人才培养方面的资源、生源等差距，基于不同类型院校的办学目标差异，有针对性地合理配置资源。

在专业背景差异方面，工学、理学和人文社科等不同学科之间学生的个体创新行为水平差异显著。其中，理学专业的学生在五个创新行为维度上表现最佳；工学专业的学生在创新行为的前期（创新机会识别、创新想法产生、创新想法推进方面）表现仅次于理学专业的学生，而在创新行为的后期（创新想法评估与应用方面）表现最差；人文社科专业的学生表现与理学生相反。然而，各学科类型的人才培养均需要学生发展优越的创新能力。当前调研结果表明，工学和人文社科专业在学生创新意识与创新行动力的培养方面需重点加强。

在年级差异方面，低年级、高年级本科生与研究生等不同年级学生的个体创新行为水平差异显著，且除创新想法产生方面的学生水平分布为 U 型、创新想法推进方面的学生水平分布为倒 U 型之外，其余创新行为维度水平均随着学生年级阶段的不断升高而相对降低。并且，除创新想法推进维度外，低年级本科生在其他个体创新行为维度中均表现最佳；而高年级本科生在创新想法推进这一维度上表现最佳，在创新想法产生这一维度上表现最差；研究生在各年级阶段的个体创新行为表现中相对最差，除创新想法产生这一维度上居于中间水平之外，其余维度均处于各年级阶段的相对最低水平。年级阶段越高的个体，越接近学校的培养终点，是将要投入社会建设的预备军，理应具有更高的创新能力，然而现实并非如此。因而高校在推进拔尖创新人才的培养过程中，需明确创新能力不具有随年级阶段累积的特性，从而进一步关注并重视高年级至研究生的创新意识与创新行动力提升。

第十二章

社会责任领导力

随着全球经济、科技、文化和综合国力竞争的日趋激烈，对于拔尖创新人才的培养需进一步思考其顶层设计，指引人才从全社会共同进步的视角出发，以服务于经济社会建设的全局发展为宗旨，具备带领整个行业、领域乃至国家在未来全球对话中发挥积极引领作用、构建美好社会的强烈意愿。这表明，新时代拔尖创新人才的培养不仅仅需要培养人才掌握经济社会建设所需要的具体知识与技术，更需要培养人才肩负时代使命，具备建设更美好家园的担当和责任感。2017年国务院印发《中长期青年发展规划（2016—2025年）》，要求在学校教育全过程中注重增强学生社会责任感、法治与创新意识。2022年党的二十大报告进一步强调要深入实施人才强国战略，"培养造就大批德才兼备的高素质人才，引导广大人才爱党报国、敬业奉献、服务人民"。当前国内重点高校陆续将大学生家国情怀、社会责任的培养纳入人才方案，如2015年清华大学成立苏世民学院项目，通过搭建国际课程、平台，培养具有宽广国际视野、过硬综合素质和卓越领导能力的未来领袖。新时代拔尖创新人才的培养，应突出新时代高等教育"立德树人"的目标要求，"培养能担当民族复兴大任，有理想、有担当、有作为的时代新人"。

社会责任领导力（Socially Responsible Leadership）是有目的的、合作取向的、以价值为基础的过程，这一过程以积极的社会变革为目的，从自我认知、言行一致、承诺、共同目标、以礼相争、协同合作、公民责任、变革八个方面实现提升。这一概念来自亚力山大（Alexander）和海伦·阿斯廷（Helen Astin）提出的社会变革型领导理论（Social Change Model of Leadership Development，SCM），（如图12-1所示）以此来解释社会责任领导力的发展、构建及形成过程。区别于广泛的"领导力"概念，"社会责任领导力"以社会责任作为价值核心，更突出为了社会变革和"共善"目标，体现大学生作为社会公民应当具备的责任担当。而领导力的概念较为广泛，主要从自我认知、品行修养、创新能力、沟通能力等方面体现，侧重于强调个体的影响力及实现某个具体目标所应具备的特质和能力。在如何进一步提升大学生社会责任领导力的研究方面，当前有学者发现，性别、种族、进入大学前的经验、大学时期的经历、师生关系等因素能够显著地影响大学生的社会责任领导力①。这些研究对于探索中国情境下大学生社会责任领导力的构成及发展现状具有重要的借鉴意义。

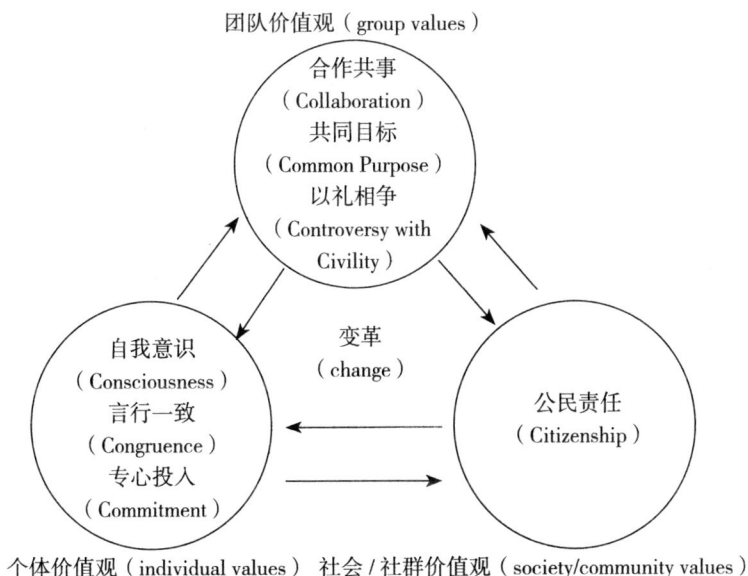

图 12-1　领导力发展的社会变革模型

基于当前研究，本章依据社会变革型领导理论，借鉴美国国家通识教育调查（Wabash National Study of Liberal Arts Education）中的社会责任领导力

① DUGAN J P, KOMIVES S R. Developing Leadership Capacity In College Students: Findings From a National Study[J]. *College Park*, 2007, 4(01):80‐96.

量表（Socially Responsible Leadership Scale, SRLS-R2）[①]，并结合当前我国高等教育的现实情境进行适度改编，形成如表12-1所示的大学生社会责任领导力量表。具体而言，本章首先将大学生社会责任领导力划分为核心维度、个人层面维度、组织层面维度以及社区层面维度，全方位测量大学生的社会责任领导力现状。其次，再进一步细分为八个维度，其中核心维度包括对变革（Change）的认知，个人层面包括自我意识（Consciousness of Self）、言行一致（Congruence）、承诺（Commitment），组织层面包括协同合作（Collaboration）、共同目标（Common Purpose）、以礼相争（Controversy with Civility），社区层面包括公民责任（Citizenship）。为在一定程度上避免题项内容的偏向性和指向性，本章将各维度的题目进行了混编。

表12-1 社会责任领导力量表

维度划分	题号	题　目
以礼相争	1	我很乐于接受他人意见
以礼相争	2	创造力可以来自冲突或碰撞
以礼相争	3	我重视他人的不同观点
自我意识	4	我能清晰表达自己的观点
以礼相争	5	听取不同意见能拓展我的思路
自我意识	6	我不太自信
以礼相争	7	当团队成员的意见和我不同时，我会据理力争
创新变革	8	转变令我不适
自我意识	9	我通常挺自信
协同合作	10	在别人看来我是个好合作的人
以礼相争	11	不同的观点可以产生出最佳答案
创新变革	12	我能轻松地转换到新视角看待问题
言行一致	13	我的言行与信念一致
共同目标	14	我致力于团队目标的实现

---

① BUSCHLEN E. Can College Students Learn to Lead? An Examination of a Collegiate Leadership Course Using the Social Change Model of Leadership[D]. Mount Pleasant: Central Michigan University,2009:183-184.

维度划分	题号	题　目
共同目标	15	团队中，制定共同方向、使事情顺利推进是十分重要
以礼相争	16	我尊重别人的意见而不是独断专行
创新变革	17	变革能给组织带来新生
自我意识	18	我会优先做感兴趣的事情
共同目标	19	我会为团队的目标而努力
创新变革	20	新的做事方式会带来活力
以礼相争	21	当别人意见与我的不一致时我会觉得不舒服
自我意识	22	我很了解自己
承　诺	23	我乐意投入时间和精力去做那些对我很重要的事
承　诺	24	我会陪伴同伴渡过难关
以礼相争	25	有争论则必有胜负之分
创新变革	26	变革令我不舒服
言行一致	27	对我来说，坚守信念行事很重要
承　诺	28	我注重自己应该承担的责任
协同合作	29	与他人合作承担任务时，我能做出不同一般的贡献
协同合作	30	我乐于听取别人的观点
共同目标	31	能想到考虑别人的意见很重要
言行一致	32	我的行动与价值观一致
公民责任	33	我相信我应对所在团体担负责任
自我意识	34	我了解自己的性格（个性）
共同目标	35	我为达成团队使命做出贡献
创新变革	36	新的做事方法令我受挫（沮丧）
共同目标	37	共同价值是组织发展的动力
公民责任	38	我愿意腾出时间为别人做重要的事情
创新变革	39	我能很好适应变化的环境
公民责任	40	我与他人一起努力使所在团体更好
自我意识	41	我能描述出自己与他人的相似点

续 表

维度划分	题号	题 目
协同合作	42	我愿意与别人为实现共同目标而一起努力
创新变革	43	我乐于接受新想法
公民责任	44	我有能力在所在团体做出不同凡响的事情
创新变革	45	我寻求新的做事方式
公民责任	46	我乐意为别人争取权利
公民责任	47	我会参加公益活动
协同合作	48	别人认为我是很好合作的
以礼相争	49	我认为出现冲突和矛盾是很正常的
创新变革	50	我能分辨出积极和消极的转变之间的差异
承 诺	51	我是个能做好分内之事的人
言行一致	52	对我而言，被视为是一个正直的人很重要
承 诺	53	我言出必行
承 诺	54	我会承担自己应允过的责任
公民责任	55	我认为我对公众负有责任
自我意识	56	对我而言，反省是困难的
协同合作	57	合作带来更好的结果
共同目标	58	我知道所在团队的目标
自我意识	59	我乐于表达自己的观点
协同合作	60	我的贡献被所在团队的其他成员认可
共同目标	61	当我知道团队的价值观时，我能做得更好
以礼相争	62	我会和别人分享我的想法
言行一致	63	我的行为反映了我的信念
言行一致	64	我是个真诚的人
协同合作	65	我信任我的合作伙伴
公民责任	66	我珍惜能为所在团体做贡献的机会
共同目标	67	我支持所在团队正在努力完成的事情
言行一致	68	真诚对我来说很容易

第一节 核心维度分析：创新变革

大学生创新变革是指高校学生主动、积极地开展社会变革的意识并期望以此为基投身变革的倾向，包括是否能够且愿意在当前现状中转换新视角看问题、运用新方式处理问题，以及适应环境新变化等。"变革"是领导力发展的社会变革模型中最为核心的目标和价值所在，是为通过领导力承担应有的社会责任，发展创造出更加美好的社会建构。

一、总体情况

表12-2所示为本次调研所得的大学生创新变革的总体情况。结果显示，在李克特5级量表中，大学生创新变革的均值为3.54，得分中等偏上。这说明当代大学生具备一定的变革意识与行动意愿，整体有意愿通过改变现状勇担社会责任，贡献社会建设力量。

表12-2 大学生创新变革的总体情况

变量及维度	均值	标准差
创新变革	3.54	0.52
8. 转变令我不适	3.21	1.01
12. 我能轻松地转换到新视角看待问题	3.59	0.91
17. 改变能给组织带来新生	3.81	0.93
20. 新的做事方式会带来活力	3.86	0.91
26. 改变令我不舒服	3.03	1.05
36. 新的做事方法令我受挫（沮丧）	3.05	1.09
39. 我能很好适应变化的环境	3.66	0.92
43. 我乐于接受新想法	3.85	0.87
45. 我寻求新的做事方式	3.57	0.98
50. 我能分辨出积极和消极的转变之间的差异	3.75	0.89

注：本次调研采用李克特5级量表（5-point Likert scale）。其中最大值为5，表示"非常同意"；最小值为1，表示"非常不同意"。

二、分组比较

观察总体情况之后，我们再将样本数据基于学校类型差异、专业背景差异以及年级差异细分，以进一步分析比较。

（一）学校类型差异

图12-2所示为重点院校、普通院校、独立及民办院校之间关于学生的创新变革水平对比，发现各类型院校之间有一定差异。其中，重点院校和普通院校之间的学生创新变革水平相等且最高，均值均为3.57；独立及民办院校相对最低，均值为3.45。这说明重点院校和普通院校的学生对于实现变革的态度更为积极、意愿更为强烈。

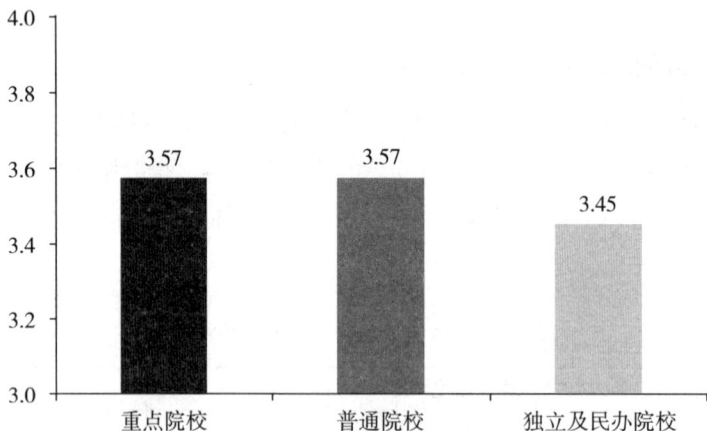

图 12-2　不同学校类型学生创新变革的差异比较

这可能是由于重点院校和普通院校均侧重于理论知识的学习，学生掌握了某一专业领域的知识体系，便更加能够站在全局视角思考变革难点、探寻改进方式。而独立及民办院校侧重于技能知识的学习，学生关注对于某一专业领域实操技能的掌握，由此可能更注重实践中的细节改进，对于整体性的创新变革意识不足。

（二）专业类型差异

图12-3所示为工学、理学和人文社科等不同学科之间关于学生创新变革水平的对比，差异并不显著。其中，工学专业的学生变革得分相对最高，均

值为3.55；人文社科专业的学生得分紧随其后，均值为3.54；理学专业的学生得分相对最低，均值为3.51。

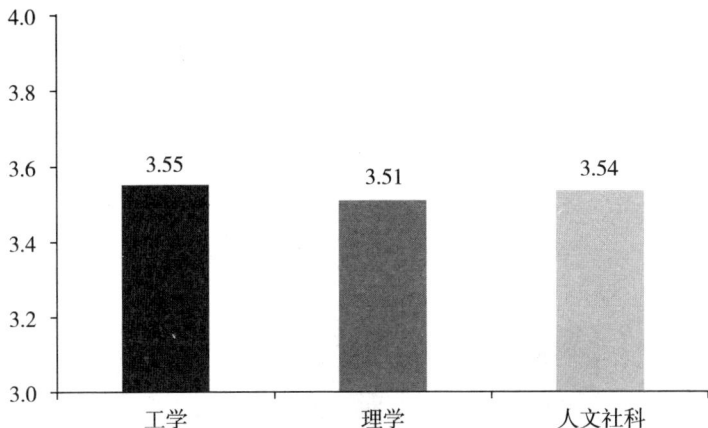

图12-3 不同专业背景学生创新变革的差异比较

这说明学生的变革意识与行动意愿与学科专业特征之间没有明显的相关关系，无论何种专业的学生，学习知识的根本目的都是更好地投身经济社会建设，以所学所想承担社会责任，以动态且进步的视角看待周围环境的变化，努力为构建一个更加美好和谐的社会贡献自身力量。然而从调查结果来看，各专业类型的学生变革水平都仍需提升。

（三）年级差异

图12-4所示为低年级、高年级本科生与研究生等不同年级学生之间关于创新变革水平的对比，发现存在一定差异，但差异并不显著，不过得分随着年级阶段的提升相对有所降低。其中，低年级本科生的变革水平得分相对最高，均值为3.56；高年级本科生次之，均值为3.54；研究生的创新变革水平得分相对最低，均值为3.51。

学生在各年级阶段的变革动力没有明显变化，甚至随着年级提升略有降低，这并不符合创新人才培养的社会要求。高年级本科生和研究生理应是社会建设的新生力量，具有更为积极的变革意识与行动力，然而调研事实却与此相反，反而低年级本科生的变革得分相对最高。这可能是由于低年级学生刚刚从相对重点关注考试成绩与理论知识的高中阶段升入大学，对校内外的各类社会活动好奇心与新鲜感高涨，且正是意气风发并渴望通过自身力量改变世界的年纪，因此变革得分相对较高。基于此，高校在拔尖创新人才的培养过程中，应进一步关注对于高年级学生乃至研究生的社会责任感培养。使得创新人才能够真正有意愿地踊跃投身建设，自觉建设使命担当。

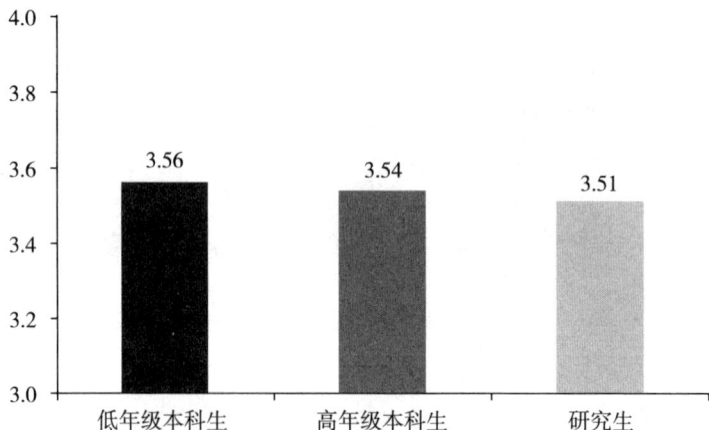

图12-4 不同年级学生创新变革的差异比较

第二节 个人层面维度分析

个人层面的社会责任领导力包括自我意识、言行一致以及承诺三个维度，是大学生从个人视角出发形成"人人负责、个个担当"的社会责任领导力的必要组成。

一、自我意识

自我意识是指个体对于驱动自我采取某项行动时所基于的信仰、价值、态度和情绪的认知和自我认识。自我意识是大学生社会责任领导力发展中的最基本价值组成，是实现其他价值组成部分的必要条件。具有自我意识的个体能够有意识且持续地内省自身并观察他人，从而组成客观的内外部认知。

（一）总体情况

表12-3所示为本次调研所得的大学生自我意识的总体情况。结果显示，在李克特5级量表中，大学生自我意识的均值为3.50，得分中等偏上。这说明当代大学生整体上较为自信且对于自身特质有较为客观的了解，能够中肯地审视自身并观察他人。

表12-3　大学生自我意识的总体情况

变量及维度	均值	标准差
自我意识	3.50	0.51
4. 我能清晰表达自己的观点	3.67	0.89
6. 我不太自信	3.22	1.10
9. 我通常挺自信	3.39	0.99
18. 我会优先做感兴趣的事情	3.88	0.93
22. 我很了解自己	3.45	0.95
34. 我了解自己的性格（个性）	3.60	0.95
41. 我能描述出自己与他人的相似点	3.72	0.89
56. 对我而言，自省是困难的	2.86	1.16
59. 我乐于表达自己的观点	3.70	0.91

注：本次调研采用李克特5级量表（5-point Likert scale）。其中最大值为5，表示"非常同意"；最小值为1，表示"非常不同意"。

（二）分组比较

观察总体情况之后，我们再将样本数据基于学校类型差异、专业背景差异以及年级差异细分，以进一步分析比较。

1. 学校类型差异

图12-5所示为重点院校、普通院校、独立及民办院校之间关于学生的自我意识水平对比，发现各类型院校之间有一定差异，但相差不大。其中，普

通院校的学生自我意识水平相对最高，均值为3.51；重点院校次之，均值为3.50，接近普通院校的水平；独立及民办院校相对最低，均值为3.47。这说明不论何种类型院校的学生都对于自身价值具有一定的客观认知，能够较好地基于自我特点判断、选择并把握自身行动的方向。

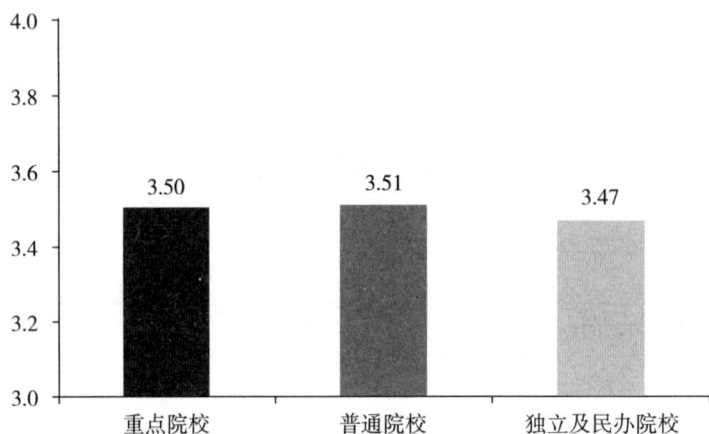

图 12-5 不同学校类型学生自我意识的差异比较

2. 专业类型差异

图 12-6所示为工学、理学和人文社科等不同学科之间关于学生自我意

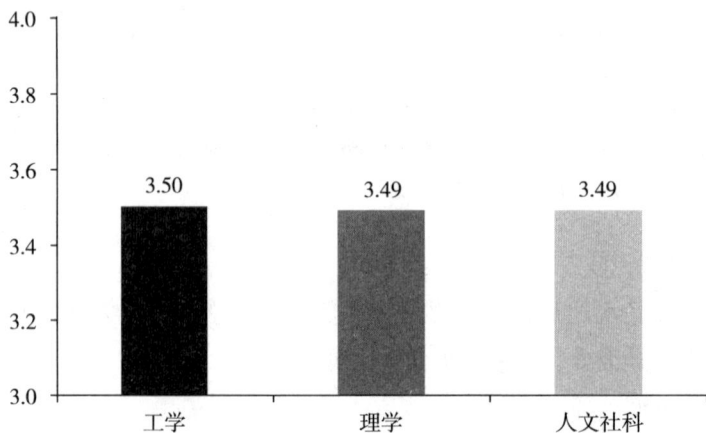

图 12-6 不同专业背景学生"自我意识/觉知"的差异比较

识的水平对比，发现差异也并不显著。其中，工学专业学生的自我意识得分相对最高，均值为3.50；理学和人文社科专业的学生相对最低且得分相等，均值均为3.49。这说明学生的自我意识与专业背景并没有显著的相关性，各专业的学生对于自我特质均有一定认识。

3. 年级差异

图12-7所示为低年级、高年级本科生与研究生等不同年级学生之间关于自我意识的水平对比，发现存在一定差异，但差异并不显著，不过得分随着年级阶段的提升相对有所降低。其中，低年级本科生的自我意识水平得分相对最高，均值为3.52；高年级本科生次之，均值为3.49；研究生的自我意识水平得分相对最低，均值为3.47。一般而言，经过学校的阶段性培养，学生的自我意识水平应在不断的学习与实践锻炼中得到加强，即随着年级阶段的升高而不断提升，而调查结果显示并非如此。这说明高校对于学生社会责任领导力的培养还需重视与加强。

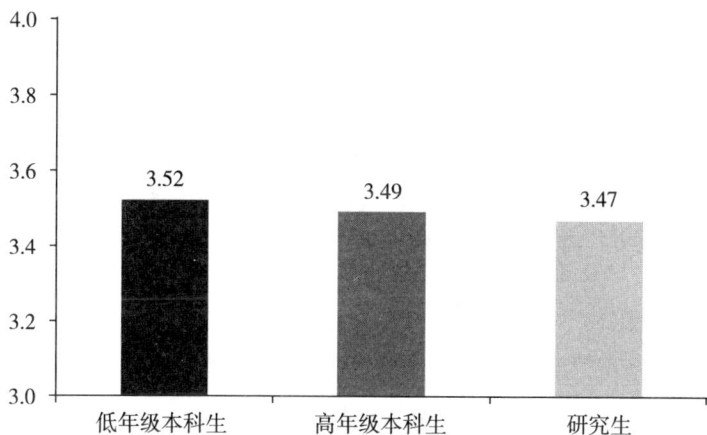

图 12-7 不同年级学生自我意识的差异比较

二、言行一致

言行一致是指个体在想法、情感方面与行为方面的相符性。言行一致程度高的个体，代表其能够正视自我，且真诚对待他人，反映出正直、诚实、可靠的良好品质。达成言行一致，需要个体能够客观识别自身的价值观、信念以及情绪，并据此做出符合自身所想的一致行为。

（一）总体情况

表12-4所示为本次调研所得的大学生言行一致程度的总体情况。结果显示，在李克特5级量表中，大学生自我意识的均值为3.82，得分较高。这说明当代大学生整体上真诚且正直，能够保持自身想法与行动的一致性。

表12-4 大学生言行一致程度的总体情况

变量及维度	均值	标准差
言行一致	3.82	0.66
13. 我的言行与信念一致	3.59	0.92
27. 对我来说，坚守信念行事很重要	3.83	0.93
32. 我的行动与价值观一致	3.72	0.93
52. 对我而言，被视为是一个正直的人很重要	3.92	0.94
63. 我的行为反映了我的信念	3.80	0.90
64. 我是个真诚的人	3.97	0.95
68. 真诚对我来说很容易	3.92	0.99

注：本次调研采用李克特5级量表（5-point Likert scale）。其中最大值为5，表示"非常同意"；最小值为1，表示"非常不同意"。

（二）分组比较

观察总体情况之后，我们再将样本数据基于学校类型差异、专业背景差异以及年级差异细分，以进一步分析比较。

1. 学校类型差异

图12-8所示为重点院校、普通院校、独立及民办院校之间关于学生言行一致程度的对比，发现各类型院校之间差异显著。其中，重点院校的学生言行一致的程度最高，均值为3.99；普通院校次之，均值为3.88；独立及民办院校相对最低，均值为3.54。

这可能是由于重点和普通院校的学生是基于考试成绩选拔而出，在考试中良好的表现使其心态和自信心较足，相信自己所思所想的正确性并更愿意付诸实践，同时也向往真诚正直的品质，并不认为言行不一致会为自身带来更好的结果。基于此，独立及民办院校在培养学生的过程中，需进一步关注学生心理，注重对学生积极心态和良好品质的无形培养。

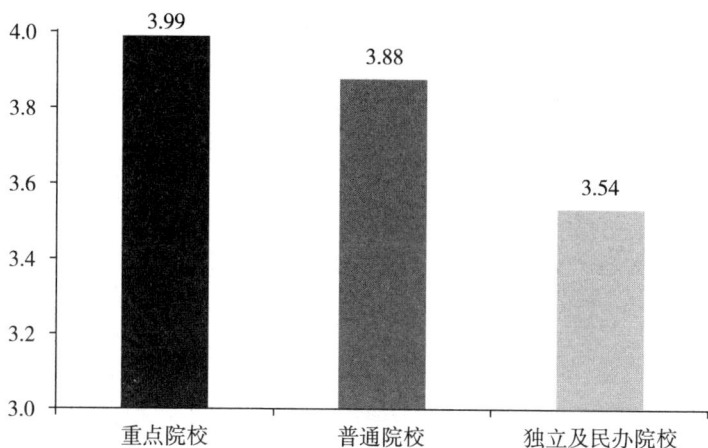

图 12-8　不同学校类型学生言行一致程度的差异比较

2. 专业类型差异

图12-9所示为工学、理学和人文社科等不同学科之间关于学生言行一致程度的对比，发现具有显著差异。其中，理学专业学生的言行一致得分相对最高，均值为3.89；工学专业次之，均值为3.82，接近理学专业的水平；人文社科专业的学生得分相对最低，均值为3.74。

这与我们通常的认知在一定程度上并不相符。通常认为，学生的言行一致程度与所学专业并不相关，然而调查结果显示，人文社科专业学生的言行一致程度却低于其他学科。这可能是由于，人文社科专业在一定程度上是研究"人"的学科，需要学生深入实践，对社会现象和社会问题进行调查研究。然而相对于理工类专业在知识学习与研究结果中的确定性，人文社科这样的"软科学"重点在于对现实问题的理解、思考和论述，因此在学习和研究的过程中可能并不存在所谓的"标准答案"。这在一定程度上会造成学生的认知迷茫，认为似乎提出怎样的观点都有其合理性，进而在言行一致方面更加迷茫，不确定提出与人不同的观点或者自身针对相同的问题提出多种观点是否合理。因此，高校在针对人文社科专业进行人才培养时，应进一步关注学生在此方面的心理建设与认知培养。

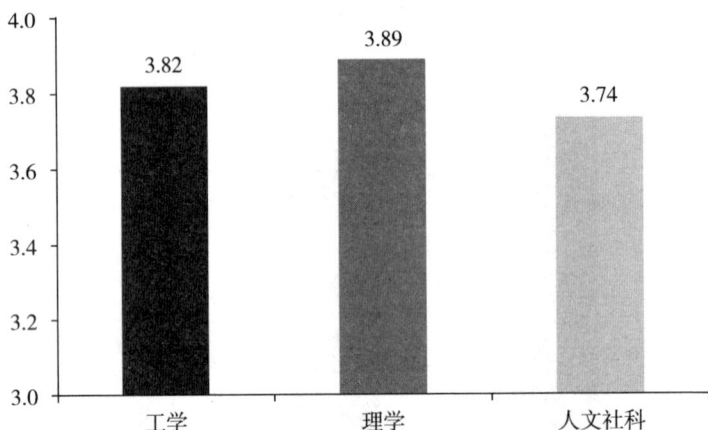

图 12-9　不同专业背景学生的言行一致程度差异比较

3. 年级差异

图 12-10 所示为低年级、高年级本科生与研究生等不同年级学生之间关于言行一致程度的对比，发现差异显著，且得分随着年级阶段的提升而有

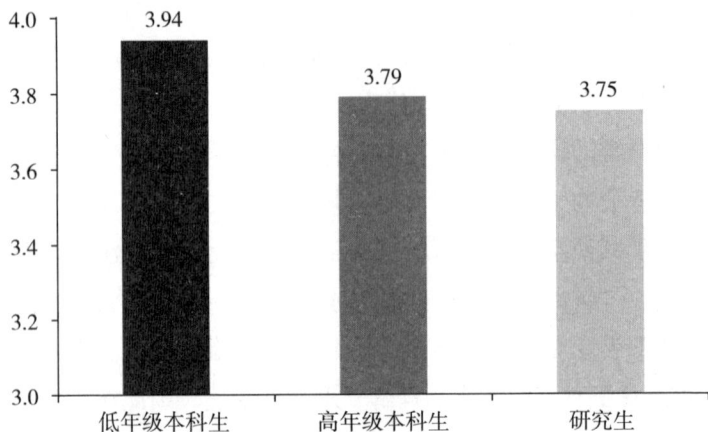

图 12-10　不同年级学生的言行一致程度差异比较

所降低。其中，低年级本科生的言行一致得分最高，均值为3.94；高年级本科生次之，均值为3.79；研究生的言行一致得分相对最低，均值为3.75，接近高年级本科生水平。由此可见，这并不是一种健康的个人特质现状，高校需进一步重视此方面的学生素质培养。

三、承　诺

承诺是指个体对组织中的其他个体或整个组织的无形契约，代表着个体应承自身会完成某项任务。承诺是个体证明自我价值并能够良好地发挥自我价值的重要动力，是推动个体行动并完成预期目标的重要推手。做出承诺不仅需要个体强大的内在激情和精力，还需要个体向着既定的行动方向，目标明确，不断投入。只有在承诺之下坚持到底、积极参与，个体才能够为积极的社会变革贡献力量，为自身社会责任领导力的塑造奠定基础。

（一）总体情况

表12-5所示为本次调研所得的大学生承诺水平的总体情况。结果显示，在李克特5级量表中，大学生承诺的得分均值为3.89，得分较高。这说明当代大学生整体上能够做到对他人或组织承担责任，对于做出的承诺会努力实现。

表12-5　大学生承诺水平的总体情况

变量及维度	均值	标准差
承诺	3.89	0.70
23. 我乐意投入时间和精力去做那些对我很重要的事	3.94	0.91
24. 我会陪伴同伴度过难关	3.92	0.90
28. 我注重自己应该承担的责任	3.94	0.94
51. 我是个能做好分内之事的人	3.80	0.92
53. 我言出必行	3.79	0.93
54. 我会承担自己应允过的责任	3.97	0.91

注：本次调研采用李克特5级量表（5-point Likert scale）。其中最大值为5，表示"非常同意"；最小值为1，表示"非常不同意"。

（二）分组比较

观察总体情况之后，我们再将样本数据基于学校类型差异、专业背景差异以及年级差异细分，以进一步分析比较。

1. 学校类型差异

图12-11所示为重点院校、普通院校、独立及民办院校之间关于学生承诺水平的对比，发现各类型院校之间差异显著。其中，重点院校学生的承诺得分最高，均值为4.18；普通院校次之，均值为3.91；独立及民办院校相对最低，均值为3.57。造成这一现象的原因，可能也与独立及民办院校的活动等资源相对较少，学生成绩未达自身及社会期望从而缺乏自信，不敢轻易做出承诺有关。

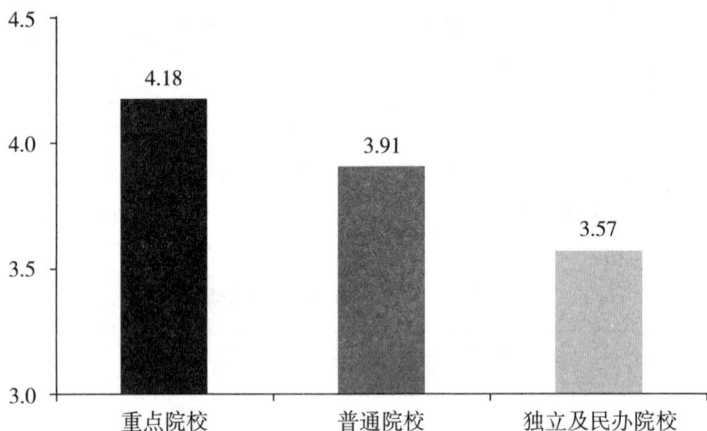

图 12-11　不同学校类型学生承诺水平的差异比较

2. 专业类型差异

图12-12所示为工学、理学和人文社科等不同学科之间关于学生承诺水平的对比，发现具有显著差异。其中，理学专业学生的承诺得分最高，均值为4.04；工学专业次之，均值为3.87；人文社科专业的学生得分相对最低，均值为3.79。

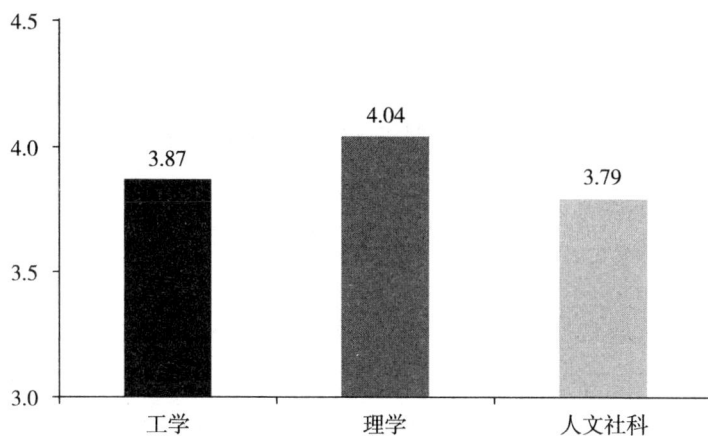

图 12-12 不同专业背景学生承诺水平的差异比较

3. 年级差异

图 12-13 所示为低年级、高年级本科生与研究生等不同年级学生之间关于承诺水平的对比，发现差异显著，且得分随着年级阶段的提升而降低。其中，低年级本科生的承诺得分最高，均值为4.07；高年级本科生次之，均值为3.85；研究生的承诺得分相对最低，均值为3.72。

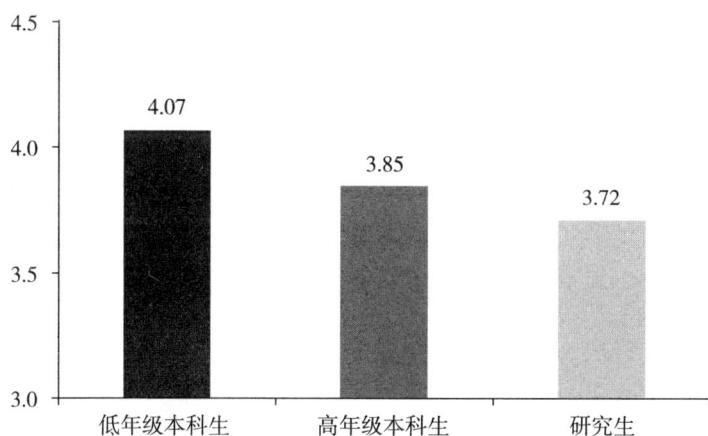

图 12-13 不同年级学生"承诺"的差异比较

第三节 组织层面维度分析

组织层面的社会责任领导力包括协同合作、共同目标、以礼相争三个维度，是从大学生所处的高校及参与的各类社团、班级等从团体视角出发，是培养学生与他人共处及共事，将个人需求与目标置于组织之中，形成组织层面"共建共赢、和谐高效"的社会责任领导力组成。

一、协同合作

协同合作是指个体为达成组织中的共同目标而与其他组织成员一同努力的积极意向。合作是组织领导力的核心价值，通过成员间的相互信任为领导者赋权、为组织成员赋能。合作能够通过利用每位组织成员的多样性特征、能力及独特认知，使得成员之间通过互相交流进一步激发针对组织共同目标的创造性行动方案，同时通过拆分行动方案进行分工以提升组织效能。

（一）总体情况

表12-6所示为本次调研所得的大学生协同合作水平的总体情况。结果显示，在李克特5级量表中，大学生协同合作水平的均值为3.81，得分较高。这说明当代大学生整体上有意愿且有能力参与组织工作，在组织中与他人合作完成共同任务。

表12-6 大学生"协同合作"的总体情况

变量及维度	均值	标准差
协同合作	3.81	0.63
10. 在别人看来我是个好合作的人	3.78	0.93

变量及维度	均值	标准差
29. 与他人合作承担任务时，我能做出不同一般的贡献	3.64	0.89
30. 我乐于听取别人的观点	3.82	0.89
42. 我愿意与别人为实现共同目标而一起努力	3.92	0.89
48. 别人认为我是很好合作的	3.75	0.90
57. 合作带来更好的结果	3.90	0.92
60. 我的贡献被所在团队的其他成员认可	3.72	0.86
65. 我信任我的合作伙伴	3.91	0.92

注：本次调研采用李克特5级量表（5-point Likert scale）。其中最大值为5，表示"非常同意"；最小值为1，表示"非常不同意"。

（二）分组比较

观察总体情况之后，我们再将样本数据基于学校类型差异、专业背景差异以及年级差异细分，以进一步分析比较。

1. 学校类型差异

图12-14所示为重点院校、普通院校、独立及民办院校之间关于学生的协同合作水平对比，发现差异显著。其中，重点院校的学生协同合作水平最高，均值为3.99；普通院校次之，均值为3.85；独立及民办院校的得分相对最低，均值为3.53。这说明当前重点院校的学生一定程度上更乐于通过与他人合作来实现目标，而独立及民办院校学生的协同共事意愿较弱。这虽可能存在着不同性格及经历的个体对于完成目标所选择方式的偏好不同的原因，是否选择协同都不具有天然的强烈优劣势之分，但协同合作的意愿及能力较弱，并不利于大学生社会责任领导力这一特质的培养。

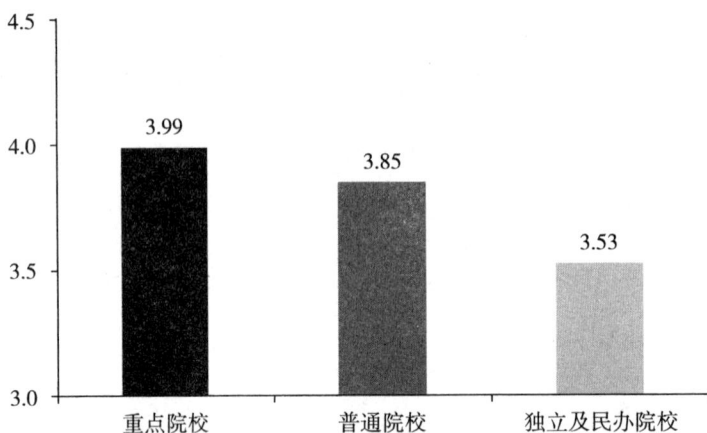

图 12-14 不同学校类型学生的协同合作水平差异比较

2. 专业类型差异

图 12-15 所示为工学、理学和人文社科等不同学科之间关于学生协同合作水平的对比，发现具有显著差异。其中，理学专业学生的协同合作得分相对最高，均值为 3.90；工学专业次之，均值为 3.79；人文社科专业的学生得分相对最低，均值为 3.72，接近工学专业的水平。

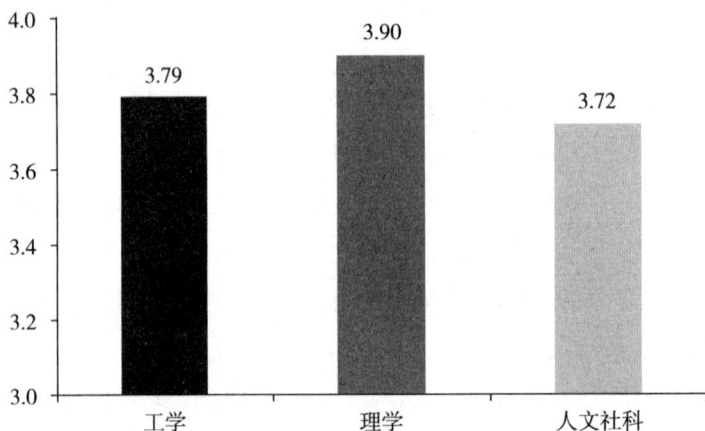

图 12-15 不同专业背景学生的协同合作水平差异比较

3. 年级差异

图12-16所示为低年级、高年级本科生与研究生等不同年级学生之间关于协同合作水平的对比，发现差异显著，且得分随着年级阶段的提升而有所降低。其中，低年级本科生的协同合作得分最高，均值为3.93；高年级本科生次之，均值为3.78；研究生的协同合作得分相对最低，均值为3.73，接近高年级本科生水平。

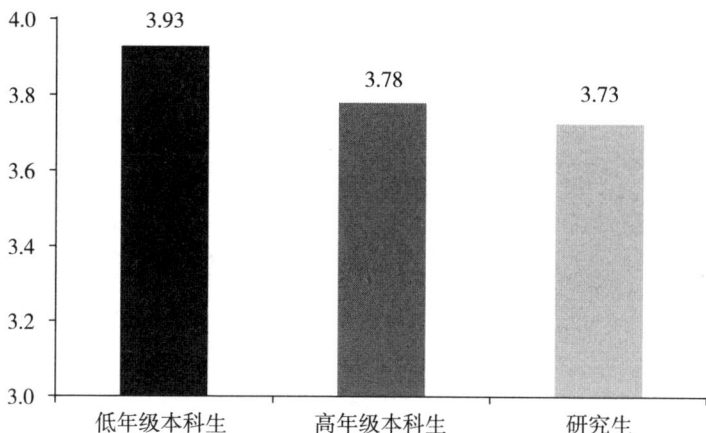

图 12-16　不同年级学生的协同合作水平差异比较

这可能也是学生在不同年级阶段的目标任务不同所致。在低年级本科阶段，学生需要合作完成多种小组作业、参与社团活动等团体任务，因此学生的协同合作意愿本身相对较高，协同合作能力也在各类任务进程中得到不断加强。而进入高年级本科阶段，学生个体各自有升学、工作等不同的目标需求，无法再依据目标进行大量合作，且此时学生参与的课程与社团等活动数量也大幅下滑，因此协同合作意愿显著降低，协同合作目标无法得到充分锻炼。而在研究生阶段，科学研究工作理应同样需要大量的协同合作才能实现，然而调研现实确实研究生的协同合作水平相对最低。为何出现这一现象，仍需进一步调查分析。

二、共同目标

共同目标是指身处同一组织中的个体具有协商而得的一致目的，将为了共享全体共同创造出的组织价值而同时工作。共同目标能够促进组织层面的问题分析能力提升和任务承担上限提升，是个体能力汇聚于组织层面的具体体现。

（一）总体情况

表12-7所示为本次调研所得的大学生共同目标水平的总体情况。结果显示，在李克特5级量表中，大学生共同目标水平的均值为3.87，得分较高。这说明当代大学生整体上能够重视团队目标的建立，在共同任务中将组织目标暂时置于个体目标之上，为其毫无保留地努力。

表12-7　大学生"共同目标"的总体情况

变量及维度	均值	标准差
共同目标	3.87	0.67
14. 我致力于团队目标的实现	3.76	0.90
15. 团队中，制定共同方向、使事情顺利推进是十分重要的	3.92	0.94
19. 我会为团队的目标而努力	3.91	0.90
31. 能想到考虑别人的意见很重要	3.94	0.90
35. 我为达成团队使命做出贡献	3.81	0.89
37. 共同价值是组织发展的动力	3.78	0.94
58. 我知道所在团队的目标	3.86	0.90
61. 当我知道团队的价值观时，我能做得更好	3.88	0.88
67. 我支持所在团队正在努力完成的事情	3.96	0.89

注：本次调研采用李克特5级量表（5-point Likert scale）。其中最大值为5，表示"非常同意"；最小值为1，表示"非常不同意"。

（二）分组比较

观察总体情况之后，我们再将样本数据基于学校类型差异、专业背景差异以及年级差异细分，以进一步分析比较。

1. 学校类型差异

图12-17所示为重点院校、普通院校、独立及民办院校之间关于学生的共同目标水平对比，发现差异显著。其中，重点院校的学生共同目标得分最高，均值为4.10；普通院校次之，均值为3.92；独立及民办院校的得分相对最低，均值为3.54。重点及普通院校的学生在完成组织目标方面的意愿和倾向显著高于独立及民办院校的学生。

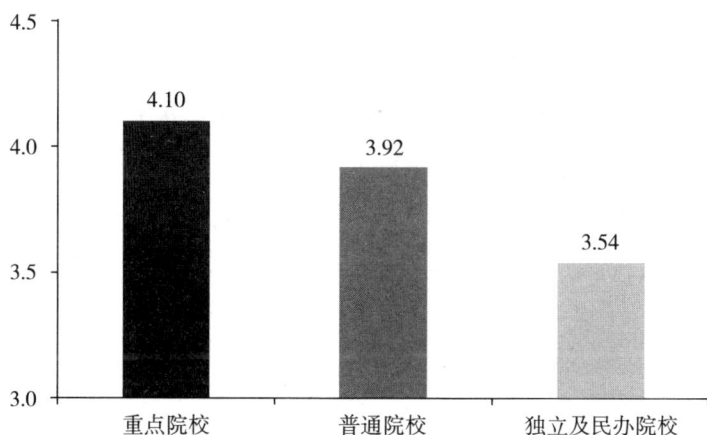

图12-17　不同学校类型学生共同目标水平的差异比较

2. 专业类型差异

图12-18所示为工学、理学和人文社科等不同学科之间关于学生共同目标水平的对比，发现具有显著差异。其中，理学专业学生的共同目标得分最高，均值为3.99；工学专业次之，均值为3.85；人文社科专业的学生得分相对最低，均值为3.77。理论上而言，各类学科均需要学生具有团队合作以达成共同目标的担当和意愿，而调研结果则在不同学科间显示出较大的差异。出现这一现象的原因需要调研分析进一步挖掘。

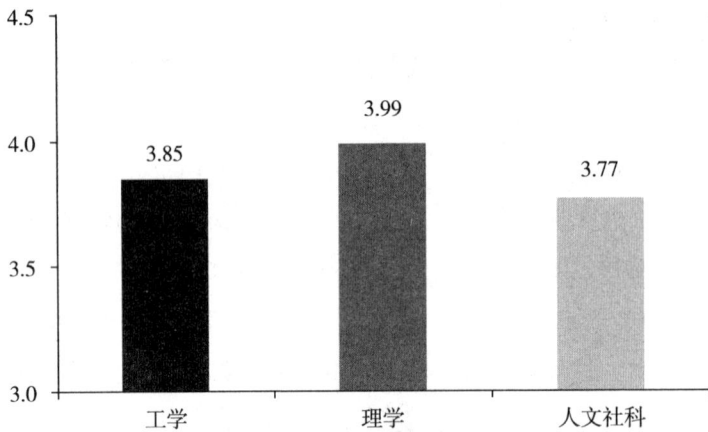

图 12-18 不同专业背景学生共同目标水平的差异比较

3. 年级差异

图 12-19所示为低年级、高年级本科生与研究生等不同年级学生之间关于共同目标水平的对比，发现差异显著，且得分一定程度上随着年级阶段的提升而有所降低。其中，低年级本科生的共同目标得分最高，均值为4.02；高年级本科生和研究生的得分等同，均值均为3.83，远低于低年级本科生的得分水平。

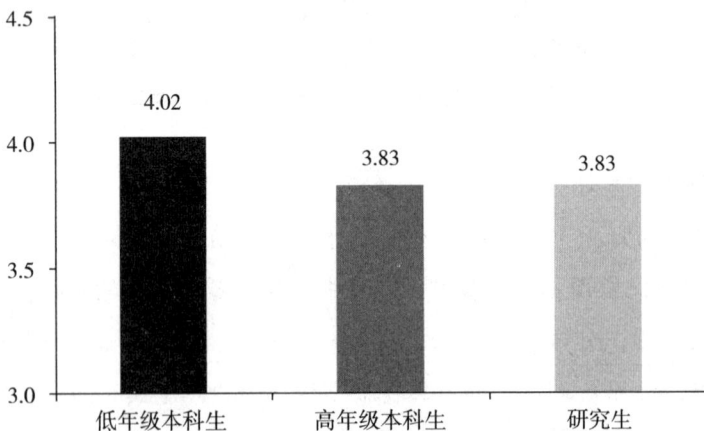

图 12-19 不同年级学生共同目标水平的差异比较

三、以礼相争

在一个多样化的组织之中，成员间不可避免地会产生观点分歧。然而为更好地实现组织目标，公开、公正且批判性地为对上述分歧"以礼相争"，能够帮助组织成员互相理解、整合各自不同的行动方案，在深入的交流互动过程中互相接受彼此观点中的优势内容，并在不同观点的碰撞中产生新灵感，从而得到最佳的创造性行动方案。因此，以达成组织目标为最终目的，形成以礼相争的认知与积极意识，是培养大学生社会责任领导力的中不可或缺的部分。

（一）总体情况

表12-8所示为本次调研所得的大学生以礼相争水平的总体情况。结果显示，在李克特5级量表中，大学生以礼相争水平的均值为3.69，得分处于中等偏上水平。这说明当代大学生在面对观点分歧时，整体上能够用思辨的眼光来与人交流并提供建设性意见。

表12-8　大学生"以礼相争"的总体情况

变量及维度	均值	标准差
以礼相争	3.69	0.56
1. 我很乐于接受他人意见	3.64	0.95
2. 创造力可以来自冲突与碰撞	3.85	0.94
3. 我重视他人的不同观点	3.85	0.90
5. 听取不同意见能拓展我的思路	3.94	0.88
7. 当团队成员的意见和我不同时，我会据理力争	3.53	0.93
11. 不同的观点可以产生出最佳答案	3.78	1.00
16. 我尊重别人的意见而不是独断专行	3.88	0.91
21. 当别人意见与我的不一致时我会觉得不舒服	3.21	1.03
25. 有争论则必有胜负之分	3.14	1.13
49. 我认为出现冲突和矛盾是很正常的	3.91	0.92
62. 我会和别人分享我的想法	3.83	0.87

注：本次调研采用李克特5级量表（5-point Likert scale）。其中最大值为5，表示"非常同意"；最小值为1，表示"非常不同意"。

（二）分组比较

观察总体情况之后，我们再将样本数据基于学校类型差异、专业背景差异以及年级差异细分，以进一步分析比较。

1. 学校类型差异

图12-20所示为重点院校、普通院校、独立及民办院校之间关于学生的以礼相争水平对比，发现差异显著。其中，重点院校的学生以礼相争得分最高，均值为3.84；普通院校次之，均值为3.72；独立及民办院校的得分相对最低，均值为3.48。重点及普通院校的学生在批判性地认识不同观点、思辨性地整合不同方案这一方面的表现显著好于独立及民办院校的学生。

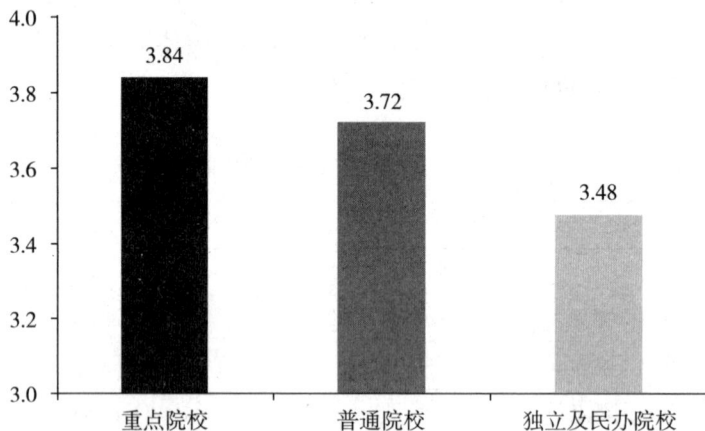

图 12-20 不同学校类型学生以礼相争水平的差异比较

2. 专业类型差异

图12-21所示为工学、理学和人文社科等不同学科之间关于学生共同目标水平的对比，发现具有一定差异。其中，理学专业学生的以礼相争得分最高，均值为3.73；工学专业次之，均值为3.69；人文社科专业的学生得分相对最低，均值为3.64，接近工学专业水平。

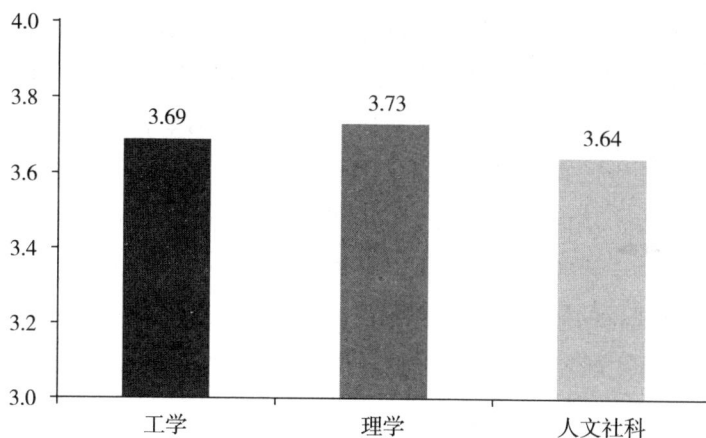

图 12-21　不同专业背景学生以礼相争水平的差异比较

3. 年级差异

图 12-22 所示为低年级、高年级本科生与研究生等不同年级学生之间关于以礼相争水平的对比，发现存在一定差异，且得分一定程度上随着年级阶段的提升而有所降低。其中，低年级本科生的以礼相争得分最高，均值为3.76；高年级本科生和研究生的得分接近，均值分别为3.67和3.64，显著低于低年级本科生的得分水平。

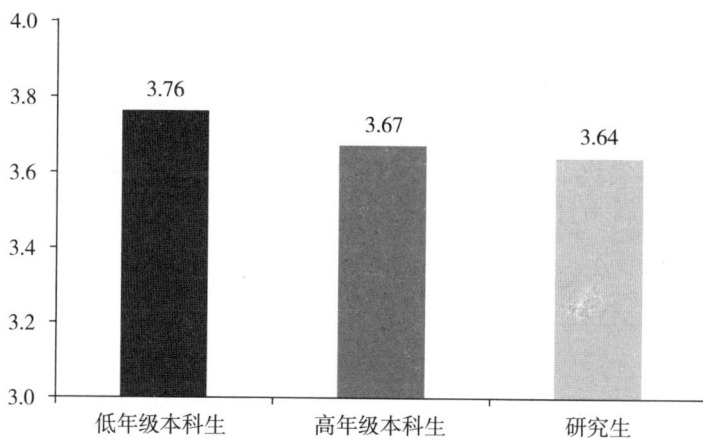

图 12-22　不同年级学生以礼相争水平的差异比较

这也是很有趣的调查结果。这可能是由于低年级本科阶段学生多以新人姿态参与课堂协作或社团活动，大多抱着一种开放、学习的参与心态，而在高年级本科阶段，升学、求职的现实压力使得学生需要在团队工作中脱颖而出，因而造成学生所在的团队或组织内部竞争压力骤升。学生不得不持续提升自身的竞争力，从而在一定程度上削弱了其以礼相争的意识和意愿。及至研究生阶段，科学研究的不确定性与探索性使得学生在与人探讨交流的过程中有维护自身观点的倾向，毕竟科学的前沿可能是一片开阔的境地，终点何方当前谁都无法明晰。

第四节 社区层面维度分析：公民责任

"公民责任"源自个体对所在社区等社会范围的责任感联结。具有公民责任的个体能够积极主动地采取行动以帮助社区向更为先进、高效、完善的方向变革，甚至在一定程度上牺牲个体时间、金钱等个体利益而为他人带来便利，以己之力造福社会。

一、总体情况

表12-9所示为本次调研所得的大学生公民责任水平的总体情况。结果显示，在李克特5级量表中，大学生公民责任水平的均值为3.77，得分较高。这说明当代大学生整体上对于社区和他人的社会责任感较强，能够主动为他人提供关爱和服务，认为自身有责任帮助他人，为整个社会的发展建设贡献力量。

表12-9 大学生"公民责任"的总体情况

变量及维度	均值	标准差
公民责任	3.77	0.63
33. 我相信我应对所在团体担负责任	3.91	0.88
38. 我愿意腾出时间为别人做重要的事情	3.70	0.89

变量及维度	均值	标准差
40. 我与他人一起努力使所在团体更好	3.88	0.90
44. 我有能力在所在团体做出不同凡响的事情	3.69	0.91
46. 我乐意为别人争取权利	3.58	0.91
47. 我会参加公益活动	3.75	0.94
55. 我认为我对公众负有责任	3.76	0.96
66. 我珍惜能为所在团体做贡献的机会	3.91	0.91

注：本次调研采用李克特5级量表（5-point Likert scale）。其中最大值为5，表示"非常同意"；最小值为1，表示"非常不同意"。

二、分组比较

观察总体情况之后，我们再将样本数据基于学校类型差异、专业背景差异以及年级差异细分，以进一步分析比较。

（一）学校类型差异

图12-23所示为重点院校、普通院校、独立及民办院校之间关于学生的公民责任水平对比，发现差异显著。其中，重点院校的学生公民责任得分

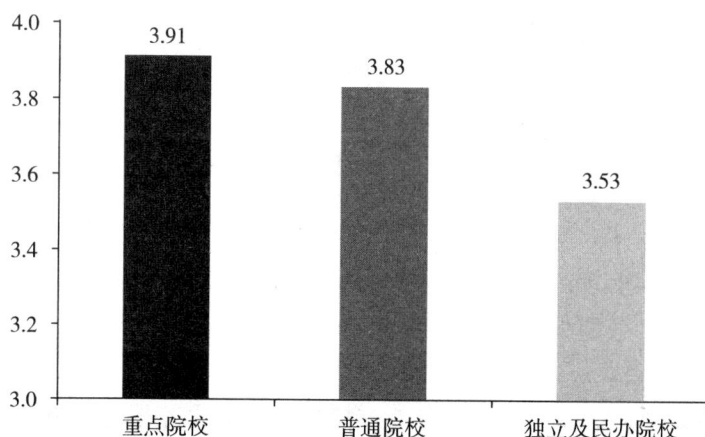

图 12-23 不同学校类型学生公民责任水平的差异比较

最高，均值为3.91；普通院校次之，均值为3.83；独立及民办院校的得分相对最低，均值为3.53。重点及普通院校的学生在有意愿并付出行动承担公民责任方面的表现显著好于独立及民办院校的学生。

（二）专业类型差异

图12-24所示为工学、理学和人文社科等不同学科之间关于学生公民责任水平的对比，发现差异显著。其中，理学专业学生的公民责任得分最高，均值为3.82；工学专业次之，均值为3.78；人文社科专业的学生得分相对最低，均值为3.69。

如此差异可能是由于理学专业侧重于学习诸如数学、物理等基础科学的理论知识，从全局视角探索世界奥秘，而这些基础理论同样能支撑其他学科专业领域的发展，因此能够培养学生更多的责任感、使命感。然而，人文社科专业理应关注社会现实与社会问题，理论上而言学生更需要一定的社会责任感以及改变不良现状的领导意识与领导能力。可调查结果却与预计相反，为何出现这一原因，还需进一步探索分析。

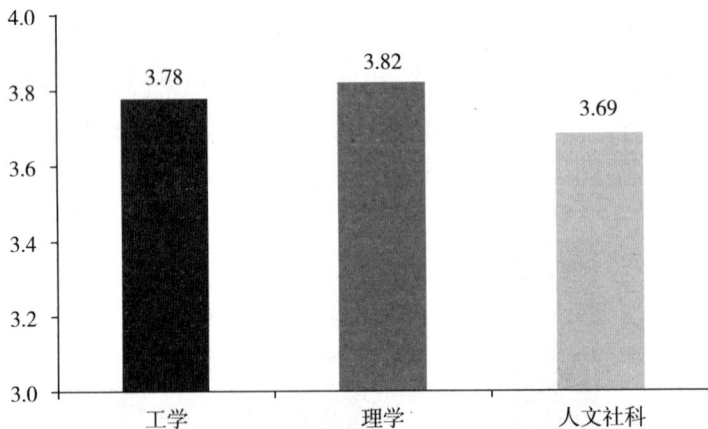

图12-24　不同专业背景学生公民责任水平的差异比较

（三）年级差异

图12-25所示为低年级、高年级本科生与研究生等不同年级学生之间关于公民责任水平的对比，发现差异显著，且得分随着年级阶段的提升而不断

降低。其中，低年级本科生的公民责任得分最高，均值为3.87；高年级本科生次之，均值为3.75；研究生的公民责任得分相对最低，均值为3.66。

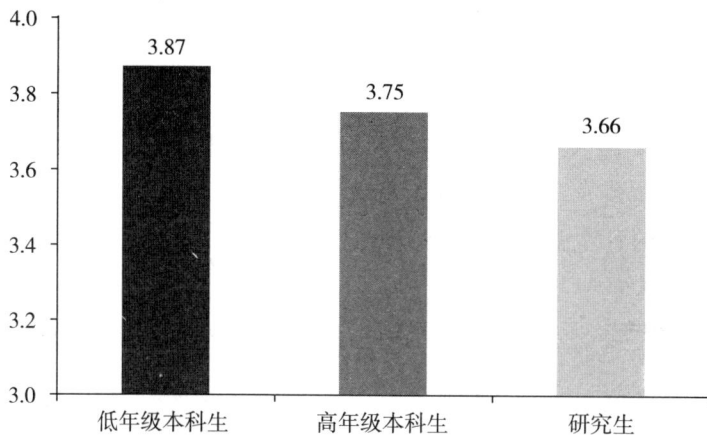

图 12-25   不同年级学生公民责任水平的差异比较

第五节   本章小结

大学生的社会责任领导力强调培养学生基于正确的道德观念，树立改善当前社会现状的责任担当，从确立协同共进的目标入手，团结他人共同为建设更美好的社会砥砺奉献。社会责任领导力的培养与发展是新时期高等教育不可缺失的重要环节。拔尖创新人才的培养不能成为"失去灵魂的卓越"，而应帮助学生深刻理解作为社会公民所应肩负的责任，引导其发挥所学知识的建设作用，为社会乃至人类的福祉做出贡献。这也能够充分贯彻党的教育方针，将"立德树人"放在人才培养的首位，将强化德性教育作为重要任务，不断促进学生健全的人格发展和责任担当意识。本次调研所涉及的社会责任领导力的八大维度，其实也是在描画大学生人格发展的细致行动路线图，每一维度都是大学生实现人格高质量发展的必要环节。本次调研结果显示，大学生的社会责任领导力整体位于中等偏上的水平，大学生当前在各维度的表现整体较好。

结合分类来看，在学校类型差异方面，重点院校的学生在各维度的得分均高于普通院校和独立及民办院校，而独立及民办院校在多种维度上均与重点院校和普通院校具有较大差距。这可能是由于重点院校关注科研发展，学生注重某一专业领域知识体系的学习和建构，因而更加能够站在全局视角思考、探索并期望改变，而独立及民办院校侧重于技能知识的学习，关注对于某一专业领域的具体实操技能，可能对于全局性的社会进步意识不足。同时，重点及普通院校的学生是基于考试成绩选拔而出，在考试中良好的表现使其心态更为积极、自信心较足，因而更相信自身所贡献的力量能够为社会进步带来一定影响。

在专业类型差异方面，除在创新变革这一核心维度中各专业类型的学生表现几无差异之外，在其他各维度上均为理学专业的学生表现最佳，工学专业次之，人文社科专业的学生得分相对最低。通常而言，学生的社会责任领导力强弱应与其所学专业没有强烈的相关性。无论何种专业的学生，学习知识的根本目的都是更好地投身经济社会建设，并且由此目的出发，人文社科专业的学生理应具有更好的社会责任领导力表现，以深入观察社会现象，以解决社会现实问题为己任，但事实并非如此。

在年级差异方面，除在创新变革这一核心维度中各年级阶段的学生表现没有明显变化之外，在社会责任领导力的其他各维度上，低年级、高年级本科生与研究生等不同年级学生之间均存在显著差异，且得分表现随着年级阶段的提升而不断降低。这可能是由于学生在不同年级阶段的目标任务不同所致。低年级本科阶段的学生参加社团任务和课程学习等教育教学的集体活动较多，对于社会责任感的培养以及合作、互信、理性交往等社会责任领导力的必要组成能力培养机会较多。而进入高年级阶段，学生的个人需求从自身综合能力提升暂时转为达成升学、求职等个人目标，激烈的现实竞争压力也使得学生愈发倾向于顾及自利，而非考虑社会责任领导力这一需要顾及他利，甚至在一定程度上需要牺牲自我利益的意识和能力培养。然而，研究生阶段理应具有更强的社会责任领导力，因为研究生属于已经在投入社会建设的科技人才，在从事科学研究工作的同时应具备更高的社会责任感与引领世界变化的使命感。而调研结果却也并非如此，反而研究生的得分表现最低。

综上，当前高校学生的社会责任领导力表现整体较好，但进一步观察不同院校类型、学科类型以及年级阶段的学生表现时，发现存在较大差异，但如此差异的呈现并不符合拔尖创新人才培养的社会要求。具体而言，独立及民办院校的学生表现较弱；各专业类型的学生表现参差不齐，尤其是人文社科专业这一本应表现较高的学生群体反而表现最弱；各年级阶段的学生理应随年级的升高而不断增强自身的社会责任领导力，为走入社会、建设社会做准备，而实际调研结果却是得分反而在随着年级阶段的提升不断降低。上述分析结果显示，我国高校学生的社会责任领导力培养任重而道远。高校在拔尖创新人才的培养过程中应进一步注重对学生积极心态和良好品质的无形培养，关注学生社会责任感、使命感、领导担当的气魄与能力等方面的提升，使得创新人才能够真正有意愿发挥自身所学，踊跃投身社会建设。

第三篇 **03**

| 改革创新与政策发展篇 |

第十三章

基础学科拔尖计划

第一节　拔尖计划实施背景与理论研究

为支撑引领中国式现代化，推动教育强国、科技强国、人才强国的深入建设，回应"钱学森之问"，我国开始关注杰出领军人才的自主培养。近些年我国高校在优秀人才培养及科技成果产出方面均做出了重要贡献，在原始创新和关键核心技术攻关方面发挥着重要作用。然而，为更好地支撑世界重要人才中心和创新高地建设，应对愈发激烈的全球科技竞争挑战，以强大的自主创新能力在国际竞争中把握先机、赢得主动权，加快布局抢滩科技前沿领域，则需要高校进一步推动高等教育的高质量发展，培养造就一批能够引领科技前沿、具备卓越能力、勇担社会责任、面向未来发展的创新型高精尖人才，在服务国家创新战略和经济社会发展上先行先试。基于上述迫切的现实需求，我国开启了"基础学科拔尖学生培养试验计划"（以下简称"拔尖计划"）的施行。接下来，本节将介绍我国"拔尖计划"的相关政策背景，以及当前学术界对拔尖创新人才培养的相关研究进展。

一、"拔尖计划"1.0、2.0相关政策背景

"拔尖计划"是为培育21世纪杰出科学家而出台的一项顶尖人才培养计划，该计划首先从数学、物理、化学、生物、计算机五个基础学科开始率先试点，于2009年由教育部联合中组部、财政部正式实施。

　　该计划从培养模式和管理制度等方面均有别于一般培养计划。在初始的学生遴选方面，拔尖计划注重考察学生的综合能力而非成绩等单一维度，实行动态统筹机制与专业自由选择的机制，使得学生的发展潜质与所学专业能够充分匹配。同时，突出对于学生的个性化培养，鼓励并支持学生进行充分的自主探索，提供丰富的科学研究的项目参训机会，聘请国际一流的专家学者担任专业导师和授课教师，并通过开展高水平学术报告、邀请知名专家学者访问等形式营造浓厚的学术氛围和开放平等的交流渠道。同时，在学生管理方面实行导师制和班级管理相结合，制定灵活的修课制度，并为学生的创新活动提供专门的软硬件支持，包括开放国家级实验室、经费与设备支持、国际联合培养等，以先进的教育教学理念和丰富的资源支持充分激发学生的求知欲，充分培养其创新能力，充分开发学生成为世界一流的科学家的潜能与担当意识。

　　2018年4月，教育部宣布在"拔尖计划"前期探索的基础上，启动实施"拔尖计划2.0"版。截至2018年5月，已有北京大学、清华大学、复旦大学、上海交通大学、浙江大学、南京大学、中国科学技术大学、南开大学、武汉大学、中山大学、厦门大学、北京师范大学、山东大学、西安交通大学、吉林大学、四川大学、兰州大学、北京航空航天大学、哈尔滨工业大学、中国科学院大学等20所大学入选该计划。与以往相比，新版本的"拔尖计划"主要有以下几方面的变化：

　　第一，更名做实。该计划由"基础学科拔尖学生培养试验计划"变更为"基础学科拔尖学生培养计划"，去掉了"试验"二字。这意味着"拔尖计划"已从试验阶段走向正式实施，由探索论证走向目标明确的重点培养。

　　第二，拓围覆盖。在1.0版本仅涉及的数学、物理、化学、生物、计算机五个基础学科之上，增加了天文学、地理学等学科。同时，学科覆盖范围也从自然科学学科进一步拓展至文、史、哲等哲学社会学科。2.0版是一个学科全覆盖的计划，其目标不仅是要培养大科学家，还要培养大思想家；不仅要在技术方面与世界接轨，还要以高度的文化自信和文化自觉，创新性地传播中华文化、传承民族精神。"要在哲学社会科学领域，培养造就一批志存高远、扎根中国、学贯中西、引领理论创新、促进人类文明进步的学术大师"，实现民族精神与时代精神的高度统一，达成科学精神与人文精神的深度融汇。

第三，增量提质。1.0版是"千人计划"，2.0版则是"万人计划"。一方面，"拔尖计划"的2.0版本既包括综合性、理工类院校，也包括师范、财经、医药、农林等行业特色鲜明的院校，实现东、中、西部全覆盖。另一方面，2.0版本要培养更多数量的人才，为我国建设发展提供足够的人才支撑。同时，"拔尖计划"不仅要瞄准中国最好，还要瞄准世界最好，要逐步领跑世界，出标准、出思想、出经验、出模式，实现提质的长远愿景。

第四，中国道路。"拔尖计划"要在创新方面深化探索中国模式、提供中国方案、树立中国标准，走出一条具有中国特色的自主道路。从顶层设计的国家战略层面出发，建立一个适应中国化发展的世界一流拔尖人才培养体系。

"基础学科拔尖学生培养试验计划"是党和国家面向竞争升级、局势动荡的未来，为培育21世纪杰出科学家而出台的一项拔尖人才培养计划。在《关于实施基础学科拔尖学生培养计划2.0的意见》中，国家明确将"强化学生的使命驱动"，即"引导学生面向国家战略需求、人类未来发展、思想文化创新和基础学科前沿，增强使命责任，激发学术志趣和内在动力"，作为拔尖创新人才培养的首要改革任务。党的二十大报告强调，教育、科技、人才"三位一体"是推进中国式现代化的客观要求。为构建具有全球竞争力的开放创新生态体系，强化新时代教育、科技、人才之间的融合发展路径，拔尖创新人才的培养是其中的重要抓手。"拔尖计划"的战略部署为拔尖创新人才的培养提供了政策、资源等全方位支持，每一步拔尖计划的实施稳扎稳打，为我国新时期下的创新人才培养探明了可操作的方向，为我国高等教育践行立德树人的根本任务、服务国家战略需求做出了重要探索。

二、"拔尖计划"理论研究进展

自"拔尖计划"实施以来，拔尖创新人才的培养一直是学术界关注的热点研究主题，并于近年来积累了较为丰富的研究成果。本章以"拔尖计划"作为全文检索词，在中国知网CNKI数据库中检索自2022年以来的相关文献，共计检索到相关文献3779条。从文献发布趋势来看，自2018年"拔尖计划"启动实施以来，相关研究在2010年开始出现，并于2018年"拔尖计划2.0"发布后呈现数量激增。

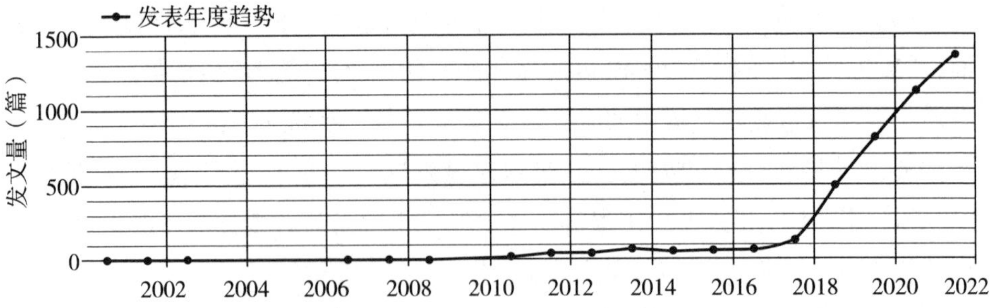

图 13-1 "拔尖计划"研究趋势图

为进一步明晰有关"拔尖计划"的学术研究进展与趋势，本章采用可视化分析软件 Citespace 对 3779 条筛选出的"拔尖计划"相关文献进行关键词聚类和突现分析。如图 13-2 和图 13-3 所示。对关键词进行聚类分析能够明晰当前研究领域中的研究热点，而对关键词进行突现分析能够了解突现词的时间分布和动态变化性，从而较好地反映领域内的研究前沿和发展趋势。

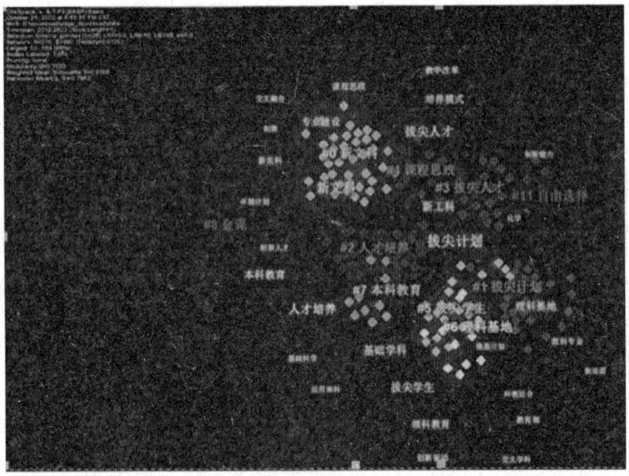

图 13-2 "拔尖计划"相关研究关键词聚类

Top 5 Keywords with the Strongest Citation Bursts

Keywords	Year	Strength	Begin	End	2012—2022
拔尖学生	2012	4.09	2012	2014	
基础学科	2012	3.34	2012	2016	
拔尖计划	2012	5.19	2013	2019	
培养模式	2012	2.51	2018	2019	
新文科	2012	9.19	2020	2022	

图 13-3 "拔尖计划"相关研究关键词突现

由相关研究关键词聚类分析（图13-2）可知，当前研究者围绕"拔尖计划"重点关注了"新文科""人才培养""拔尖人才""拔尖学生""理科基地""本科教育"等细分主题。而进一步观察相关研究的关键词突现分析（图13-3）结果可知，当前研究者对"基础学科"相关研究关注时间最久，从2012年至2016年研究热度持续居高。从2018年开始，学者更倾向于关注"培养模式"和"新文科"的相关主题。这与拔尖计划1.0、2.0政策出台的时间和内容紧密呼应，体现了对"拔尖计划"的研究由理科优先发展到文科并进的学科关注趋势，以及紧随计划发展动态的培养模式探索。

分析高被引论文可以较快了解研究领域认可度高的研究观点与结论。因此，本章梳理了中国知网 CNKI 数据库中近十年有关"创新人才培养"主题的高被引论文，发现近十年被引频次超过100的学术论文约十篇，发表时间集中在2011年至2017年，如表13-1所示。研究内容多为探讨人才培养的改革与模式探索，且多为质性研究，定量研究较少。这说明在2017年之前，"创新人才培养"的相关研究还处于初期论证、解释的阶段，具体操作化定量探索较少。

表13-1　近十年与"创新人才培养"相关的高被引论文

序号	题　目	作　者	年份	被引量
1	双创背景下高校教育教学改革探索研究	任之光，梅红	2017	103
2	中国加入《华盛顿协议》背景下工程创新人才培养的探索与实践	华尔天，计伟荣，吴向明	2017	151
3	高校个性化创新创业人才培养模式研究	姜慧，殷惠光，徐孝昶	2015	269
4	校企合作培养创新人才的探索与实践	徐科军，黄云志	2014	105
5	论高校创业教育与专业教育的融合	黄兆信，王志强	2013	601
6	教学改革如何制度化——"以学生为中心"的教育改革与创新人才培养特区在中国的兴起	周光礼，黄容霞	2013	158
7	协同创新与高校创新人才培养政策分析	薛二勇	2012	146
8	创新人才的培养目标、培养模式和实施要点	刘智运	2011	190
9	交叉学科建设与拔尖创新人才培养	马廷奇	2011	132
10	拔尖创新人才培养模式的调研与思考	徐晓媛，史代敏	2011	124

除关注文献研究趋势之外，国家级项目立项也能够较为准确地反映国家在相关领域的重点发展规划。基于此，本章同样围绕"拔尖计划"或拔尖人才培养的相关主题检索收集了近年来的国家立项和结项项目。"拔尖计划"与拔尖创新人才的培养主题同属管理类与教育类，在社会科学与自然科学领域均有立项。首先收集梳理国家社科立项项目，共检索出如表13-2所示的9个代表性项目。从项目类型来看，重点项目、青年项目、一般项目以及后期资助等各类型项目均得到立项，说明立项要求并不限制研究者身份与年龄。从立项时间来看，尤其是在2012年立项的相关项目数量最多，共有各类项目三项。从项目内容来看，当前研究者主要关注对于拔尖人才的国外经验借鉴与影响因素、培养机制与模式改革、学生评价机制与质量提升等内容，定量研究与定性研究并重。

表13-2　"拔尖计划"相关研究的国家社科立项

项目类型	时间	项目名称
一般项目	2017	高校科技成果转化促进创新型人才培养的作用机制
青年项目	2016	创新创业人才培养视阈中高校学生综合素质评价机制创新研究
后期资助	2015	从美国看中国创新人才培养的教育实践
一般项目	2013	美国创业型大学发展研究与创新型人才培养的基因观察
后期资助	2012	产学研合作提升人才培养质量研究
青年项目	2012	"情商"对高校拔尖创新人才培养影响及教育对策
青年项目	2012	协同创新视角下科学研究与人才培养的互动机制研究
一般项目	2012	高校人才培养模式改革与质量提升研究
重点项目	2010	高素质创新人才培养模式研究

资料来源：国家社科基金项目数据库

其次，收集检索近年来的国家自科结项项目与认定成果，如表13-3所示。梳理发现，在2018年"拔尖计划2.0"的发布时间节点上自科项目的立项数量最多。而与上述图13-2的社科立项项目时间对比发现，自2017年之后，社科的立项项目数量骤减，而自科的立项项目基本至2017年之后才开始。这说明自2017年之后，国家对于"拔尖计划"和创新人才培养的研究资助向自然科学领域倾斜，更重视对于人才培养模式在某一学科领域或跨学科背景下的具体实施路径及培养效果的反馈情况，对于拔尖创新人才培养的研究内容要求更为深入、对方法要求更为先进，且更侧重研究的实操性与实效性。

表13-3 "拔尖计划"相关研究的国家自科结项项目与认定成果

项目类型	时间	项目名称
国家自科结项项目		
青年科学基金项目	2020	研究型大学跨学科教育模式下本科创新人才培养的机制研究
地区科学基金项目	2017	不同育人模式下高层次创新人才成长规律建模比较及其对我国创新教育模式改革的启示研究
国家自科项目成果		
面上项目	2022	传统优势学科如何赋能高校拔尖创新人才培养
面上项目	2019	数字经济背景下创新人才培养模式及对策研究
青年科学基金项目	2018	工业工程应用型创新人才培养模式响应性测度研究
青年科学基金	2018	医学创新人才培养需求下生理学教学模式改革探索
青年科学基金项目	2018	青少年国际素养的影响因素研究——以某研究型大学的入学调查为例
青年科学基金项目	2018	基于数学建模竞赛的"六位一体"创新人才培养模式实践研究
重点项目	2018	面向集成电路质量技术创新人才培养的探索与实践——计算机体系结构国家重点实验室的实践
重点项目	2017	践行科教融合、贯穿产学研的创新人才培养——中国科学院计算技术研究所的实践
青年科学基金项目	2017	面向"一带一路"倡议需求的物流创新人才培养探析

资料来源：国家自然科学基金大数据知识管理服务门户

第二节　拔尖计划的实施

自"拔尖计划"正式实施以来，入选高校贯彻《基础学科拔尖学生培养试验计划实施办法》（教高司函〔2012〕2号）开展拔尖创新人才培养，分别在支持与保障、招生模式、培养模式、师资力量等方面逐渐探索出符合学生培养需求的创新人才培养路径并积累了丰富的经验，这对即将开展的"拔尖计划2.0"具有较好的指导和借鉴意义。

一、支持与保障

根据《基础学科拔尖学生培养试验计划实施办法》和《基础学科拔尖学生培养试验计划工作组章程》的精神和要求，高校纷纷采取措施，从组织、制度、经费等方面对入选"拔尖计划"的各类试验班开展支持。

（一）组织保障

第一，成立"拔尖计划"领导小组、专家委员会和工作委员会，分别负责"拔尖计划"的总体设计与领导、学术规划与把关、组织实施与协调等工作；相关学院成立领导小组或项目组负责"拔尖计划"分项目的执行。

第二，学校相关职能部门（教务处、财务处、人事处、学生处等）形成工作组或密切配合，做好"拔尖计划"项目管理与服务工作。

第三，在教务处、相关院系或荣誉学院设立"拔尖计划"工作组、办公室或机构，承担具体事务性工作和与学院的联络沟通工作。

（二）制度保障

各校陆续制定《拔尖计划工作方案》《拔尖计划专项经费管理办法》《拔尖计划外聘教师管理办法》《拔尖计划学生赴国（境）外管理办法》《拔尖计划学生管理规定》等规范项目实施。同时，针对"拔尖计划"在课程建设和队伍建设等方面的特殊要求，各校还纷纷出台相关文件予以支持。

（三）经费支持

教育部为"拔尖计划"划拨专项经费，各校按要求制定《拔尖计划专项经费管理办法》，合理规划专项经费，严格把控经费使用，确保每一笔经费都能够用于学生培养。

二、招生模式

优质生源是选拔优秀学生、培养拔尖人才最基本的条件。目前，实施"拔尖计划"的高校大多通过自主招生、高考批次选拔、校内选拔等方式遴选学生，不同之处在于各种招生方式的实施细则。此外，各校学生遴选的共同特点是实行动态进出机制，即不符合要求的学生即时退出试验班，条件合格的学生通过二次遴选进入试验班，保障拔尖学生的培养质量持续稳定。

表13-4　"拔尖计划"高校招生模式详情

入选院校	招生对象	考核重点	考核方式	再选拔
北京大学	全体本科生	学生个人兴趣和特点	笔试、面试、课程选修等	据学术兴趣、创新精神和发展潜质进行再选拔
清华大学	最优秀学生	综合能力、学术兴趣和发展潜质	—	—
南开大学	自主招生、全体在校学生	专业内容	笔试、面试	—
吉林大学	自主招生、重点推荐、提前批次录取	—	—	以学业成绩、综合素质和学术潜质分流
复旦大学	全体在校学生	—	学生自主申请	—
上海交通大学	全体在校学生	高考成绩或平时成绩	每年三次面试	—
南京大学	自主招生和校内二次招生	学术志向、创新潜质、心理素质	校内二次招生中，加大面试考核	—
浙江大学	自主招生和校内选拔	综合能力、学术兴趣和发展潜质	学科、综合测试，学科、综合专家面试，英语听说	—

入选院校	招生对象	考核重点	考核方式	再选拔
中国科学技术大学	保送生、自主招生学生和校内选拔	学术兴趣、发展潜质和综合能力	笔试和面试结合	—
四川大学	—	学习兴趣、学习潜能	笔试、专家面试和心理测试	—
西安交通大学	高考和校内选拔	兴趣、天赋和学习态度	—	—
北京师范大学	高考招生和入校选拔各50%	—	笔试、面试，参考高考成绩	—
山东大学	—	—	笔试、面试、操作考试、学业报告	—
中山大学	保送生、自主招生、一年级新生	—	入学后综合考评择优录取	—
武汉大学	自主招生、高考录取，入学后全体学生	—	笔试和面试	—
厦门大学	在校生申请或推荐	—	笔试、面试、心理测试	—
兰州大学	高考及自主招生，入学后选拔，专家推荐	—	笔试+面试综合考察	—
北京航空航天大学	高考自主招生，大一新生夏令营活动	—	基础课笔试、面试，综合素质面试及团队活动	—
哈尔滨工业大学	自主招生和校内选拔	—	面试、高考成绩、学生意愿	—

资料来源："拔尖计划"进展报告和各校相关网站

三、培养模式

"拔尖计划"入选高校均按照"一制三化"的原则开展创新人才培养，其中"一制"为"导师制"，"三化"为"小班化、个性化、国际化"。目前，各高校在拔尖创新人才方面均成效显著。

（一）导师制

导师制即设立学业导师、科研导师和生活导师，在课程学习、科学研究、生涯规划等方面给予学生全方位指导。学校为每位进入"拔尖计划"的学生配备导师，在学习过程中，还可根据实际情况调换导师，实现师生协作最优化。如吉林大学开展通识教育、跨学科专业教育、综合能力和创新教育四位一体的人才培养模式，实行名师班主任制和全程导师制，推动学生全方位发展。

（二）小班化

小班化培养是采用启发式、讨论式、探究式、研究性教学方法，促进学生探索性学习；精心设计特色课程，开设新生研讨课、跨学科交叉课程、科学前沿课程、创新性实验课等，促进学生深度学习。每个小班约20至30人，保证学生能够真正有时间和空间与专家老师面对面交流研讨。如复旦大学化学试验班采用小班化研讨室教学模式，强化第一课堂的作用，鼓励学生和教师面对面交流学习。

（三）个性化

注重个性化培养，根据学生的学习兴趣和发展潜力来制订培养方案，学生可以自主选择导师、专业和课程。学校通过开展科研训练、探索实施荣誉学位项目等来提升学生学习的挑战性、自主性和开放性，激发学生学科的志趣。如北京大学为学生提供丰富的课程选择，推行个性化培养方案建设高水平课程体系，夯实学科基础；根据学科发展，组织交叉培养项目；在课程建设和教学管理上为交叉学科的学习提供条件与保障。

（四）国际化

采用"引进来"和"走出去"相结合的方式开展国际交流，鼓励学生积极接触国际科学前沿、融入国际交流氛围、体验国际科研平台，在交流中成长，在竞争中成才。一方面，施行专家"引进来"：通过引进国际优秀教学资源、吸引世界知名教授参与，拓宽学生的国际视野；另一方面，实施学生"走出去"：精心选择国外的高端资源来分期分批地将学生送到国外一流大学、一流学科去学习，进入一流实验室接触科学前沿。部分学校实行三段式培养，即将大学四年时间中的前三年首先分两段，前一年半进行基础公共课学习，后一年半进行专业领域课程的学习，并前往各研究所与实验室进行科学实践，促进深度学习。在第四年时期，学生将前往国外顶尖大学或研究所学习交流，之后回校进行毕业答辩。

四、师资力量

按照《基础学科拔尖学生培养试验计划实施办法》规定，"拔尖计划"高校实施严格的教师选拔和聘任制，改革教师评价制度，以学术水平和教学质量决定教师薪酬。聘请相关领域具有国际影响力的著名科学家对培养方案及培养过程进行指导，邀请知名学者、优秀教师和社会杰出人士担任学生导师，聘请海外知名学者主持或参与教学，安排高水平专家、学者担任授课教师。在具体实施过程中，高校通过组建高水平教学团队、外聘优秀教师、选派和培养中青年骨干教师、聘请讲座教授等措施为学生选派充满热情、愿意投入学生培养工作的高水平师资团队。

（一）组建高水平教学团队

各校纷纷立足本校中国科学院院士、教育部长江学者、国家杰出青年基金获得者、教育部跨（新）世纪人才等高水平的师资力量推进拔尖计划的实施。在此基础上，开展高水平师资常态化建设机制，结合本科教育教学相关工程，不断推动教师团队建设。团队教师具体负责学生选拔、担任拔尖学生的专业指导教师，以及作为专业指导小组、课程教学小组成员承担学生的全部教学工作。

（二）外聘优秀教师

各校积极聘请国际知名学者、国内优秀青年学者为学生授课；聘请国外一流大学知名教授开设专业基础课和专业课；加大国际知名科学家的引进，组建国际化师资队伍。

（三）选派和培养中青年骨干教师

各校选派高水平师资为试验班学生授课，选派最优秀的教师负责专业课教学，同时引进在海外获得学位和有海外教学经历的新晋青年学者，形成"首席教授—教学团队—科研导师—班主任"有机结合的教师队伍。在前期师资选聘和引进的基础上，选派本校中青年教师随堂听课、讨论学习、外派进修，培养中青年骨干教师。

（四）聘请讲座教授

通过举办名家讲坛，不定期邀请国内外名家前来讲学，为学生营造与学界顶尖学者零距离接触的丰富机会，开拓科学前沿视野。此外，还积极邀请两院院士、国际知名教授、中组部"千人计划"教授、长江学者等作报告。

第三节　以典型案例分析拔尖计划的实施成效

本节以西安交通大学的拔尖学生培养计划为典型案例，从招生与毕业情况、整体实施成效和分阶段比较三个方面介绍拔尖计划的开展现状，并对比分析"拔尖计划学生"和"普通学生"之间的培养成效差异。

一、西安交通大学拔尖计划简况

西安交通大学是首批进入"拔尖计划"的11所高校之一。学校自2009年起，承担了数学和物理两个基础学科拔尖学生培养试验班，在前期探索和实践的基础上，于2016年开办化学生物试验班和计算机试验班，以期进一步探索拔尖创新人才的有效培养路径。2018年，学校开办人工智能试验班，旨在为我国攀登21世纪的人工智能领域科技制高点奠定人才基础。截至2018年5月，试验班已历经9年，共招收学生815名，毕业256人，其中，90%以上的毕业生已被国内外一流大学录取深造，继续攻读硕士和博士学位。

（一）试验班历年招生情况（2009—2017级）

如表13-5与图13-4所示为西安交通大学理科实验班在2009年至2017年间的招生情况。其中，实验班在2009年的初始时期仅招收数学与物理两个专业；至2016年开始，又加入化学生物类与计算机专业的招收。除2009年的起始年份中物理专业招收人数较少之外，其他每届每班的招收人数均在35~40人左右，且招收总人数逐年略有上涨。

表13-5 理科试验班2009-2017年招生情况

单位：人

入学年份	数学班	物理班	化生班	计算机班	总计
2009	34	23	0	0	57
2010	35	39	0	0	74
2011	35	41	0	0	76
2012	33	41	0	0	74
2013	42	38	0	0	80
2014	41	39	0	0	80
2015	41	40	0	0	81
2016	41	38	36	32	147
2017	41	40	33	32	146

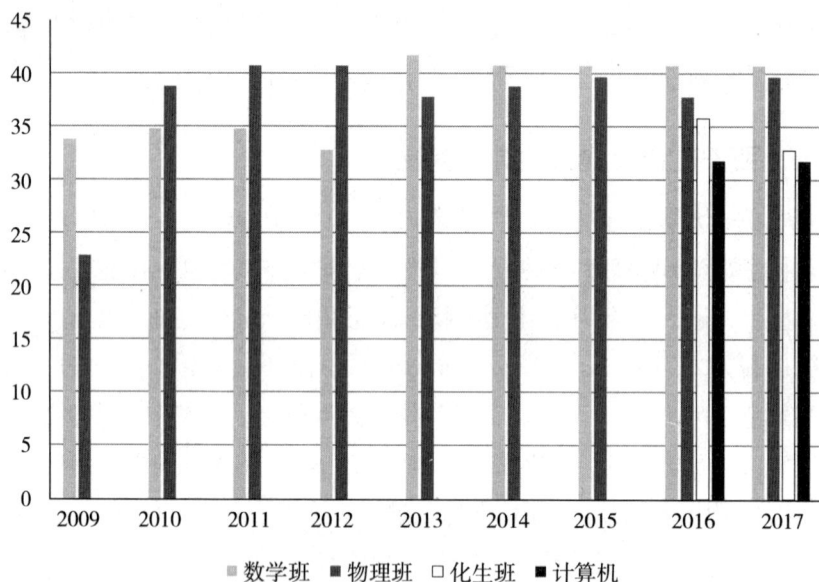

图13-4 理科试验班2009—2017招生情况对比

（二）试验班历届毕业生情况（2013—2017届）

如表13-6与图13-5所示为西安交通大学理科实验班在2013年至2017年间数学和物理专业的毕业生流向情况。其中，出国读研在2017年之前一直是占比最高的选项，除2014届的数学专业学生更多选择外校或本校读研之外，一直有接近50%上下的学生走上出国深造之路，2016届的物理专业更是达到了惊人的100%。而至2017年，物理专业的学生选择出国读研的占比却又猛然回落，降至仅为37%，半数学生选择了外校读研。

表13-6　理科试验班2013—2017届毕业生流向情况

年级	学科	出国读研	外校读研	本校读研	其他
2013届	数学	48%	20%	32%	0%
	物理	42%	58%	0%	0%
2014届	数学	20%	40%	40%	0%
	物理	45%	40%	15%	0%
2015届	数学	48%	18%	17%	17%
	物理	57%	10%	27%	6%
2016届	数学	65%	20%	15%	0%
	物理	100%	0%	0%	0%
2017届	数学	54%	21%	25%	0%
	物理	37%	50%	13%	0%

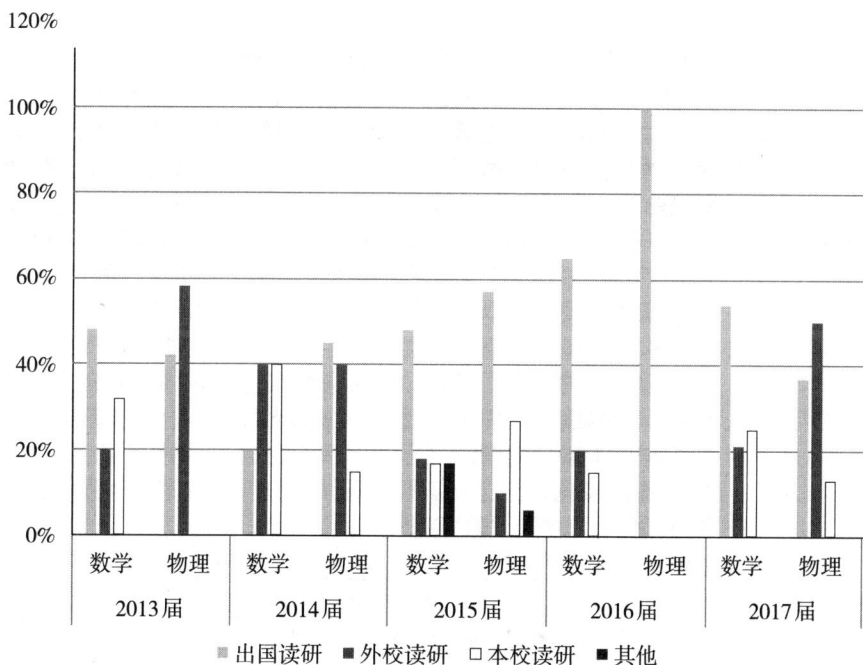

图13-5　理科试验班2013—2017届毕业生流向对比

二、计划整体实施成效

比较拔尖计划实施后，拔尖计划学生和普通学生的认知与创造力发展整体情况，分别如图13-6和图13-7所示。由图可知，两类学生的整体发展趋势较为一致，表现较好和较差的方面基本相同。具体而言，两类学生在学习目标定向、社会责任领导力、社会参与、多样性开放度和批判性思维倾向方面均处于较高水平，这意味着高校在人才培养理念上越来越注重学生综合能力的提升，尤其是在学生的立德教育和创新能力提升方面。并且，越来越多的学生有意愿参与各类课外实践活动，以理性的认知态度和积极的求知精神认识世界，主动锻炼提升自身的综合能力。

然而，普通和拔尖计划两类学生在学生动机与需求方面仍均处于较低水平，这说明无论是何种培养类型的学生，激励其对于学习和创新产生积极的内部动力均是培养过程中的难题。未来高校在教育教学培养改革方面应加强对于学生的内部动机激励，从关注学生个体需求的角度出发，将国家创新战略需求与学生的动机与需求相结合，在培养国家需要的新时代人才的同时，也考虑人才的自我实现目标。

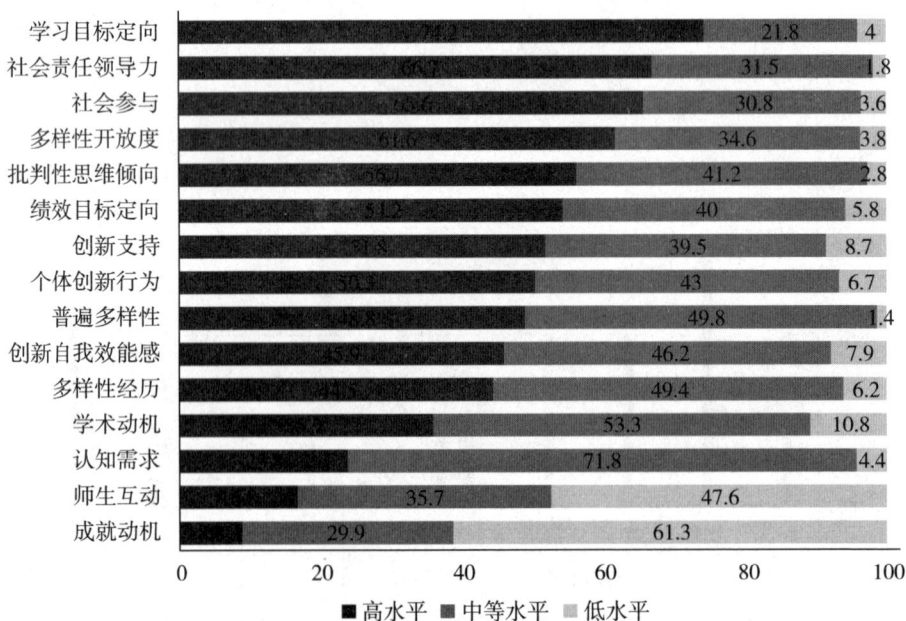

图 13-6　普通学生认知与创造力发展情况

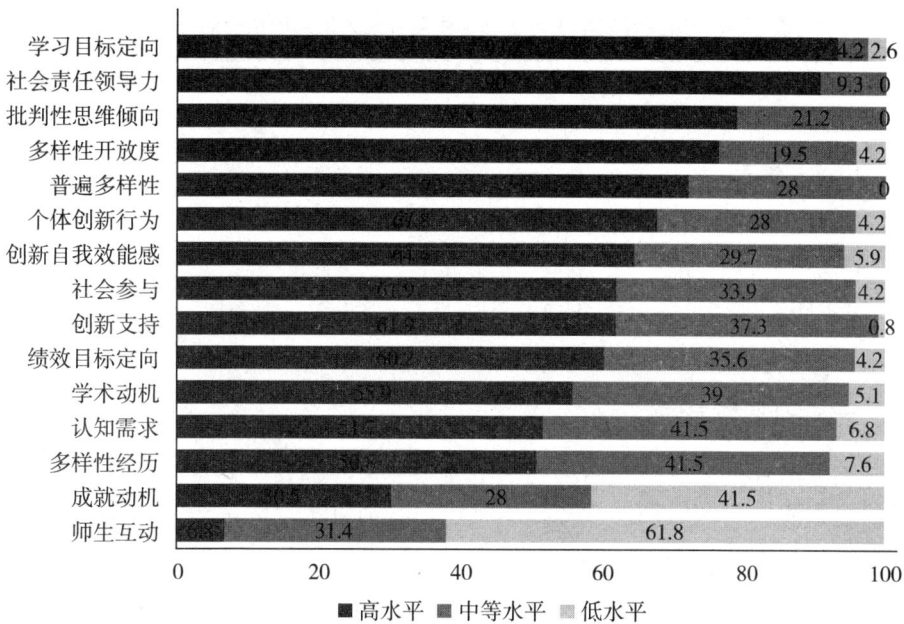

图 13-7 拔尖计划学生认知与创造力发展情况

　　将普通学生与拔尖计划学生双方均表现较好的学习目标定向、社会责任领导力、社会参与、多样性开放度和批判性思维倾向等方面得分列入表格进一步分析对比，（如表13-7所示）发现在各方面中拔尖计划学生的得分表现均明显高于普通学生。由此可见，"拔尖计划"的实施成效显著，拔尖计划学生在求知的积极性与承担社会责任的主动性方面表现更为突出。然而还应看到，拔尖计划学生的培养仍旧存在短板。对比图13-6与图13-7可知，拔尖计划学生在社会参与和师生互动方面的调查结果表现低于普通学生。这可能是由于拔尖计划学生侧重向科学研究人才的目标方向培养，因此无论是学生还是高校均相对降低了对学生参与各类社会活动的重视程度，而在与各类导师的交流方面，拔尖学生的表现也仍需提升。未来可进一步根据拔尖计划学生的培养成效适度调整培养侧重点。

表13-7　拔尖计划学生与普通学生差异最大的几项指标对比（％）

项目	拔尖学生	普通学生	差值
认知需求	51.7	23.8	27.9
社会责任领导力	90.7	66.7	24
普遍/多样性	72	48.8	23.2
成就动机	30.5	8.8	21.7
学习目标定向	93.2	74.2	19

三、分阶段比较

接下来，本节将拔尖创新人才的培养分为前期的环境创设阶段、中期的培养过程阶段以及后期的人才输出阶段，分别对比分析这三个阶段中拔尖计划学生与普通学生的表现情况。

（一）环境创设阶段

环境创设阶段重点关注在培养过程开始之前，学生对于学校的教育目标定向和创新支持的感知情况，如表13-8所示。其中，拔尖计划学生和普通学生在学习目标定向感知和创新支持感知上存在显著差异，而在绩效目标定向感知上的差异并不显著。具体而言，拔尖计划学生感知到的学习目标定向均值为4.26，普通学生为3.91；拔尖计划学生感知到的创新支持均值为3.74，普通学生为3.51，图13-8更为清晰地展现出两类学生的得分差异。

表13-8　环境创设阶段的学生感知差异

项目	总体	是否参与拔尖计划		T检验
		拔尖计划学生	普通学生	
学习目标定向				
均值	3.95	4.26	3.91	5.86***
样本量（人）	1060	118	942	——
绩效目标定向				
均值	3.51	3.55	3.50	0.671
样本量（人）	1060	118	942	——

续　表

项目	总体	是否参与拔尖计划		T检验
		拔尖计划学生	普通学生	
创新支持				
均值	3.54	3.74	3.51	3.31***
样本量（人）	1060	118	942	—

这说明拔尖计划更加重视对于人才的创新能力培养，且高校给予拔尖计划学生的各项创新培养政策支持得到了积极反馈，拔尖计划改革初见成效。资料显示，参与拔尖计划的学生比同龄学生"学业超前"3年时间，在学习和就业方面均更具年龄优势。2010年以来，少年班学生中选择研究生深造、出国、进入世界前50名大学就读的比例分别高于同校同期统招生1.63倍、2.21倍和2.86倍，学生学业优势明显。另外，拔尖计划学生与普通学生在绩效目标定向感知方面的均值分别为3.55和3.50，差异不显著，可见高校与学生均逐步认识到唯分数论的单一维度教育目标定向不再适用于当前迅捷多变且愈发复杂、开放的时代要求，注重个体的综合能力的全面提升，才能应对不断需要创新更迭的社会建设需求。

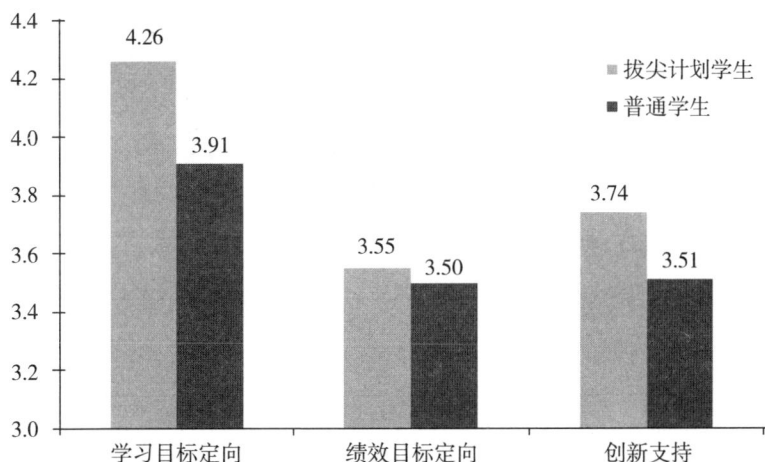

图 13-8　拔尖计划学生与普通大学生环境创设的对比分析

（二）培养过程阶段

培养过程阶段重点关注在学生在接受教育教学培养的整个过程中，自身的动机与需求、参与各类社会活动及课堂活动的情况，以及学生对于多样性的态度等情况。

1.学生动机与需求

如表13-9所示，拔尖计划学生和普通学生在追求成功与规避失败的成就动机、学术动机、认知需求三方面均呈现显著差异，且拔尖计划学生的表现相对更佳。具体而言，虽然两类学生在追求成功的成就动机方面并无显著差异，拔尖计划学生的均值为3.36，仅略高于普通学生的3.33，然而在规避失败的成就动机方面，拔尖计划学生的得分却显著低于普通学生，均值分别为2.97与3.26，图13-9更为清晰地展现出两类学生的得分差异。这说明拔尖计划学生对于成就目标有更为积极的心理归因与追求倾向，有克服困难的坚强意志与高度的学习意愿，不会因为失败就过度沮丧。

表13-9　培养过程阶段的学生动机与需求差异

项目	总体	是否参与拔尖计划		T检验/LR
		拔尖计划学生	普通学生	
追求成功				
均值	3.33	3.36	3.33	0.60
样本量（人）	1060	118	942	—
规避失败				
均值	3.23	2.97	3.26	4.75***
样本量（人）	1060	118	942	—
学术动机				
均值	3.39	3.57	3.37	2.97***
样本量（人）	1060	118	942	—
认知需求				
均值	3.29	3.41	3.25	6.32***
样本量（人）	1060	118	942	—

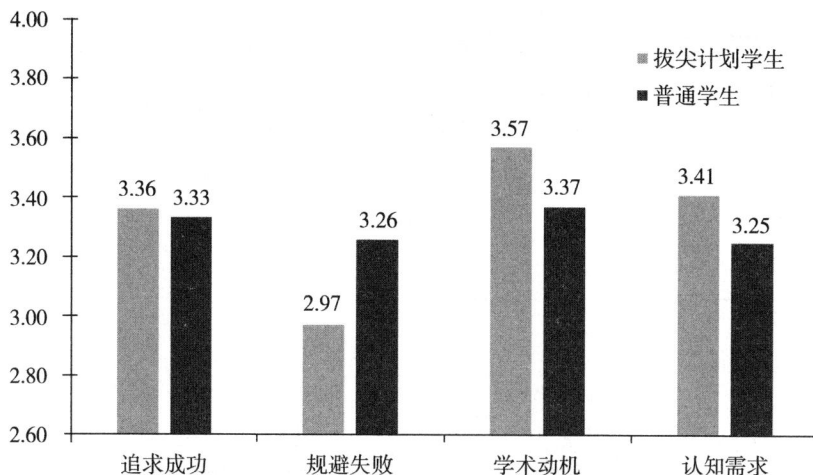

图 13-9 拔尖计划学生与普通大学生动机与需求的对比分析

同样，拔尖计划学生的学术动机得分均值为3.57，显著高于均值为3.37的普通学生水平；拔尖计划学生的认知需求均值为3.41，显著高于均值为3.25的普通学生水平。由此可见，拔尖计划学生对于自身能力的提升与知识的探索学习方面相对具备更高的内驱动力，这可能与学生的个体素质、环境氛围与政策支持等内外部因素有关联。

2. 多样性态度

如表13-10所示，拔尖计划学生和普通学生在多样性态度方面差异显著。具体而言，拔尖计划学生的普遍—多样性感知均值为3.85，而普通学生的均值得分仅为3.53；拔尖计划学生对多样性开放度的态度均值为3.94，而普通学生的均值得分为3.72，图13-10更为清晰地展现出两类学生的得分差异。

表13-10 培养过程阶段的学生多样性态度差异

项目	总体	是否参与拔尖计划		T检验/LR
		拔尖计划学生	普通学生	
普遍—多样性				
均值	3.57	3.85	3.53	6.29***
样本量（人）	1060	118	942	—

项目	总体	是否参与拔尖计划		T 检验 /LR
		拔尖计划学生	普通学生	
多样性开放度				
均值	3.74	3.94	3.72	3.08**
样本量（人）	1060	118	942	—

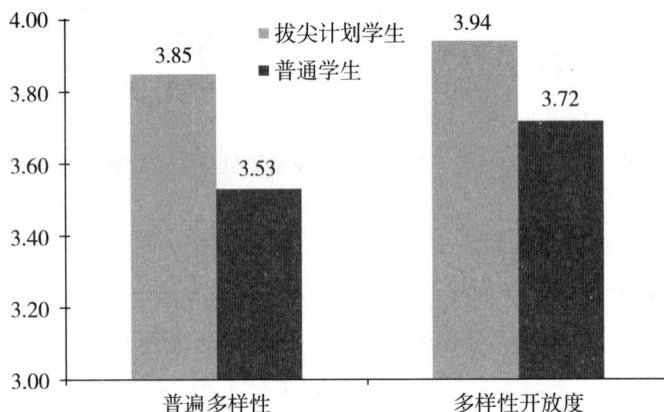

图 13-10　拔尖计划学生与普通大学生多样性态度的对比分析

　　这一结果表明，拔尖计划学生对于尝试新鲜事物、探索未知世界的态度更为积极，对于不同的事物与认知也倾向于保持开放包容的态度。这可能与拔尖计划学生在培养政策的支持下能够接触到更为多样性的专家学者、参与多样性的活动、浸入多样性的学习环境有关。

　　3.学生参与

　　如表13-11所示，拔尖计划学生在多样性学术经历方面存在显著优势，然而在师生互动与多样性社交经历方面却劣势显著。具体而言，拔尖计划学生的多样性学术经历均值为3.52，而普通学生的得分均值仅为3.29，图13-11更为清晰地展现出两类学生的得分差异。

表13-11 培养过程阶段的学生参与差异

项目	总体	是否参与拔尖计划		T检验/LR
		拔尖计划学生	普通学生	
社会参与				
均值	3.74	3.64	3.75	−1.89
样本量（人）	1060	118	942	—
师生互动				
均值	2.51	2.29	2.59	−4.05***
样本量（人）	1060	118	942	—
多样性学术经历				
均值	3.34	3.52	3.29	2.96***
样本量（人）	1060	118	942	—
多样性社交经历				
均值	3.53	3.29	3.56	−2.93***
样本量（人）	1060	118	942	—

　　这可能是由于拔尖计划学生在科研创新活动、撰写论文、参与学术交流方面比普通学生得到的锻炼机会更多，从而培养出显著的优势差异。而拔尖计划学生在师生互动和多样性社交经历方面的显著劣势，也昭示着拔尖计划的教学培养设计可能仍存缺陷。拔尖计划的培养目标过于清晰，在一定程度上会促使学生产生更多的功利性目标，摒弃所谓"无用"的一些社会活动与人际互动，以更加集中精力提升学术与技术能力。但事实上正是一些发散性的、间接的实践活动，才能够帮助学生厚积薄发，以多样性的量变引起创新性的质变。结合表13-10与图13-10所示的结果，拔尖计划学生对多样性的态度十分积极，而行动力相对不足，这可能也是由于其课业与竞争压力大所致。因此，未来可考虑在对拔尖计划学生实施培养的过程中加强其对于多样性活动和师生互动参与的支持力度。

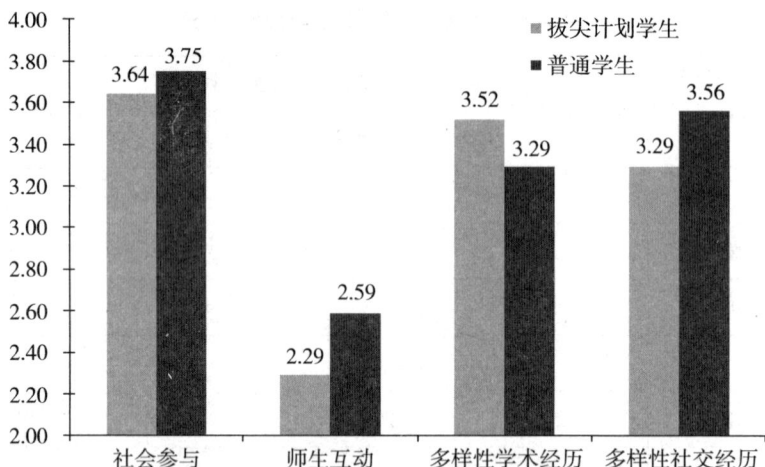

图 13-11 拔尖计划学生与普通大学生参与的对比分析

（三）人才输出阶段

人才输出阶段重点关注学生在接受培养后的创新创造力以及社会责任领导力表现情况。

1. 创新创造力

如表13-12所示，拔尖计划学生和普通学生在批判性思维倾向、创新自我效能感和个体创新行为上均存在显著差异，拔尖计划学生在创新创造力方面的表现普遍更强。具体而言，拔尖计划学生的批判性思维倾向均值为3.91，显著高于均值为3.60的普通学生得分；拔尖计划学生的个体创新行为均值为3.81，显著高于均值为3.59的普通学生得分；拔尖计划学生的创新自我效能感均值为3.74，同样显著高于均值为3.43的普通学生得分，图13-12更为清晰地展现出两类学生的得分差异。由此可见，拔尖计划学生的创新创造力表现优势明显，拔尖计划的实施初见成效。

资料显示，2010年以来，拔尖计划学生在全国青少年信息学奥林匹克竞赛、数学建模竞赛、英语竞赛、机器人大赛等重大赛事上累计获奖326项，含国家级特等奖2项、一等奖59项，获奖比例高达33.3%，高于普通本科生2.43倍。这些信息也同样证明了拔尖计划的培育成效。不过，如表13-12与图13-12所示，无论是何种类型的学生，其批判性思维倾向的得分在自身的创新创造力塑造中表现最佳,其次为个体创新行为的得分,而创新自我效能感的得分则相对最低,不过其最低得分仍然处于李克特5级量表的中等偏上水平,说明普通学生的创新创造力同样得到了一定发展。

表13-12 人才输出阶段的创新创造力差异

项目	总体	是否参与拔尖计划		T值
		拔尖计划学生	普通学生	
批判性思维倾向				
均值	3.64	3.91	3.60	5.45***
样本量(人)	1060	118	942	—
个体创新行为				
均值	3.62	3.81	3.59	3.23**
样本量(人)	1060	118	942	—
创新自我效能感				
均值	3.47	3.74	3.43	4.48***
样本量(人)	1060	118	942	—

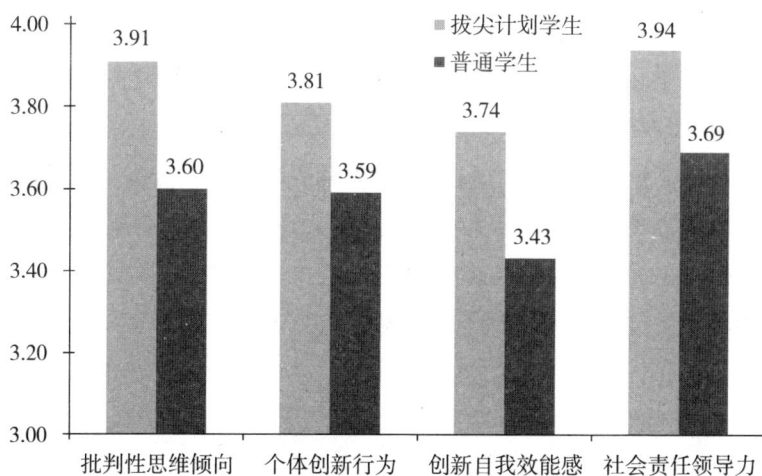

图13-12 拔尖计划学生与普通大学生人才输出的对比分析

2.社会责任领导力

如表13-13所示，拔尖计划学生在社会责任领导力方面表现更优，其均值为3.94，显著高于均值为3.69的普通学生得分，图13-12更为清晰地展现出两类学生的得分差异。由此可见，拔尖计划对于学生社会责任领导力的重视和培养成效显著，拔尖计划学生在社会建设的使命感和责任感方面相对更具担当，更有意愿发挥创新创造精神，以自身所学服务、贡献社会发展。

表13-13　社会责任领导力的群体差异

项目	总体	是否参与拔尖计划		T 值
		拔尖计划学生	普通学生	
社会责任领导力				
均值	3.72	3.94	3.69	4.83***
样本量（人）	1060	118	942	——

四、分析结果

整体而言，拔尖创新人才的培养实践已在环境创设、学生参与和学生外显能力的培养方面得到了较大改善，如教育目标定向、创新支持、社会参与、社会责任领导力和批判性思维倾向等方面。然而，学生的动机与需求等内部心理仍处于相对较低的水平，如成就动机和认知需求等。这说明高校在人才培养改革中对学生主体性地位的认知还不足，存在忽略大学生群体的感知、内部动机和内部需求的现象。

拔尖学生在认知与创造力发展方面具有明显优势，拔尖计划改革成效显著。拔尖计划通过定制培养方案、深化教学改革等手段，明显优化培养理念、加大教育投入，促使拔尖学生个体创新的产生，但是拔尖计划学生的多样性社交经历和师生互动方面仍存不足，甚至与普通学生尚存一定差距。未来拔尖计划也可在优化大学生社交多样性经历方面先行先试，深入探索，开拓创新。

第十四章

政策启示

本书从"目标驱动—培养过程—人才输出"这三个人才培养的前、中、后期重要环节入手，建立拔尖创新人才有效培养路径的探索框架。通过上述各章节的具体分析，结合"以社会为本"和"以人为本"的教育理念，本书提出以下几方面的政策启示。

第一节　淡化成绩单维评价，注重综合能力培养

成绩是评判学生个体学习能力与努力程度的最直观标准，也是最易获取的评价指标。因此，当前学校教育中仍存在唯分数论的目标倾向，学生为几分得失投入大量时间精力，以应对学校的成绩排名定奖等切身利益。然而，在国际科技竞争日趋激烈的时代背景下，发展能够应对、解决复杂现实问题的综合能力，才是拔尖创新人才培养的突出目标，是深入推进国家创新驱动发展战略的基本要求。

基于此，当前高校应进一步将素质教育作为深化教育改革的主攻口，更注重学生综合素质和学习实践能力的培养。具体而言，其一，高校在人才培养目标设定中，应更加强调学生的能力训练，在学校教学活动的组织实施过程中，注重对学习过程的考核、对学习能力的考核，逐渐以等级评价、选优评价等方式取代、淡化当前盛行的分数评价。其二，通过营造鼓励创新、重视能力的校园氛围，引导大学生在今后的学习过程中，以学习目标定向作为

评价自身能力的标准，更关注自身综合素质发展，注重对任务的理解和掌握，乐于参与有创造性的、以提升能力为目标的学习活动。普通院校和民办及独立院校需总结借鉴重点院校人才培养的成功经验，结合自身实际和院校特点定制培养方案、深化教学改革，帮助学生树立正确的学习目标和学习规划。其三，分阶段制订培养计划和培养目标，帮助低年级学生做好入学的适应调整，为高年级学生制订个性化的学术活动和实践活动，引导学生树立乐于挑战、乐于学习的积极态度和目标，以提升各年级学生的综合素质。

第二节　加强创新支持力度，满足学生实际需求

学生好奇心与创造力的激发，离不开外部环境的鼓励和支持。学生作为初出茅庐的社会新人，一方面若缺乏足够资源的支撑，便难以将创新想法付诸行动；另一方面，缺乏鼓励支持的政策导向与氛围，学生基于成绩考核等压力便会自然将大量时间精力分配给"有用"的绩效，即成绩、活动奖励等成效的提升，而非回报期长、投入大的创新能力提升。因此，拔尖创新人才的培养，需要高校加大力度提升创新支持，将学生的发展倾向引导到创新上来，营造良好的创新能力培育环境。

具体而言，高校一方面应关注学校在硬件设施方面的投入，另一方面应提供更多的机会和场所使学生有机会接触到相关学习设施。进一步在师生互动、校企合作、国际交流等方面继续增加投入，为学生创造创新的人际支持与工具支持条件，如学科交叉合作、鼓励师生、同侪的创新合作，鼓励学生参与更多校外创新活动等。同时，鼓励学生积极制定创新创造的目标、支持学生的创新创造活动、及时认可学生的创新努力、赞扬学生的创新工作等，以给予学生充分的精神支持。

第三节 树立积极学习目标，提升发展内驱动机

大学生是成长为拔尖创新人才的重要预备力量，他们的可持续发展关乎我国科技创新实力建设与提升，而促进大学生可持续发展的最重要推动力，便是个体的内驱力。具备终身学习的动力、永不言败的精神、积极进取的态度，并为此持之以恒的努力，个体才能在不断变化的世界中可持续的增强自身综合能力，激发创新创造力的产生。然而，当前我国高等教育严进宽出的现状，使得部分学生从高中升入大学后出现了目标断层。低淘汰率的考核制度使得部分学生以"60分万岁"的消极心态应对考核，将考试及格、顺利毕业作为大学期间的唯一短期目标，而对与考试无关的知识、技能、学习训练漠不关心，面对创新挑战抱有畏难情绪，甚至惧怕、退缩，相悖于拔尖创新人才的培养目标。

针对大学生较低的动机与需求现状，未来高校需进一步提高学生的考核标准，并进一步重视对学生综合能力的考察，关注学生的实际需求和学习生活困难，切实提升学生的学习积极性。在高校的课程设置中，应当注重学科内容的多元化、丰富性，鼓励学生自主学习，拓展学生广阔的知识面和独立思考的能力，提高学生的综合素质。针对不同专业和年级，可以在高校设置专业指导教师，举办毕业生交流会等，引导他们正确地了解和发掘自己的兴趣爱好，激发学生的学习动机，帮助学生更好地实现个人目标。

第四节 鼓励多样活动参与，激发创新创造活力

创新常常通过多样性涌现。创新的发生，需要多样性的知识获得、经历积累、人际交流才能得以厚积薄发。因此，高等教育应充分体现多样性，鼓

励学生接触更为多元化的知识、文化、人群与活动，并通过师生间的平等交流营造积极的学习氛围。然而，在传统的教学设计和实践活动中，管理者往往较为重视纳入教学计划的学习活动，而相对忽略了学校其他形式交流互动活动对个体发展特别是创新创造力发展的影响。同时师生间的关系疏远、互动贫乏，也导致各类教师对学生了解不足，个性化教育教学缺失，不利于拔尖创新人才的多样化与个性化创新培养。

针对大学生参与活动多样性不足的现状，高校在育人目标和教学环节设置中一方面需重点培养学生对多元事物的开放视野和心态，增强其创新创造力的发展需求，另一方面，应为高校学生开展以现实问题为导向的项目合作课程，在教师引导、学生合作的过程中增强学生师生互动的积极性。在课外活动上，高校的社团组织可以通过开展留学生与在校生的学习生活交流会，增强不同国家和民族间学生的文化交流与学习，动员和鼓励学生参与多样性的课外活动丰富课余生活，拓展学生的视野。同时，应当举办相关活动增加师生交流的机会，如师生学术讲座、课堂答疑交流会等。在高校教师评价和考核层面，鼓励高校教师注重教学和人才培养，加强与学生的互动和交流。在教学设计和活动组织过程中，不同类型高校应充分利用自身资源并结合学校特点，鼓励学生参与不同类型的多样性活动，如重点院校学生可以适当关注学生社团活动、志愿者服务及多样的文化交流活动，考虑将其纳入学分计划或进行专门引导。普通院校可针对不同学科设计不同类型的教学实践，全面增强学生的学术多样性经历。

第五节　重视加强创新教育，培养学生创新能力

大学生是最富活力且最具创造性的社会建设力量，大学生的创新能力同样需要课堂教学、社会活动参与的直接培养锻炼。为增强大学生的创新创造能力，激发创新活力和积极性，建议采取以下措施：首先，完善高校的创新教育体系，提供多方面的创新支持，通过营建开放、包容、多样的文化环境，

让更多学生能够接触多样性人、事、物的机会，增强大学生的创新意识和创新能力。

其次，在课程设置中，注重在进行知识教育的同时培养学生的质疑精神，适当开设创新创业基础类课程以及学科或专业前沿知识讲座，尤其是针对人文社科的学生，设置符合其学习思维的创新课程，提高其接受度及学习兴趣。考虑到大学生的创新创造能力相关指标都有随年级上升而下降的趋势，高校在课程设置中应充分考虑各时间节点，充分利用大一大二学生好奇心强，精力时间充沛的优势，加强对他们的专业教育并坚持每学期或每学年定期开展，以引导学生找到学习兴趣点，便于他们形成创新意识和批判性思维，了解并掌握创新基础能力，对于高年级学生及研究生也应持续的在其课程设置中渗透创新思维及创新知识，鼓励他们多参加创新类活动。

最后，应增强大学生创新典范的培育，大力加强校园创新文化建设。可通过知名专家学者专题研讨、校友讲坛、先进学生事迹报告会等形式，积极搭建校园创新文化载体，深入宣传学生身边的创新实践榜样事迹，充分发挥典型的示范引领作用，营造浓厚的校园创新文化氛围，促进大学生对创新的自信心和荣誉感，于无形中培养大学生的创新意愿和积极性，促使其主动参与创新实践活动。

第六节　聚焦德育建设目标，提升社会责任担当

人才是强国之本，是社会建设之基。拔尖创新人才的培养，需将引领社会建设发展的社会责任与国家使命内化为个体自身的价值追求，塑造个体志存高远、勇担时代重任的领袖精神，才能将人才的创新能力充分运用于国家创新战略目标的驱动发展，培养造就堪当民族复兴大任的时代新人。

为进一步提升大学生的社会责任领导力，建议可采取以下措施：首先，各高校应重视大学生社会责任领导力的发展，并将其纳入教学目标和教学设计中。特别是独立及民办院校，可设立专门的领导力研究教育中心或项目小

组，依托专家学者、专业工作人员的力量来推动领导力教育，可定期对大学生的领导力水平进行调查，将其与学分挂钩进行评估。另外可在学生课程设置中开设领导力课程，采取灵活多样的教学方式，促进学生对于领导力的理解和自信心。

其次，学校应从个人、组织、社区三个层面，全面培养大学生的社会责任领导力。在个体层面，可通过开展骨干培训、党员培训等，培养学生个体的领导意识，鼓励学生参与自己感兴趣的校园活动，帮助学生形成更清晰的自我认知，在活动中培养言行一致、实现承诺的良好品质。在组织层面，学校应鼓励学生参加社团等课外组织，在活动中丰富领导力经验，引导学生树立组织共同目标，培养学生的合作意识与包容心态。在社区层面，学校应与周边社区、企事业单位保持紧密联系，鼓励学生投身于社会实践中，结合社区和企业实际需求，承担社会责任，为解决社会问题贡献力量。

最后，在学校教育中应持续强化对大学生的思想政治教育，坚定其理想信念，使大学生自觉地将个人目标与国家需求、社会需求、人民需求相结合，保持初心。对于拥有更高知识文化水平的高年级本科生和研究生要注重导师的示范作用，同时可多开展思政教育讲座、学生时事论坛等，深化学生对社会责任、担当等价值观的理解，激发其认同感和自觉性、主动性。

附录 1

全文量表

中国大学生认知与创造力发展测评问卷

各位同学：

您好！这是一份关于中国大学生认知与创造力发展的研究问卷，收集的信息仅供研究之用，问卷选项没有对错之分，请您自愿填答或打"√"。问卷不记名、不单独公开，完成问卷约需50分钟。

您的认真参与将对推动中国高等教育改革、提升大学生认知发展与创新创造力产生重要且积极的影响。谢谢配合！

大学生认知与创造力发展课题组

2015年9月

问卷正文

第一部分：目标定向

这部分旨在了解你对学习或特定任务的看法，以下表述你是否认同？	强烈反对 ←→ 非常赞同				
1-1. 我更愿意做有把握、能做好的事情	1	2	3	4	5
1-2. 有机会承担具有挑战性的任务很重要	1	2	3	4	5
1-3. 我乐意承担不会出差错的任务	1	2	3	4	5
1-4. 有难度的任务更能激起我的斗志	1	2	3	4	5
1-5. 我最喜爱的事就是我能做的最好的事	1	2	3	4	5
1-6. 我更乐意做能学到新知识的任务	1	2	3	4	5
1-7. 他人关于我能否做好某事的评价很重要	1	2	3	4	5

续　表

这部分旨在了解你对学习或特定任务的看法，以下表述你是否认同？	强烈反对 ◄——► 非常赞同				
1-8. 学习新东西的机会对我来说很重要	1	2	3	4	5
1-9. 如果我做事不出任何差错，我会觉得自己是聪明的	1	2	3	4	5
1-10. 面临有难度的任务，我会尽力去做	1	2	3	4	5
1-11. 我希望在某事前就有足够的信心做好它	1	2	3	4	5
1-12. 在以前经验的基础上，我会尽可能提高自己	1	2	3	4	5
1-13. 我喜欢做那些我以前做得好的事	1	2	3	4	5
1-14. 拓展能力的机会很重要	1	2	3	4	5
1-15. 如果我在某些事上比其他大多数人做得更好，我会觉得自己是聪明的	1	2	3	4	5
1-16. 我喜欢尝试不同方法解决困难	1	2	3	4	5

第二部分：创新支持

这部分旨在了解你对学校保护、认可、支持创新的感受，请根据实际情况判断：	完全不符 ◄——► 完全符合				
2-1. 学校试图为学生提供必要的学习设施	1	2	3	4	5
2-2. 学校努力确保学生从事创造性工作所需资源	1	2	3	4	5
2-3. 我认为学校充满了创造力	1	2	3	4	5
2-4. 学校对创新工作给予值得的回报	1	2	3	4	5
2-5. 学校公开的认可学生的创新努力	1	2	3	4	5
2-6. 学校鼓励学生制定创新目标	1	2	3	4	5
2-7. 学校赞扬学生的创新工作	1	2	3	4	5
2-8. 学校支持学生的创造与革新	1	2	3	4	5
2-9. 学校赞扬学生的创新努力，甚至是在结果不太成功时	1	2	3	4	5
2-10. 学校以学生的学业努力和学业成就为荣	1	2	3	4	5

这部分旨在了解你对学校保护、认可、支持创新的感受，请根据实际情况判断：	完全不符 ←→ 完全符合				
2-11. 学校让学生更加坚信自己有创新潜能	1	2	3	4	5
2-12. 学校鼓励学生与他人合作	1	2	3	4	5
2-13. 学校强调与他人分享知识的重要性	1	2	3	4	5
2-14. 学校积极寻求与外部成员的相互交流	1	2	3	4	5
2-15. 学校努力获取促进学生发展的相关信息	1	2	3	4	5
2-16. 学校鼓励学生广泛地与其他系所、院校的学生沟通	1	2	3	4	5

第三部分：成就动机

这部分旨在了解个体获得成功内在动力的感受，请根据真实感受做答：	完全不符 ←→ 十分符合				
3-1. 我喜欢新奇的、有困难的任务，甚至不惜冒风险	1	2	3	4	5
3-2. 我讨厌在不能确定是否会失败的情境中工作	1	2	3	4	5
3-3. 我在完成困难的任务时感到快乐	1	2	3	4	5
3-4. 在结果不明的情况下，我担心失败	1	2	3	4	5
3-5. 我会被那些能了解自己才智的工作所吸引	1	2	3	4	5
3-6. 在完成困难的任务时，我担心失败	1	2	3	4	5
3-7. 我喜欢需要尽最大努力完成的工作	1	2	3	4	5
3-8. 一想到要去做那些新奇的、有困难的工作，我就感到不安	1	2	3	4	5
3-9. 我喜欢在我没有把握解决的问题上坚持不懈地努力	1	2	3	4	5
3-10. 我不喜欢检验我能力的场面	1	2	3	4	5
3-11. 对于困难的任务，即使没意义，我也很容易投入	1	2	3	4	5
3-12. 我对那些没有把握能胜任的工作感到忧虑	1	2	3	4	5
3-13. 面对能检验我能力的机会，我觉得是鞭策和挑战	1	2	3	4	5

这部分旨在了解个体获得成功内在动力的感受，请根据真实感受做答：	完全不符 ←→ 十分符合				
3-14. 我不喜欢做我不知道能否完成的事	1	2	3	4	5
3-15. 我会被困难的任务吸引	1	2	3	4	5
3-16. 在那些检验我能力的情境中，我感到不安	1	2	3	4	5
3-17. 那些不能确定是否能成功的工作最吸引我	1	2	3	4	5
3-18. 当面临有特定机会才能解决的问题时，我会害怕失败	1	2	3	4	5
3-19. 即使时间还很充裕，我也会立即开始完成任务	1	2	3	4	5
3-20. 我做那些看起来相当困难的事时，都很担心	1	2	3	4	5
3-21. 能够检验我能力的机会，对我是有吸引力的	1	2	3	4	5
3-22. 我不喜欢在陌生的环境下工作	1	2	3	4	5
3-23. 面临我没有把握克服的难题时，我会非常兴奋、快乐	1	2	3	4	5
3-24. 我不希望分配给我有困难的工作	1	2	3	4	5
3-25. 如果有些事不能立刻理解，我会很快对它产生兴趣	1	2	3	4	5
3-26. 我不希望做那些要发挥我能力的工作	1	2	3	4	5
3-27. 我认为做有挑战的事情更重要，即使无人知道也无所谓	1	2	3	4	5
3-28. 我不喜欢做那些不确定能否胜任的事	1	2	3	4	5
3-29. 我希望分配到有困难的工作	1	2	3	4	5
3-30. 当我遇到不能立即弄懂的问题，我会焦虑不安	1	2	3	4	5

第四部分：学术动机

这部分旨在了解你引发与维持学习活动的心理倾向，请根据实际情况判断：	非常不符 ←→ 十分赞同				
4-1. 即使不能得到更高的分，我也愿意努力学习课程相关的材料	1	2	3	4	5
4-2. 我能拿高分，通常是因为我认真准备，而不是考卷简单	1	2	3	4	5

这部分旨在了解你引发与维持学习活动的心理倾向，请根据实际情况判断：	非常不符 ◄──► 十分赞同				
4–3. 因为感兴趣，我常在课程学习中阅读比要求更多的素材	1	2	3	4	5
4–4. 我常在课外与老师讨论他们课上讲的观点	1	2	3	4	5
4–5. 尽量拿高分对我来说很重要	1	2	3	4	5
4–6. 我喜欢有难度的新知识带来的挑战	1	2	3	4	5
4–7. 我的学习经历（例如：上课、实验、研究、和老师讨论等）是我大学生活中最重要的部分	1	2	3	4	5
4–8. 我的学习经历（例如：上课、实验、研究、和老师讨论等）是我大学生活中最快乐的部分	1	2	3	4	5

第五部分：普遍性—多样性量表

这部分旨在了解你对接触、鉴别、适应多样性认知经历的看法，你是否赞同下面的表述？	非常不赞同 ◄──► 非常赞同				
5–1. 我愿意加入能多结识不同背景、民族或国家朋友的圈子	1	2	3	4	5
5–2. 残障人士能教会我其他地方学不到的东西	1	2	3	4	5
*5–3. 接触不同背景、民族或国家的人通常是不愉快的	1	2	3	4	5
5–4. 我喜欢伴着异域音乐、民族音乐起舞	1	2	3	4	5
5–5. 了解与他人的异同后，我能更好地理解他们	1	2	3	4	5
*5–6. 只有和相同背景、民族或国家的人在一起，我才觉得自在	1	2	3	4	5
5–7. 我经常听其他文化背景的音乐	1	2	3	4	5
5–8. 了解与他人的差异，能增进彼此的友谊	1	2	3	4	5
*5–9. 对我来说，亲近其他国家或民族的人很困难	1	2	3	4	5
5–10. 我乐于学习多元文化	1	2	3	4	5
5–11. 与他人相处，我乐于了解他 / 她与我的异同之处	1	2	3	4	5

续　表

这部分旨在了解你对接触、鉴别、适应多样性认知经历的看法，你是否赞同下面的表述？	非常不赞同 ←→ 非常赞同				
*5-12. 多数问题上，朋友能认同我是很重要的	1	2	3	4	5
5-13. 我愿意参加能认识不同背景、民族或国家朋友的活动	1	2	3	4	5
5-14. 了解他人的不同经历，能帮我更好地分析自己的问题	1	2	3	4	5
*5-15. 我常对其他背景、民族或国家的人感到很无奈	1	2	3	4	5

注：标 * 的是反向题目。

第六部分：对多样性和挑战的开放程度

这部分旨在了解你对多样性认知经历的开放和接受程度，你是否认同下列观点？	强烈反对 ←→ 非常赞同				
6-1. 我喜欢与不同思想和价值观的人一起讨论	1	2	3	4	5
6-2. 大学教育的真正宗旨在于介绍不同的价值观	1	2	3	4	5
6-3. 我喜欢和不同价值观的人交流，这能使我更好地理解自己	1	2	3	4	5
6-4. 向不同文化背景的人学习是大学教育的重要部分	1	2	3	4	5
6-5. 我喜欢上那些对个人信念和价值观有挑战性的课程	1	2	3	4	5
6-6. 我最喜欢上那些能促进我从不同角度思考的课程	1	2	3	4	5
6-7. 与不同背景的人增进了解（如种族、民族、性取向等）是大学教育的重要部分	1	2	3	4	5

第七部分：多样性经历

这部分旨在了解您大学期间的学习生活经历，请根据实际情况做答：	极少这样 ←→ 经常如此				
7-1. 我会主动学习本专业以外的相关知识	1	2	3	4	5
7-2. 我会主动、积极地参与课堂讨论	1	2	3	4	5

这部分旨在了解您大学期间的学习生活经历，请根据实际情况做答：	极少这样 ←→ 经常如此				
7-3. 我愿意投入时间撰写与所学知识相关的文章、论文	1	2	3	4	5
7-4. 我愿意参与课程报告或演讲活动	1	2	3	4	5
7-5. 我喜爱阅读课外书籍，拓展视野、增长知识	1	2	3	4	5
7-6. 我愿意参与课题研究	1	2	3	4	5
7-7. 我喜欢和老师沟通，并能获得反馈、有所收获	1	2	3	4	5
7-8. 我乐于和同学合作学习、探讨难点	1	2	3	4	5
7-9. 我喜欢尝试艺术创作（如诗歌、绘画、雕刻、视频创作等）	1	2	3	4	5
7-10. 我比较关注时政、社会热点	1	2	3	4	5
7-11. 我会寻找并参与各种课外实习、实践和社会调研活动	1	2	3	4	5
7-12. 我乐意参加志愿服务	1	2	3	4	5
7-13. 我常参加社团活动	1	2	3	4	5
7-14. 我爱和不同背景、民族、国家的人交往并试图了解他们	1	2	3	4	5
7-15. 我常参加由各种背景、民族、国家的人参与的活动	1	2	3	4	5

第八部分：师生互动

这部分旨在了解您和任课教师、班主任、辅导员等的交流情况，请根据实际情况判断：	从不这样 ←→ 经常如此				
8-1. 和授课老师或导师讨论课程作业或分数	1	2	3	4	5
8-2. 和授课老师或导师讨论个人的职业规划	1	2	3	4	5
8-3. 课外时间与授课老师或导师讨论阅读或课堂学习中的想法	1	2	3	4	5
8-4. 与授课老师或导师一起参与课程活动（如社团、志愿者服务、学生活动等）	1	2	3	4	5

这部分旨在了解您和任课教师、班主任、辅导员等的交流情况，请根据实际情况判断：	从不这样 ◄──► 经常如此				
8-5. 和班主任／辅导员沟通自己的困惑	1	2	3	4	5
8-6. 和班主任／辅导员一起参加课外活动（如社团、志愿者服务、学生活动等）	1	2	3	4	5
8-7. 和班主任／辅导员讨论个人的职业规划	1	2	3	4	5
8-8. 和班主任／辅导员探讨在阅读或课堂学习中产生的想法	1	2	3	4	5
8-9. 和班主任／辅导员讨论课程作业或分数	1	2	3	4	5

第九部分：创新自我效能感

这部分旨在了解您面对创新挑战采取适应性行为的信念，请根据实际情况判断：	完全不符 ◄──► 非常符合				
9-1. 学习中，我对自己运用创意解决问题的能力很有信心	1	2	3	4	5
9-2. 我擅长于想出新点子、新想法	1	2	3	4	5
9-3. 我擅长从别人的点子中发展出属于自己的一套想法	1	2	3	4	5
9-4. 我擅长想出新方法来解决问题	1	2	3	4	5
9-5. 我善于提出新想法	1	2	3	4	5
9-6. 我有很多好的想法	1	2	3	4	5
9-7. 我很自信	1	2	3	4	5

第十部分：创新意愿

这部分旨在了解你是否愿意创新以及推动你努力的原因，请根据真实感受做答：	完全不符 ◄──► 十分符合				
10-1. 在课堂上，我有提供新的、建设性想法的强烈动机	1	2	3	4	5
10-2. 我愿意在课堂上运用和练习我的创造力	1	2	3	4	5

第十一部分：批判性思维倾向

这部分旨在了解你对问题进行综合分析与判断的思维方法，请根据实际情况判断：	从不这样 ←→ 经常如此				
11-1. 即使别人的观点和我不一致，我也会认真听取	1	2	3	4	5
11-2. 我尽力寻求机会解决问题	1	2	3	4	5
11-3. 我兴趣广泛	1	2	3	4	5
11-4. 我乐于广泛学习	1	2	3	4	5
11-5. 我思路开阔	1	2	3	4	5
11-6. 我很爱在学习中提问题	1	2	3	4	5
11-7. 我乐于挑战有难度的问题	1	2	3	4	5
11-8. 我是解决问题的高手	1	2	3	4	5
11-9. 我相信我能找出合理的答案	1	2	3	4	5
11-10. 我力求见多识广	1	2	3	4	5
11-11. 获得的新信息不支持我的观点时，我会及时转变	1	2	3	4	5
11-12. 我乐于解决问题	1	2	3	4	5
11-13. 我尽量依据事实而不是固有偏见做出决策	1	2	3	4	5
11-14. 我能广泛运用所学知识	1	2	3	4	5
11-15. 即使不在学校，我也很乐意学习	1	2	3	4	5
11-16. 我能和不认同我观点的人友好相处	1	2	3	4	5
11-17. 我能清晰地阐述事情	1	2	3	4	5
11-18. 分析解决方案时，我能提出好问题	1	2	3	4	5
11-19. 我能清晰、精确地表述问题	1	2	3	4	5
11-20. 我会考虑偏见对自己观点的影响	1	2	3	4	5
11-21. 即使过程不太舒服，我也要坚持找到真相	1	2	3	4	5
11-22. 不找到正确答案，我绝不罢休	1	2	3	4	5
11-23. 我会想各种办法找到正确答案	1	2	3	4	5

这部分旨在了解你对问题进行综合分析与判断的思维方法，请根据实际情况判断：	从不这样 ◄─► 经常如此				
11-24. 我试图找到多种解决问题的方法	1	2	3	4	5
11-25. 决策时我会提出很多问题	1	2	3	4	5
11-26. 我相信多数问题的解决办法都不止一种	1	2	3	4	5

第十二部分：个体创新行为

这部分旨在了解你对自己创新行为的认知，请根据实际情况判断：	完全不符 ◄─► 很符合				
12-1. 我会寻找机会改善现有的学习方式、方法	1	2	3	4	5
12-2. 我会关注学习、生活中不常出现的问题	1	2	3	4	5
12-3. 我会产生解决问题的新想法或方案	1	2	3	4	5
12-4. 为了更深入地了解问题，我会多角度去分析	1	2	3	4	5
12-5. 我会反思新想法或方案，以解决之前未被解决的问题	1	2	3	4	5
12-6. 我会去评估新想法的优缺点	1	2	3	4	5
12-7. 我会尝试说服他人了解新想法或方案的重要性	1	2	3	4	5
12-8. 我会推进新想法，使其有机会被实施	1	2	3	4	5
12-9. 我会冒险支持新想法	1	2	3	4	5
12-10. 我会尝试可能对学习有益的改变	1	2	3	4	5
12-11. 我会在运用新想法的过程中找出其缺点	1	2	3	4	5
12-12. 我会尝试将新方法运用到日常学习和生活中	1	2	3	4	5
12-13. 学习中，我会尝试运用新的技巧或方法	1	2	3	4	5
12-14. 我会产生一些创新的主意或想法	1	2	3	4	5
12-15. 我会与他人沟通自己的想法并力争获得支持与认可	1	2	3	4	5
12-16. 我会争取所需的资源以实现自己的新想法	1	2	3	4	5
12-17. 我会制定适合的计划与日程以落实新想法	1	2	3	4	5
12-18. 我具备创新意识	1	2	3	4	5

第十三部分：社会责任领导力

这部分旨在了解你对担当社会责任和阐释领导力价值的看法，请根据实际情况判断：	非常不符 ◄► 十分赞同				
13-1. 我很乐于接受他人意见	1	2	3	4	5
13-2. 创造力可以来自冲突（碰撞）	1	2	3	4	5
13-3. 我重视他人的不同观点	1	2	3	4	5
13-4. 我能清晰表达自己的观点	1	2	3	4	5
13-5. 听取不同意见能拓展我的思路	1	2	3	4	5
*13-6. 我不太自信	1	2	3	4	5
*13-7. 当团队成员的意见和我不同时，我会据理力争	1	2	3	4	5
*13-8. 转变令我不适	1	2	3	4	5
13-9. 我通常挺自信	1	2	3	4	5
13-10. 在别人看来我是个好合作的人	1	2	3	4	5
13-11. 不同的观点可以产生出最佳答案	1	2	3	4	5
13-12. 我能轻松地转换到新视角看待问题	1	2	3	4	5
13-13. 我的言行与信念一致	1	2	3	4	5
13-14. 我致力于团队目标的实现	1	2	3	4	5
13-15. 团队中，制定共同方向、使事情顺利推进是十分重要的	1	2	3	4	5
13-16. 我尊重别人的意见而不是独断专行	1	2	3	4	5
13-17. 改变能给组织带来新生	1	2	3	4	5
13-18. 我会优先做感兴趣的事情	1	2	3	4	5
13-19. 我会为团队的目标而努力	1	2	3	4	5
13-20. 新的做事方式会带来活力	1	2	3	4	5
*13-21. 当别人意见与我的不一致时我会觉得不舒服	1	2	3	4	5
13-22. 我很了解自己	1	2	3	4	5
13-23. 我乐意投入时间和精力去做那些对我很重要的事	1	2	3	4	5

这部分旨在了解你对担当社会责任和阐释领导力价值的看法，请根据实际情况判断：	非常不符 ◄─► 十分赞同				
13-24. 我会陪伴同伴渡过难关	1	2	3	4	5
*13-25. 有争论则必有胜负之分	1	2	3	4	5
*13-26. 改变令我不舒服	1	2	3	4	5
13-27. 对我来说，坚守信念行事很重要	1	2	3	4	5
13-28. 我注重自己应该承担的责任	1	2	3	4	5
13-29. 与他人合作承担任务时，我能做出不同一般的贡献	1	2	3	4	5
13-30. 我乐于听取别人的观点	1	2	3	4	5
13-31. 能想到考虑别人的意见很重要	1	2	3	4	5
13-32. 我的行动与价值观一致	1	2	3	4	5
13-33. 我相信我应对所在团体担负责任	1	2	3	4	5
13-34. 我了解自己的性格（个性）	1	2	3	4	5
13-35. 我为达成团队使命做出贡献	1	2	3	4	5
*13-36. 新的做事方法令我受挫（沮丧）	1	2	3	4	5
13-37. 共同价值是组织发展的动力	1	2	3	4	5
13-38. 我愿意腾出时间为别人做重要的事情	1	2	3	4	5
13-39. 我能很好适应变化的环境	1	2	3	4	5
13-40. 我与他人一起努力使所在团体更好	1	2	3	4	5
13-41. 我能描述出自己与他人的相似点	1	2	3	4	5
13-42. 我愿意与别人为实现共同目标而一起努力	1	2	3	4	5
13-43. 我乐于接受新想法	1	2	3	4	5
13-44. 我有能力在所在团体做出不同凡响的事情	1	2	3	4	5
13-45. 我寻求新的做事方式	1	2	3	4	5
13-46. 我乐意为别人争取权利	1	2	3	4	5

这部分旨在了解你对担当社会责任和阐释领导力价值的看法，请根据实际情况判断：	非常不符 ←→ 十分赞同				
13-47. 我会参加公益活动	1	2	3	4	5
13-48. 别人认为我是很好合作的	1	2	3	4	5
13-49. 我认为出现冲突和矛盾是很正常的	1	2	3	4	5
13-50. 我能分辨出积极和消极的转变之间的差异	1	2	3	4	5
13-51. 我是个能做好分内之事的人	1	2	3	4	5
13-52. 对我而言，被视为是一个正直的人很重要	1	2	3	4	5
13-53. 我言出必行	1	2	3	4	5
13-54. 我会承担自己应允过的责任	1	2	3	4	5
13-55. 我认为我对公众负有责任	1	2	3	4	5
*13-56. 对我而言，自省是困难的	1	2	3	4	5
13-57. 合作带来更好的结果	1	2	3	4	5
13-58. 我知道所在团队的目标	1	2	3	4	5
13-59. 我乐于表达自己的观点	1	2	3	4	5
13-60. 我的贡献被所在团队的其他成员认可	1	2	3	4	5
13-61. 当我知道团队的价值观时，我能做得更好	1	2	3	4	5
13-62. 我会和别人分享我的想法	1	2	3	4	5
13-63. 我的行为反映了我的信念	1	2	3	4	5
13-64. 我是个真诚的人	1	2	3	4	5
13-65. 我信任我的合作伙伴	1	2	3	4	5
13-66. 我珍惜能为所在团体做贡献的机会	1	2	3	4	5
13-67. 我支持所在团队正在努力完成的事情	1	2	3	4	5
13-68. 真诚对我来说很容易	1	2	3	4	5

注：标★的是反向题目。

附录 2

基础学科拔尖学生培养计划 2.0（相关解读）

教育部相关负责人：

"八个一"组合拳加快 高水平本科教育建设

来源：《中国教育报》

http://www.moe.gov.cn/jyb_xwfb/s5147/201806/t20180625_340929.html.

本报讯（记者 万玉凤）6月21日召开的新时代全国高等学校本科教育工作会议是改革开放40年来，教育部首次召开的专门研究部署本科教育的会议，会议明确了本科教育是大学的根和本，进一步强调高等教育改革发展要遵循"四个回归"：回归常识、回归本分、回归初心、回归梦想。"'四个回归'非常清晰地阐述了学生怎么学、老师怎么教、学校怎么干、教育怎么办。为今后高等教育改革发展提供了基本遵循。"6月22日，在教育奋进之笔"1+1"系列活动四川站新闻发布会上，教育部高等教育司司长吴岩表示，落实新时代全国高等学校本科教育工作会议精神，教育部将用"八个一"的组合拳来推进高校本科教育发展。

一、八措施加快建设高水平本科教育

吴岩介绍，"八个一"首先就是落实一个根本任务，高等教育的根本任务，就是培养德智体美全面发展的社会主义建设者和接班人；坚持立德树人这一根本标准，要把"课程思政"做实做细；突出一个基础地位，高等学校要坚持以本为本；强化一个基本抓手，要建设一流本科，培养一流人才，专业是"四梁八柱"，专业建设不是"金字塔"，而是"五指山"，各类高校都有一流专业；人才培养关键在教师，打造一支育人队伍；完善一套协同机制，要致力于"四合作"和"四协同"；下好一步"先手棋"，持续推进现代信息技术与教育教学深度融合；培育一流质量文化，质量文化首先要有制度文化，其次要有精神文化，最后要形成大学文化。

本科教育为何如此重要？吴岩表示，本科教育有两个极端重要作用。首先，全国高等本科院校在校生、毕业生中，本科生与研究生比例是8:1，大学为社会提供的毕业生中87%是本科生，2017年本科毕业生接近400万人，本科生培养质量的高低直接影响着高等教育整体质量。其次，没有优秀的本科生培养质量，研究生教育就没有高质量的毛坯和种子，本科生培养质量直接影响到我国高层次人才培养质量的高低。

"总体上看，近年来我国高等教育在人才培养方面取得了令世人瞩目的成绩，概括起来可以说是教学标准立起来了、制度建起来了、改革动起来了、特色亮起来了。与此同时，我们要清醒地、冷静地认识到本科教育存在的主要问题，比如说有四个不到位的问题，即一些高校的领导精力投入不到位、一些教师的精力投入不到位、一些学生的精力投入不到位、一些学校的资源投入不到位。"吴岩指出，本科教育还有许多问题、短板、难点、堵点、痛点，因此我们要加强本科教育。

据了解，作为建设高水平本科教育顶层设计的"新时代高教40条"，建设一流本科教育培养卓越拔尖人才的施工方案"六卓越一拔尖2.0"等文件征求意见后，即将发布。

二、"六卓越一拔尖2.0"将拓围、增量、提质和创新

产学研合作教育是培养现代大学各类高质量人才的必由之路。吴岩介绍说，"六卓越一拔尖计划2.0"的重大举措就是协同育人，将致力于"四合作"和"四协同"。"四合作"就是要推进高校与实务部门、科研院所、行业企业合作办学、合作育人、合作就业、合作发展。"四协同"就是要建立完善培养目标协同、教师队伍协同、资源共享协同、管理机制协同的全流程协同育人机制。

为什么叫2.0版呢？吴岩表示，与之前的1.0版相比，2.0版在原有基础上，

进行了拓围、增量、提质和创新。

拓围就是跟原先的范围不一样，如原先的拔尖计划1.0版不包括人文社科，这次拓围到文、史、哲、经济，范围实现了全覆盖。从原先的数学、物理、化学、生物、计算机，拓围到17个专业类，这17个专业类里，自然科学方面增加了8个。

在增量上，比如将原先卓越法治计划里面的"双千计划"，提升为"万人计划"，原先的基础学科拔尖计划从千人向万人拓展等。

就提质而言，首先要保证达到国家本科专业教学的合格标准，其次要努力争创国际标准，让中国的卓越拔尖计划变成领跑计划。

三、教师晋升实行本科教学工作考评一票否决制

对于教师如何参与本科教育改革，吴岩表示，要大力推动有崇高荣誉称号的名家，比如院士、"千人""万人"计划专家、"长江学者"、杰青等高层次人才走上本科教学一线，实现教授全员给本科生上课。

"要给教师'三个有'：有奖励、有保障、有规范。"吴岩指出，"有奖励就是对教学业绩突出的教师要加大奖励力度。有保障就是对主要从事教学工作人员要提高基础性绩效工资额度。有规范就是加大教育教学业务考核，在教师专业技术职务晋升中施行本科教学工作考评一票否决制。"

在高校实践中，如何充分调动教师积极性，深度参与本科教育改革？复旦大学校长许宁生对这个问题的回答是三句话：要让教师有激情、有使命感，还要被正确导向。"要让他有激情，就是他得有创新，有创新就有激情，构筑新的育人体系，给教师们带来广阔的创新改革的空间。正确导向很重要，学校的作用就在于告诉大家哪些正确、哪些是有底线的，所以学校要通过深化教师考核和激励制度改革来确保教师教书育人的积极性，这些落实到规定里，同时完善约束机制，建设与一流大学教育目标相匹配的质量保障体系。"

把师德师风作为教师队伍建设评价的第一标准，怎样评价？四川大学党委书记王建国结合学校工作实际表示，要建立三个机制：一是要建立师德师风的基本标准，明确什么样叫优秀，什么样叫合格，什么样叫不合格；二是建立和完善考核评价机制；三是建立奖惩机制。以川大为例，制定了教师师

德师风评判的基本标准，这些文件明确了从高的标准到低的底线要求，有了标准，还要建立一套考核评价的机制，包括学校领导、学院领导以及系主任对教师考核评价、教师之间的评价、教师的自评以及学生评教和督导员评价等，还有专门重奖教师的制度

高教司司长吴岩为你解读"拔尖计划2.0"版

来源：光明微教育

http://www.moe.gov.cn/s78/A08/moe_745/201804/t20180420_333733.html

今年，教育部将在"基础学科拔尖学生培养试验计划"前期探索的基础上，启动实施"拔尖计划"2.0版。升级后的"拔尖计划"将有哪些变化？记者采访了教育部高等教育司司长吴岩。

文理基础学科全覆盖，从千人计划升级为万人计划

记者：请问升级为2.0版的"拔尖计划"将有哪些变化？

吴岩："拔尖计划"2.0版跟原来的名字不一样，我们将去掉"试验"二字。2.0版的内容变化，主要体现在以下四个方面。

1. 拓　围

在1.0版的数、理、化、生、计（数学、物理、化学、生物、计算机）五个学科基础上，增加天、地（天文学、地理学）等学科，同时从自然科学拓展到人文社会科学，增加文、史、哲等哲学社会科学基础学科。2.0版是一个学科全覆盖的计划，我们不仅要培养科学家，还要培养思想家。我们不仅在技术方面要和世界接轨，还要在思想上让中华民族立于高地，文史哲和自然科学一样伟大、一样重要。

2. 增　量

1.0版是"千人计划"，2.0版则是"万人计划"。在"拔尖计划"前期20所试点高校的基础上，增加10—20所实施学校。

3. 提　质

"拔尖计划"不是瞄准中国最好，而是要瞄准世界最好，经过十年甚至更长时间的努力，我们要逐步领跑世界，出标准、出思想、出经验、出模式。

4.创　新

我们要走出一条中国的道路，探索中国模式、提供中国方案、树立中国标准。我们要构建一个中国特色、世界一流的拔尖人才培养体系，不是一个学校去探索，而是一个国家战略。强化使命驱动，支持学生跻身国际一流人才队伍。

记者："拔尖计划" 2.0版将采取什么措施来实现提质和创新？

吴岩：我把"拔尖计划"叫作领跑计划，这是一个天大的事儿，要把这件事情做好，我们必须要站高、看远、想深、做实。前期我们已经研究了近一年，多方调研和征求意见，目前对2.0版主要举措形成的意见有六个方面。

1.定　位

要强化使命驱动。我们现在有3800万在校生，"拔尖计划"是在其中选择最优秀的一万人，这些人承载着民族使命。因此，这个优中选优、好中选好的计划要引导学生服务国家重大需求、应对人类未来重大挑战、聚焦科学重大问题、依托国家重大科研项目，把自身价值的实现与国家发展紧密联系起来。

2.导　师

要注重大师引领。导师应该是大师级的人物，不只是指科学研究或者学科水平，一定是"学高为师，身正为范"，这才叫大师。2.0版将深入实施导师制，通过大师言传身教，加强对拔尖学生的精神感召、学术引领和人生指导。

3.学　习

要创新学习方式。拔尖学生知识基础起点高、思想活跃、善于运用信息技术，要根据他们的这些特点，广泛开展研究性教学。书院制有可能是我们要探索的人才培养模式之一，老师不仅教课，还与学生实时沟通，这种"老酒泡人生"的味道将让老师具有真正的吸引力，这种吸引是入到学生心里的，变成学生的价值观。我们要把西方的书院和中国的书院结合好，培养的学生不仅要有才，还要有德、有熏陶、有浸润。

4.融　通

要培养综合素养，促进学科交叉。我们培养的拔尖人才是有人文情怀、家国情怀、民族情怀、世界胸怀的人。2.0版将进一步促进学科交叉、科教文理融合，提高学生的人文素养、学术精神、批判性思维能力、沟通表达能力和团队协作精神，培养学生中西融汇、古今贯通、文理渗透的综合素质，帮助学生形成整体的知识观和智慧的生活观。

5. 交　流

要深化国际合作。深化与世界顶尖大学的战略合作，促进拔尖学生进入国际联合实验室、研究中心，接触世界科学文化研究最前沿、最尖端领域，融入国际一流学术群体，培养学生的国际视野，提升国际文化理解能力。

6. 标　准

要科学选才鉴才。招生环节还需要有所突破，真正发现和遴选有志于攀登世界科学高峰、引领人类文化进步的优秀学生参与计划。

参考文献

中文文献

专著类：

[1] 傅剑波，屈陆，杨明娜. 大学生领导力 [M]. 北京：中国人民大学出版社，2018.

[2]（美）玛扎诺，皮克林，（美）赫夫尔鲍尔. 学习目标、形成性评估与高效课堂 [M]. 邵钦瑜，等译. 北京：中国书籍出版社，2012.

[3]（美）布鲁克菲尔德. 批判性思维教与学 [M]. 钮跃增，译. 北京：中国人民大学出版社，2017.

期刊类：

[1] 崔玉平，李智鑫. 大学生社会实践非经济效益的测评与提升路径 [J]. 教育学报，2022，18（2）.

[2] 董晓芳，赵守国. 高等院校创新型人才培养模式的改革思路 [J]. 科学管理研究，2017，35（1）.

[3] 杜媛，毛亚庆. 基于关系视角的学生社会情感能力构建及发展研究 [J]. 教育研究，2018，39（8）.

[4] 段从宇，胡礼群，张逸闲. 中国式现代化进程中教育、科技、人才三者关系的科学识辨与正确处理 [J]. 教育科学，2023，39（2）.

[5] 方芳，钟秉林. "双循环"新发展格局下高等教育高质量发展的理论逻辑与现实思考 [J]. 中国高教研究，2022（1）.

[6] 冯向东. 思维的批判性与大学的批判性思维教育 [J]. 高等教育研究，2021，42（3）.

[7] 高松. 构建多样性开放型可持续改进的人才培养体系为中国式现代化

培育时代新人 [J]. 中国大学教学，2023（5）.

[8] 郭卉，韩婷，黄刚. 科研实践共同体与拔尖创新人才培养：大学生在科技创新团队中的学习经历探究 [J]. 高等工程教育研究，2016（6）.

[9] 韩建涛，钱俊妮，张婕妤，等. 创造力与大学生生命意义感：积极情绪和创造性自我效能感的作用 [J]. 心理发展与教育，2024（2）.

[10] 李硕豪，王改改. "拔尖计划"学生成就动机及其影响因素的实证研究 [J]. 高等教育研究，2019，40（8）.

[11] 李宪印，张宝芳，姜丽萍. 大学生创新行为的构成因素及其实证研究 [J]. 教育研究，2019，40（4）.

[12] 刘俊彦，叶子鹏. 习近平关于青年成长成才重要论述研究 [J]. 思想教育研究，2020（8）.

[13] 刘三宝，李恺. 以社会主义核心价值观培育大学生领导力 [J]. 中国高等教育，2021（Z1）.

[14] 卢盈. 一流大学学术领导力：基本特征、层级扩散与实现策略 [J]. 教育发展研究，2021，41（9）.

[15] 陆根书，李丽洁. 大学生全球化学习经历与全球化能力发展 [J]. 北京工业大学学报（社会科学版），2020，20（3）.

[16] 梅红，任之光，王静静，等. 目标定向、多样性经历对个体创新行为的影响：基于陕西省8所高校的实证研究 [J]. 复旦教育论坛，2017，15（4）.

[17] 梅红，任之光，冯国娟，等. 创新支持是否改变了在校大学生的创新行为？[J]. 复旦教育论坛，2015，13（6）.

[18] 梅红，司如雨，王娟. 大学生多样性经历与批判性思维倾向的关系研究 [J]. 东北大学学报（社会科学版），2018，20（4）.

[19] 梅红. 非学术多样性经历如何影响学生创新发展？ [J]. 国家教育行政学院学报，2019（7）.

[20] 莫甲凤. 世界一流大学如何以多样性学习经历培养大学生创造力 [J]. 湖南师范大学教育科学学报，2019，18（2）.

[21] 潘金林. 聚焦生师互动：提高本科教育质量的"支撑点"[J]. 中国高教研究，2016（12）.

[22] 彭谦，刘凤丽，黎冠冠. 美国高等教育领域多样性的价值与理念探

析 [J]. 外国教育研究，2022，49（3）.

[23] 钱颖一. 批判性思维与创造性思维教育：理念与实践 [J]. 清华大学教育研究，2018，39（4）.

[24] 屈廖健，经超楠，朱周琳. 以情促学：研究型大学本科生社会情感能力对学习参与度的影响 [J]. 中国高教研究，2022（9）.

[25] 宋晓平，梅红. 博士生培养过程中师生互动关系研究：基于博士研究生的视角 [J]. 中国高教研究，2012（8）.

[26] 夏欢欢，钟秉林. 大学生批判性思维养成的影响因素及培养策略研究 [J]. 教育研究，2017，38（5）.

[27] 萧鸣政，应验，张满. 人才高地建设的标准与路径：基于概念、特征、结构与要素的分析 [J]. 中国行政管理，2022（5）.

[28] 徐丹，徐慧. 同伴·教师·辅导员：各类人际互动如何影响"双一流"高校本科生的院校归属感？[J]. 大学教育科学，2021（6）.

[29] 徐方忠，朱祖祥，林芝. 目标倾向测量及其与绩效的关系 [J]. 心理发展与教育，2000，16（2）.

[30] 阎琨，吴菡. 拔尖人才培养的国际趋势及其对我国的启示 [J]. 教育研究，2020，41（6）.

[31] 杨灿明. 新时代高校创新型人才培养 [J]. 国家教育行政学院学报，2018（7）.

[32] 杨玉芹，袁凯程，SALAS-PILCO Sdenka Zobeida，等. 数据支持的反思性评价促进大学生认知情绪调节的应用研究 [J]. 电化教育研究，2023，44（2）.

[33] 于海琴. 大学生的创新行为模型及其价值：基于对本科高创新性拔尖人才的扎根理论研究 [J]. 高等教育研究，2019，40（9）.

[34] 张华峰，史静寰，周溪亭. 进入普及化阶段的中国大学生学习动机研究 [J]. 清华大学教育研究，2021，42（4）.

[35] 张青根，沈红. 中国本科生批判性思维能力增值再检验：兼议高等教育增值评价的实践困境 [J]. 中国高教研究，2022（1）.

[36] 张睿. 高校拔尖创新人才创新素养的现状及其对创造力的影响研究：以全国"挑战杯"获奖者为例 [J]. 复旦教育论坛，2019，17（6）.

[37] 赵婷婷. 大学质量文化：从合格质量转向创新质量 [J]. 教育研究，

2023，44（4）.

[38]赵亚飞，翟乡平，张光旭，等. 成长型思维与坚毅的关系：未来时间洞察力和成就动机的链式中介作用 [J]. 心理发展与教育，2022，38（2）.

[39]钟秉林. "十四五"期间我国高等教育发展的基础与关键 [J]. 河北师范大学学报（教育科学版），2021，23（1）.

[40]庄岩，刘洋. 基于结构方程模型的低年级本科生科技创新能力影响因素研究 [J]. 中国高教研究，2022（4）.

外文文献

专著类：

[1]AMABILE T M. *Creativity and innovation in organizations* [M]. Boston：Harvard Business School，1996.

[2]CSIKSZENTMIHALYI M. *Creativity：Flow and the psychology of discovery and invention* [M]. New York：Harper Collins，1996.

[3]SAWYER R K. *Explaining Creativity：The Science of Human Innovaion* [M]. Oxford：Oxford University Press，2012.

期刊类：

[1]ACAR O A, TARAKCI M, VAN KNIPPENBERG D. Creativity and Innovation under Constraints：A Cross-Disciplinary Integrative Review[J]. *Journal of Management*，2018，45（1）.

[2]AGARWAL R, PRASAD J. Are Individual Differences Germane to the Acceptance of New Information Technologies?[J]. *Decision Sciences*，1999，30（2）.

[3]AJZEN I. The theory of planned behavior[J]. *Health Psychology Official Journal of the Division of Health Psychology American Psychological Association*，2012，14（2）.

[4]ASTIN A W. Student involvement：A developmental theory for higher education[J]. *Journal of College Student Development*，1999，40（5）.

[5]BENEDEK M, BRUCKDORFER R, JAUK E. Motives for creativity：Exploring the what and why of everyday creativity[J]. *The Journal of Creative Behavior*，2020，54（3）.

[6]BERMAN S. Educating for social responsibility[J]. *Educational Leadership*, 1990, 48（3）.

[7]BOWMAN N A. College Diversity Experiences and Cognitive Development: A Meta-Analysis[J]. *Review of Educational Research*, 2010, 80（1）.

[8]BOWMAN N A. The conditional effects of interracial interactions on college student outcomes[J]. *Journal of College Student Development*, 2013, 54（3）.

[9]BUTTON S B, MATHIEU J E, ZAJAC D M. Goal orientation in organizational research: A conceptual and empirical foundation [J]. *Organizational Behavior and Human Decision Processes*, 1996, 67（1）.

[10]EISENBERGER R, HUNTINGTON R, HUTCHISON S, et al. Perceived organizational support[J]. *Journal of Applied Psychology*, 1986, 71.

[11]ENNIS R H. A Concept of Critical Thinking[J]. *Harvard Educational Review*, 1962, 32（1）.

[12]GLASER R. Individuals and learning: The new aptitudes[J]. *Educational Researcher*, 1972, 1（6）.

[13]HALPERN D F. Teaching for critical thinking: Helping college students develop the skills and dispositions of a critical thinker[J]. *New Directions for Teaching & Learning*, 1999, 80.

[14]KAHU E R, NELSON K. Student engagement in the educational interface: Understanding the mechanisms of student success[J]. *Higher Education Research & Development*, 2018, 37（1）.

[15]KIEMA-JUNES H, HINTSANEN M, SOINI H, et al. The role of social skills in burnout and engagement among university students[J]. *Electronic Journal of Research in Educational Psychology*, 2020, 18（1）.

[16]LOES C N, SALISBURY M H, PASCARELLA E T. Diversity Experiences and Attitudes Toward Literacy: Is There a Link?[J]. *The Journal of Higher Education*, 2013, 84（6）.

[17]MIVILLE M L, GELSO C J, PANNU R, et al. Appreciating similarities and valuing differences: The Miville-Guzman Universality-Diversity Scale[J]. *Journal of Counseling Psychology*, 1999, 46（3）.

[18]NICHOLLS J G, BURTON J T. Motivation and Equality[J]. *The Elementary School Journal*, 1982, 82（4）.

[19]NYGÅRD R, GJESME T. Assessment of Achievement Motives: Comments and Suggestions[J]. *Scandinavian Journal of Educational Research*, 1973, 17（1）.

[20]ORKIBI H. Creative adaptability: Conceptual framework, measurement, and outcomes in times of crisis[J]. *Frontiers in Psychology*, 2021, 11.

[21]SCOTT S G, BRUCE R A. Determinants of innovative behavior: A path model of individual innovation in the workplace[J]. *Academy of Management Journal*, 1994, 37（3）.

[22]SIEGEL S M, KAEMMERER W F. Measuring the perceived support for innovation in organizations [J]. *Journal of Applied Psychology*, 1978, 63（5）.

[23]TANAKA J S, PANTER A T, WINBORNE W C. Dimensions of the need for cognition: Subscales and gender differences[J]. *Multivariate Behavioral Research*, 1988, 23（1）.

[24]TIERNEY P, FARMER S M. The Pygmalion process and employee creativity[J]. *Journal of Management*, 2004, 30（3）.

[25]VANDEWALLE D, CRON W L, Jr, SLOCUM J W. The Role of Goal Orientation Following Performance Feedback[J]. *Journal of Applied Psychology*, 2001, 86（4）.

[26]VANSTEENKISTE M, RYAN R M, SOENENS B. Basic Psychological Need Theory: Advancements, Critical Themes, and Future Directions[J]. *Motivation and Emotion*, 2020, 44（1）.

[27]WHITT E J, EDISON M I, PASCARELLA E T, et al. Influences on Student's Openness to Diversity and Challenge in the Second and Third Years of College[J]. *The Journal of Higher Education*, 2001, 72（2）.

[28]WU C H, PARKER S K, DE JONG P J J. Need for cognition as an antecedent of individual innovation behavior[J]. *Journal of Management*, 2014, 40（6）.

[29]McMILLAN R C. Customer satisfaction and organizational support for service providers[D]. Gainesville: University of Florida, 1997.

后　记

创新，是发展的不竭动力。培养创新人才，是教育工作者当仁不让的职责。培养创新人才的社会责任与担当追求，更是教育工作者在新时期下的时代使命。面向全球科技的飞速发展以及中国式现代化建设的中心任务，党的二十大报告确立了教育、科技与人才"三位一体"的高质量发展新格局。有效统筹资源，协同推进国家科技创新发展，以系统集成实现关键核心技术领域的原创性、引领性科技创新突破，是国家创新发展的战略目标，也是创新人才培养的重点方向。

以人才赋能高水平科技自立自强，需要教育在创新人才培养方面改革突破，特别是我国的高等教育体系实现系统性提升。基于此，本书围绕拔尖创新人才的必备素质思考新时期下人才培养的正确方向与有效手段，了解当前我国拔尖创新人才的培养现状，并对标国际创新人才培养的前沿研究与可行实践构建中国情境下的拔尖创新人才培养新型框架，设计能够有效反映拔尖创新人才特征与合理培养方式的相关量表，以科学研究助力教育实践，为未来拔尖创新人才培养的改革方向提出有价值的政策启示。

本书由西安交通大学公共政策与管理学院的大学生认知与创造力发展课题组研究撰写，梅红教授、刘瑞佳助理教授、胡文静助理教授统筹并执笔全书，研究生刘雨盼、李京京、司如雨、王静静、宋倩楠、王璇、吴尚凌、冯国娟参与前期工作。高校拔尖创新人才培养工作远不止书中所述，书有所限，欢迎读者朋友批评交流。